MICHAELIS

PORTUGUÊS

GRAMÁTICA PRÁTICA

Clóvis Osvaldo Gregorim
Doutor em Educação pela USP
(Linguística Aplicada ao Ensino do Português) e
Mestre em Ciências Linguísticas pela PUC-SP
(Linguística Aplicada ao Ensino do Inglês)

MICHAELIS

PORTUGUÊS

GRAMÁTICA PRÁTICA

NOVA ORTOGRAFIA conforme o
Acordo Ortográfico da LÍNGUA PORTUGUESA

Editora Melhoramentos

Editora Melhoramentos

Gregorim, Clóvis Osvaldo.
Michaelis Português gramática prática / Clóvis Osvaldo Gregorim. – 3.ª edição. São Paulo: Editora Melhoramentos, 2011. – (Michaelis Gramática Prática)

ISBN 978-85-06-06639-3

1. Português – Gramática I. Título. II. Série.

CCD-469.5

Índice para catálogo sistemático:
1. Gramática: Português: Estudo e ensino 469.5

Obra conforme o Acordo Ortográfico da Língua Portuguesa.

Design original da capa: Jean E. Udry

4.ª edição, 4.ª impressão, maio de 2020
ISBN: 978-85-06-06639-3
978-85-06-07872-3

Atendimento ao consumidor:
Caixa Postal 729 – CEP 01031-970
São Paulo – SP – Brasil
Tel.: (11) 3874-0880
sac@melhoramentos.com.br
www.editoramelhoramentos.com.br

Impresso no Brasil
Impresso na BMF Gráfica e Editora

PREFÁCIO

Nas últimas décadas, assistimos a um interesse crescente pela pesquisa na área de ensino da língua materna. O resultado desses estudos tem levado professores e estudiosos de linguística aplicada a reexaminar e reformular a política do ensino de línguas. A conclusão a que se chegou é que devemos utilizar estratégias para que o aluno entenda a natureza e o funcionamento da linguagem e, consequentemente, passe a dominar a linguagem padrão. A compreensão da natureza e do funcionamento da linguagem são essenciais para que o educando desenvolva habilidades linguísticas que possibilitem o aprimoramento de sua comunicação.

Para o bem da educação linguística, devemos encarar o ensino da gramática não como uma mera transmissão de conceitos, regras e exceções, porém como uma sistematização dos fatos da língua, uma construção do saber linguístico por parte do aprendiz, que deve partir sempre do aprimoramento do raciocínio, da explicação e da conscientização de sua gramática internalizada e do desenvolvimento de suas operações mentais e linguísticas. Certamente cabe ao professor o papel de motivador e orientador, isto é, elemento catalisador na organização do conhecimento.

Acredito que o ensino assistemático da gramática, priorizando-se a obrigação de impor o certo e evitar o errado, algo que reduz a educação linguística ao conhecimento da gramática pela gramática, torna-se mecânico e sem sentido.

Neste trabalho, o leitor encontrará uma discussão sucinta e objetiva dos fatos linguísticos, tendo sempre como foco a linguagem dos nossos dias. Diante disso, o exemplário que apresentamos são "padrões linguísticos vivos".

A presente obra fornecerá subsídios essenciais para estudantes de ensinos fundamental e médio e servirá, também, como guia prático para estudos individuais àqueles que pretendem ingressar na universidade ou prestar concursos públicos.

O alvo que este trabalho busca atingir restringe necessariamente sua abrangência. Diante disso, omissões ou imprecisões podem ter ocorrido ao longo das descrições. Sua indicação pela crítica sensata cerstamente contribuirá para o seu aprimoramento.

A presente edição desta obra está atualizada conforme o Acordo Ortográfico da Língua Portuguesa, firmado em 1990 e vigente a partir de 2009.

Quero registrar meus agradecimentos especiais a **Marisa Soares de Andrade** e aos professores **Aládio Costa Santos**, **Ivanete Tosi Araújo Silva** e **Violet Amary**, que tiveram a generosidade de ler os originais deste trabalho e oferecer sugestões de redação. Agradeço também a **Barbara Eleodora Benevides Arruda** pela atualização deste trabalho conforme o Acordo Ortográfico da Língua Portuguesa.

O autor

SUMÁRIO

ORTOGRAFIA

MORFOSSINTAXE

SEMÂNTICA

APÊNDICE

INTRODUÇÃO AO ESTUDO DA LINGUAGEM

I - NOÇÕES PRELIMINARES

1. Linguagem

A linguagem é um sistema sofisticado de comunicação que revela a capacidade do ser humano em criar um conjunto de signos para representar as entidades da nossa realidade.

2. Língua

A língua é um sistema abstrato de regras, não só gramatical, mas também semântico e fonológico, através do qual a linguagem (ou fala) se revela.

Parece-nos que Martinet (1971) teria sido o primeiro linguista a apresentar uma distinção clara entre língua e linguagem. Segundo ele, a linguagem designa propriamente a faculdade de que os homens dispõem para se compreenderem por meio de signos vocais.

O que é a língua?

Para Martinet, a língua é um instrumento de comunicação por força do qual, de modo variável, de comunidade para comunidade, se analisa a experiência humana em unidades providas de conteúdo semântico e de expressão fônica.

A conceituação apresentada por Martinet permite que levantemos algumas características da língua: (a) sua função de comunicação social, (b) seu componente semântico, (c) seu componente fonológico e (d) um certo número de unidades distintivas — produto das articulações.

Martinet conclui, afirmando que a língua só se manifesta no discurso ou, se preferir, nos atos da fala, mas os atos da fala (o discurso) *não são a língua.*

Portanto, a língua é um sistema abstrato de regras, enquanto a linguagem (ou fala) compreende a totalidade de um comportamento verbal, sendo, pois, sempre individual.

3. Linguagem escrita

A linguagem escrita é tida como uma tentativa de transpor um sistema oral (a fala ou a oralidade) para um nível gráfico.

4. Oralidade x escrita

Há poucos estudos sobre a diferença entre os dois tipos de linguagem. A modalidade oral, intrinsecamente diferente da escrita, implica um conjunto de recursos, ausentes na escrita, que auxiliam o falante na comunicação linguística. Dentre os recursos expressivos, podemos mencionar o timbre da voz, a altura da emissão vocal, o padrão entonacional, a linguagem gestual, a presença do interlocutor e a capacidade do falante em prender a atenção dos seus ouvintes. Se por um lado há vantagens no uso da oralidade, a escrita apresenta também a vantagem de servir para a manifestação de conceitos e desenvolvimento de ideias mais bem elaborados.

Vamos, a seguir, indicar as marcas mais significativas entre os dois tipos de linguagem:

ORAL	ESCRITA
a) interlocutor presente	a) interlocutor ausente
b) *feedback* instantâneo	b) ausência de *feedback* instantâneo
c) mais dependente do contexto situacional	c) menos dependente do contexto situacional
d) espontânea, basicamente sem planejamento	d) planejada, admite um repensar
e) manifestação instantânea, efêmera	e) manifestação permanente, registrada
f) períodos mais curtos	f) períodos mais longos
g) condensada (menor repetição de itens lexicais)	g) menos condensada (maior repetição de itens lexicais)
h) menor incidência de subordinação	h) maior incidência de subordinação
i) liberdade em relação às regras prescritivas	i) submissão às regras prescritivas

5. Gramática

O termo gramática admite, pelo menos, três definições:

a) a sistematização dos fatos linguísticos, abarcando a fonologia, a morfossintaxe e a semântica, conforme determinado modelo (tradicional, estrutural ou gerativo-transformacional);

b) o conhecimento linguístico que todo falante nativo tem a respeito de sua língua, isto é, um conjunto de regras de número limitado, que fornecem meios para que o indivíduo possa produzir todas as orações possíveis da língua;

c) um conjunto de regras — um compêndio de gramática — que tem por objetivo divulgar princípios para que o falante possa falar e escrever corretamente. É a gramática divulgada na escola, a fim de distinguirmos o que é considerado correto daquilo que é tido como incorreto.

Por tradição, divide-se o estudo da gramática em quatro partes:

Fonética e fonologia
(o sistema de sons);

Morfologia
(as formas e a formação das palavras);

Sintaxe
(a inter-relação das palavras na frase e das frases no discurso);

Semântica
(o significado das palavras e suas mudanças).

II - FUNÇÕES DA LINGUAGEM

Bühler (1961) e Jakobson (1969) sistematizaram os diferentes fins aos quais se destinam as mensagens da língua, isto é, as funções da linguagem. Considerando os elementos envolvidos na comunicação linguística, os autores apontaram uma proposta a respeito das funções da linguagem.

As funções da linguagem correspondem às diversas finalidades que caracterizam um enunciado linguístico. A linguagem desempenha a sua função de acordo com a ênfase que o emissor dá à mensagem. Conforme o foco se volte ao emissor, ao receptor, ao contexto, ao código, ao contato ou à mensagem, a função será, respectivamente, *emotiva, conativa, referencial, metalinguística, fática* ou *poética.*

1. Função emotiva

Na função emotiva predominam enunciados que expressam, principalmente, a atitude de quem fala com relação àquilo de que fala. É a função na qual o próprio emissor coloca-se como foco de atenção da mensagem:

> O sono está perdido. Sinto-me um pouco só. Acho que estou carente. Pego o telefone. Talvez seja bom falar com alguém. É muito tarde. Vou fazer um suco de amora. Colhi amoras do quintal da vizinha. Admito que ela é atraente. Acho que vou convidá-la para um cineminha. Devo acordar cedo, mas o sono não chega. Vou ler um pouco ou ouvir música. Mozart é relaxante...

2. Função conativa

Na função conativa predominam os enunciados que visam a atuar sobre o destinatário da mensagem. É a função que apresenta o receptor como foco de atenção. Um exemplo típico da linguagem conativa é o texto publicitário, no qual predomina a tentativa de persuasão:

> Há quanto tempo você sonha com um carro importado?
> Chegou a sua vez! Você que é moderno, dinâmico e
> empreendedor merece o melhor pelo menor preço.
> Você vai se sentir elegante e seguro com a beleza
> e a tecnologia do *Speed*. Venha fazer um *test drive*.

3. Função referencial

Na função referencial predominam as mensagens centradas no referente ou contexto. É a função que apresenta o referente como foco de atenção. No texto informativo, jornalístico ou científico, predomina sempre a função referencial. Suas características são objetividade e clareza:

> A II Guerra foi a guerra da sociedade industrial, no que ela tem de mais avançado e mais tenebroso. O computador, o avião a jato, o tecido sintético, o radar e o foguete balístico foram inventados ou desenvolvidos em função do conflito. O medo de que os nazistas chegassem lá primeiro levou os Estados Unidos a fabricar a bomba atômica, que seria jogada sobre Hiroshima e Nagasáki para encerrar a guerra com o Japão.

(*Veja*)

4. Função metalinguística

Na função metalinguística predominam os enunciados em que o código se constitui objeto de descrição. É a função na qual o próprio código aparece em destaque. Ocorre metalinguagem quando um texto discute a linguagem, quando um filme revela implicações técnicas, artísticas ou pessoais do cinema ou do próprio filme, quando um poema se concentra na própria criação poética etc. Todo discurso acerca da língua, bem como as definições dos dicionários ou as regras gramaticais, é exemplo típico da função metalinguística:

> Toda gente sabe que a língua é variável. Dois indivíduos da mesma geração e da mesma localidade, que falam precisamente o mesmo dialeto e frequentam os mesmos círculos sociais, nunca estão propriamente a par de seus hábitos linguísticos. Investigação minuciosa da fala revelaria inúmeras diferenças de detalhe — na escolha do vocabulário, na estrutura das sentenças, na relativa frequência com que são usadas certas formas ou combinações de palavras, na pronúncia...
>
> (E. Sapir)

5. Função fática

Na função fática predominam mensagens que têm por objetivo principal iniciar uma conversa, atrair a atenção do receptor, verificar sua atenção, prolongar a comunicação ou, até mesmo, interrompê-la:

Bom Dia! Como vai você?

Crianças! Atenção, por favor!

Vocês estão prestando atenção?

Bem! Diante dos fatos, o que você me recomenda?

Por favor, pare de falar!

São exemplos típicos desta função a linguagem de cumprimentos ou saudações, as primeiras palavras de quem aborda um interlocutor, as tentativas de testar o nível de atenção dos nossos receptores, as primeiras palavras de quem atende ao telefone etc.

6. Função poética

Na função poética predominam os enunciados cuja mensagem se acha centrada em si mesma. É a função na qual a própria mensagem é colocada em destaque:

Amanheceu pela terra
um vento de estranha sombra,
que a tudo declarou guerra.

Paredes ficaram tortas,
animais enlouqueceram
e as plantas caíram mortas.

O pálido mar tão branco
levantava e desfazia
um verde-lívido flanco.

Das linhas claras da areia
fez o vento retorcidas,
rotas, miseráveis teias.

[...]

(Cecília Meireles)

É importante observar que a linguagem, enquanto meio de interação social, normalmente dá ensejo à coexistência de diversas funções numa mesma mensagem, pois elas estão constantemente se inter-relacionando e imbricando, embora, obviamente, haja a predominância de uma das funções, caracterizando, dessa forma, a comunicação.

III - NÍVEIS DE LINGUAGEM

A fim de entendermos os diferentes níveis de linguagem e suas mudanças, temos de recorrer à sociolinguística, ramo da linguística que tem como foco de estudos a relação direta entre língua e sociedade.

O objetivo principal do estudo dos níveis de fala é encaminhar o estudante a reconhecer as diferenças entre a linguagem padrão e a linguagem coloquial, para que possa selecionar o registro adequado nas mais diferentes situações de comunicação.

O domínio dos diferentes níveis de linguagem propicia ao falante oportunidades mais efetivas, para que possa promover a adequação da sua linguagem às exigências do contexto social e, dessa forma, estabelecer uma comunicação linguística mais eficiente.

1. Linguagem padrão

A linguagem padrão (ou culta), utilizada na comunicação formal, é controlada por um conjunto de hábitos linguísticos praticado por uma comunidade sociocultural privilegiada, com bom índice de escolarização e acesso aos bens culturais das elites. Trata-se de um registro marcado pela obediência às normas gramaticais rígidas, que evidenciam aspectos elaborados da língua. É a linguagem que tem prestígio junto ao grupo social, servindo de modelo linguístico para a comunidade em geral.

2. Linguagem coloquial

A linguagem coloquial, utilizada na comunicação do dia a dia, caracteriza-se por certa flexibilidade gramatical e evidencia um aspecto mais simples da língua.

A linguagem coloquial pode ser dividida em dois tipos: informal e popular. O primeiro, regido pelas normas linguísticas, revela a linguagem das classes privilegiadas com um índice maior de educação formal, enquanto o segundo, mais espontâneo, sem a preocupação de seguir uma gramática disciplinada, é praticado pelas classes populares da sociedade, com acesso restrito à escolarização e aos bens culturais da classe dominante.

3. Dialeto

O dialeto é uma variação regional ou social de uma língua. É uma forma própria de uma língua, praticada por falantes de uma certa região ou de uma classe social específica, com diferenças linguísticas na pronúncia, na construção gramatical e na sintaxe, bem como no uso do vocabulário.

Normalmente, o falante de um dialeto entende um outro dialeto de sua língua. Há, no entanto, casos em que um dialeto se distancia tanto da linguagem padrão que se torna difícil para o falante de outro dialeto entendê-lo, dificultando, assim, a comunicação entre falantes das duas variedades linguísticas em questão.

4. Gíria

A gíria é uma linguagem peculiar oriunda de um determinado grupo (social ou profissional) que, por ser expressiva, normalmente passa a ser utilizada pela comunidade em geral.

Há dois tipos de gíria: o de domínio técnico (jargão profissional) e o de domínio popular (social). O jargão é uma linguagem praticada por pessoas que exercem a mesma atividade (por exemplo, atores, jornalistas, bandidos, prostitutas), enquanto a gíria de domínio popular é praticada por um certo grupo social.

A gíria nasce pela mudança de significado de palavras já existentes na língua (*fumo, legal, perua*), pela criação de palavras novas (*brega, fofoca, rolé*) e, até mesmo, por empréstimos de palavras estrangeiras (*boy, cafona, suíngue*).

5. Linguagem literária

A linguagem literária está para o escritor assim como as tintas e os pincéis estão para o pintor. É, pois, a linguagem do artista, variedade linguística que apresenta, normalmente, bastante rigor em relação às normas prescritas pela gramática.

Em geral, a linguagem literária revela-se apurada e elegante com características diversas: ordenação especial do pensamento, clareza de ideias, vocabulário rico, precisamente selecionado, e estilo requintado. Trata-se de uma linguagem elaborada em função de uma gama bastante diversificada da experiência humana.

Visto que a escrita não dispõe dos mesmos recursos da fala, os escritores selecionam elementos linguísticos — adjetivação e linguagem figurada — que possam imprimir mais expressividade à linguagem.

Muitos autores modernos e contemporâneos registram em suas obras a linguagem coloquial, numa tentativa de aproximar a linguagem literária da oralidade. Diante disso, a linguagem literária vem se modificando ao longo das décadas e, às vezes, foge àquelas características tradicionais rígidas. Torna-se uma linguagem mais flexível e democrática, com o registro de uma outra variedade linguística.

FONÉTICA E FONOLOGIA

I - O SISTEMA SONORO DO PORTUGUÊS

Fonética é a parte da gramática que estuda, analisa e classifica os sons de uma língua e suas articulações.

Fonologia é o estudo do sistema de sons de uma língua, suas alternâncias, transformações e modificações.

1. Fonema

O fonema é a unidade mínima distintiva de som de uma língua. Os fonemas são unidades sonoras indivisíveis e abstratas, consideradas componentes de uma sílaba. Não são significativos, porém são distintivos, isto é, diferenciadores de significado. Muitos vocábulos, ao terem um fonema substituído por outro, apresentam mudanças semânticas. Observe:

bola	**g**ola
pato	**t**ato
rapé	**s**apé

2. O aparelho fonador

Sabemos que a fala só se efetiva através da produção de um determinado número de sons vocais articulados pela voz humana.

Os sons da fala são produzidos diante da ação de certos órgãos do aparelho fonador sobre a corrente de ar que vem dos pulmões.

Os sons distintivos da fala só são produzidos de modo adequado quando o aparelho fonador do indivíduo funciona normalmente.

Os órgãos que fazem parte do aparelho fonador são: os *pulmões*, os *brônquios* e a *traqueia*, que fornecem a corrente de ar necessária para a fonação; a *laringe*, na qual estão localizadas as *cordas vocais*, que produzem energia sonora; a *faringe*, a *úvula* (campainha), o *palato duro* (céu da boca), a *língua*, os *dentes*, os *lábios* e o *nariz*.

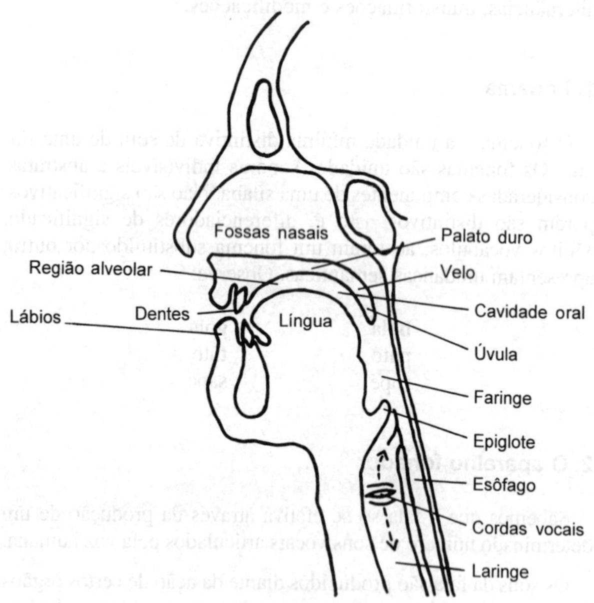

3. Fonemas sonoros e surdos

Na linguagem há fonemas *surdos* e *sonoros*. Quando o fluxo de ar chega às cordas vocais, pode encontrá-las retesadas ou relaxadas. Quando retesadas, o ar força a passagem, fazendo-as vibrar e produzir sons sonoros. Quando relaxadas, o ar tem passagem livre, sem provocar sua vibração, e os sons produzidos são surdos.

Os fonemas /b/, /d/, /g/ são sonoros, visto que ocorre a vibração das cordas vocais durante sua produção.

Os fonemas /p/, /t/, /k/ são surdos, pois as cordas vocais permanecem em repouso durante sua produção.

4. O alfabeto fonético

Sempre que há necessidade de registro dos fonemas, utilizamos a transcrição fonética. O Alfabeto Fonético Internacional pode ser utilizado para a transcrição de qualquer língua, com certas adaptações diante do sistema sonoro peculiar de cada idioma.

Os fonemas são representados pelas letras do alfabeto ou por certos sinais diacríticos, mas essa representação não reflete com exatidão o fonema ou a sequência de fonemas que o falante produz durante o ato da fala.

Os fonemas são indicados entre barras oblíquas. Por exemplo, o fonema /p/ é uma consoante bilabial, pois para a sua realização há um contato completo dos lábios.

O registro dos sons da fala, isto é, a transcrição fonética, é sempre representado entre colchetes. Por exemplo: a palavra sal é transcrita ['saw], observando-se a pronúncia corrente da maioria dos brasileiros.

5. O sistema sonoro

O sistema sonoro do português consiste em oito *vogais*, duas *semivogais* e dezenove *consoantes*.

a) Vogais são fonemas sonoros produzidos mediante a livre passagem do ar pela boca. São vogais:

[a] **má**, **fato**, **pedra**

[α] **cana**, **lama**, **trama**

[ɛ] **ela**, **sela**, **café**

[e] **êxito**, **gelo**, **fazer**

[ɔ] **cólera**, **gola**, **nó**

[o] **osso**, **coluna**, **tarô**

[i] **isso**, **figo**, **lebre**

[u] **urubu**, **azul**, **livro**

b) Semivogais são os fonemas sonoros [y] e [w], que, quando juntos de uma vogal, formam com ela uma única sílaba:

[y] mãe ['m α y], rei ['r e y]

[w] meu ['mew], quadro ['kwadru]

c) Consoantes são fonemas resultantes do fechamento ou estreitamento do canal vocal em determinado ponto. São consoantes:

[b] **bola**, **aba**, **sobra**

[d] **d**ó, la**d**o, saí**d**a
[g] **g**ato, a**g**ora, tan**g**o
[p] **p**ato, sa**p**ato, ma**p**a
[t] **t**ecido, len**t**idão, san**t**o
[k] **c**aro, **q**uerida, por**c**aria
[m] **m**ãe, a**m**ar, ca**m**ada
[n] **n**ada, ca**n**oa, a**n**o
[ɲ] **nh**á, vi**nh**o, cami**nh**o
[l] **l**ado, me**l**ado, mo**l**a
[λ] **lh**e, fi**lh**ote, ma**lh**a
[r] ba**r**ato, ca**r**o, ma**r**
[R] **r**ota, ca**rr**o, ama**rr**ar
[f] **f**avor, a**f**ável, cali**f**a
[v] **v**ela, aze**v**inho, ú**v**ula
[s] **s**apo, **s**ela, pê**ss**ego
[z] **z**ero, ca**s**a, e**x**ato
[ʃ] **ch**á, **x**ale, mar**ch**ar
[ʒ] **g**ênero, **j**arra, man**j**ar

d) Alofones são as variantes de um fonema. O fonema [**l**] tem uma variante [**w**] quando ocorre em posição intermediária não intervocáliva ou em posição final:

a**l**to ['a w t u]
ma**l** ['m a w]

O fonema /d/ possui a variante regional [dʒ]:

dia ['d y a]

se**d**e ['s ɛ d ʒ i]

O fonema /t/ apresenta a variante regional [t']:

tipo ['t' i p u]

se**t**e ['s ɛ t' i]

NOTA

O sinal diacrítico ['] que aparece nos colchetes indica que a sílaba que se segue é tônica.

Classificação dos fonemas

1. Vogais

As vogais podem ser classificadas:

a) quanto ao ponto de articulação:

anteriores (ocorre a elevação da língua em direção ao palato duro, próximo aos dentes): [ɛ], [e], [i];

médias (ocorre o abaixamento da língua, que permanece praticamente em repouso): [a], [α];

posteriores (ocorre a movimentação da língua em direção ao palato mole, perto da garganta): [ɔ], [o], [u].

b) quanto à intensidade:

átonas (pronunciadas com menor intensidade): el**a**, el**e**, l**i**ção, v**o**vô, l**u**gar etc.;

tônicas (pronunciadas com maior intensidade): l**á**, caf**é**, sac**i**, vov**ó**, l**u**z etc.

c) quanto ao papel das cavidades bucal e nasal:

orais	*nasais*
(a corrente expiratória é liberada somente pela boca)	(parte da corrente expiratória é desviada para as fossas nasais)
[a]	[ã]
[ɛ]	[e]
[e]	
[i]	[i]
[ɔ]	
[o]	[õ]
[u]	[u]

d) quanto ao timbre:

abertas (abertura maior da boca)	*fechadas* (abertura menor da boca)
[a]	[α]
[ɛ]	[e]
[ɔ]	[o]
	[i]
	[u]
	[ã]
	[ẽ]
	[ĩ]
	[õ]
	[ũ]

2. Consoantes

As consoantes podem ser classificadas:

a) quanto ao ponto de articulação:

bilabiais (formadas pelo contato completo dos lábios):

[p] **p**olar [b] **b**olar [m] **m**olar;

labiodentais (formadas pelo contato dos dentes incisivos superiores com o lábio inferior):

[f] **f**aca [v] **v**aca;

linguodentais (formadas pelo contato da ponta da língua com a parte interna dos dentes incisivos superiores):

[t] **to**na [d] **do**na [n] **no**na;

alveolares (formadas pelo contato da ponta da língua com os alvéolos dos dentes superiores):

[s] **se**lo [z] **ze**lo [l] **la**ma [r] a**ra**me;

palatais (formadas pelo contato do dorso da língua com o palato duro ou o céu da boca):

[ʃ] **chá** [ʒ] **já** [λ] **lh**o [ŋ] **nh**o;

velares (formadas pelo contato da parte posterior da língua com o palato mole ou o véu palatino):

[K] **ca**bo [g] **ga**bo [R] **ra**bo.

b) quanto ao papel das cordas vocais:

surdas (sem vibração das cordas vocais):

[p] [t] [K]

[f] [s] [ʃ];

sonoras (com vibração das cordas vocais):

[b] [d] [g]

[v] [z] [ʒ]

[l] [λ] [r] [R]

[m] [n] [ŋ].

c) quanto ao papel das cavidades bucal e nasal:

nasais: [m], [n], [ŋ];

orais: todas as demais.

d) quanto ao modo de articulação:

oclusivas (consoantes que se formam quando a corrente expiratória emitida pelos pulmões encontra uma interrupção total do ar, produzindo uma eclosão):

[p], [b], [t], [d], [k], [g];

*constritiva*s (quando a corrente expiratória emitida pelos pulmões encontra uma interrupção parcial do ar, saindo apertada ou constrita):

[f], [v], [s], [z], [ʃ],

[ʒ], [l], [λ], [r] e [R].

As constritivas podem ser:

fricativas (passagem do ar através de uma estreita fenda no centro da cavidade bucal, produzindo um ruído de fricção):

[f], [v], [s], [z], [ʃ], [ʒ];

laterais (passagem do ar pelos dois lados da cavidade bucal):

[l], [λ];

vibrantes (ocorre uma vibração rápida da língua ou do véu palatino):

[r], [R].

Quadro geral das consoantes

	Papel das cavidades bucal e nasal	Orais						Nasais
	Modo de articulação	Oclusivas		Constritivas				Oclusivas
				Fricativas		Laterais	Vibrantes	
	Papel das cordas vocais	Surdas	Sonoras	Surdas	Sonoras	Sonoras	Sonoras	Sonoras
Ponto de articulação	Bilabiais	[p]	[b]					[m]
	Labiodentais			[f]	[v]			
	Linguodentais	[t]	[d]					[n]
	Alveolares			[s]	[z]	[l]	[r]	
	Palatais			[ʃ]	[ʒ]	[ʎ]		[ɲ]
	Velares	[k]	[g]				[R]	

II - ENCONTROS VOCÁLICOS, ENCONTROS CONSONANTAIS E DÍGRAFOS

A - Encontros vocálicos

Quando vogais e semivogais aparecem agrupadas em determinadas palavras, formam encontros vocálicos denominados *ditongos, tritongos* e *hiatos*.

1. Ditongo é o encontro de (a) uma vogal + uma semivogal ou (b) uma semivogal + uma vogal, na mesma sílaba.

(a)	m**eu**	p**ai**	v**éu**
(b)	pátr**ia**	sér**ie**	freq**ue**ntar

Os ditongos podem ser *decrescentes* ou *crescentes, orais* ou *nasais.*

O ditongo *decrescente* ocorre quando a vogal vem antes da semivogal: c**ai**xa, c**éu**, her**ói**.

O ditongo *crescente* ocorre quando a semivogal vem antes da vogal: líng**ua**, cár**ie**, q**ua**ndo.

São *orais* os ditongos que contêm uma vogal oral. Os *ditongos orais decrescentes* são:

[ay]	p**ai**	[Ew]	v**éu**
[ey]	l**ei**	[iw]	v**iu**
[aw]	p**au**	[oy]	b**oi**
[Ey]	pap**éi**s	[ɔy]	her**ói**
[ew]	s**eu**	[uy]	az**ui**s

Os *ditongos orais crescentes* são:

[ya] fér**rea**, indolên**cia**

[ye] cá**rie**, sé**rie**

[yo] lí**rio**, tér**reo**

[wa] má**goa**, nó**doa**

[we] a**tue**, tê**nue**

[wo] ár**duo**, vá**cuo**

São *nasais* os ditongos que contêm uma vogal nasal. Os *ditongos nasais decrescentes* são:

[ãy] m**ãe**

[ey] s**em**

[oy] an**õe**s

[uy] m**ui**to

[ãw] n**ão**

Os *ditongos nasais crescentes* são:

[wã] enxag**ua**ndo, q**ua**nto

[we] ag**ue**ntar, freq**ue**nte

[wi] ping**ui**m, q**ui**nquídio

2. Tritongo é o encontro, em uma única sílaba, de uma semivogal + uma vogal + uma semivogal: Parag**uai**, sag**uão**, arg**uiu**.

Os tritongos podem ser *orais* ou *nasais*. São *orais* os tritongos que contêm uma vogal oral. São *nasais* os tritongos que contêm uma vogal nasal.

Os *tritongos orais* são:

[way] Parag**uai**

[wey] enxag**uei**

[wiw] arg**uiu**

[wow] averig**uou**

Os *tritongos nasais* são:

[wãw] enxág**uam**

[wey] delinq**uem**

[wõy] sag**uões**

3. Hiato é o encontro de duas vogais pertencentes cada uma a sílabas diferentes: p**aí**s, r**ai**z, s**aú**de, v**oo**.

Os encontros vocálicos **ia**, **ie**, **io**, **oa**, **ua**, **ue** e **uo**, átonos e finais, são geralmente considerados *ditongos crescentes*: histór**ia**, cár**ie**, sér**io**, mág**oa**, ág**ua**, tên**ue** e vác**uo**. Tais encontros podem, no entanto, realizar-se como *hiatos*: his-tó-r**i-a**, cá-r**i-e**, sé-r**i-o**, má-g**o-a**, á-g**u-a**, tê-n**u-e**, ár-d**u-o**.

B - Encontros consonantais

Encontro consonantal é a reunião de duas ou mais consoantes numa mesma palavra. O encontro consonantal pode ocorrer na mesma sílaba (**bl**oco, **cl**ima, **dr**ama etc.) ou em sílabas diferentes (a**d**-**v**ogado, é**t**-**n**ico, ri**t**-**m**o etc.).

Os *encontros consonantais inseparáveis* mais frequentes são:

bl	**bl**usa, a**bl**ativo	**gl**	**gl**obo, en**gl**obar
br	**br**asa, a**br**andar	**gr**	**gr**ama, re**gr**a
cl	**cl**ima, de**cl**ive	**pl**	**pl**anta, re**pl**anejar
cr	**cr**ina, a**cr**ópole	**pr**	**pr**imo, so**pr**o
dr	**dr**ama, la**dr**ão	**tl**	**tl**intar, a**tl**as
fl	**fl**oco, re**fl**exo	**tr**	**tr**apo, a**tr**ás
fr	**fr**aco, res**fr**iado	**vr**	pala**vr**a, la**vr**ador

Há encontros consonantais bem menos frequentes que ocorrem apenas em certas palavras. Os encontros iniciais são sempre inseparáveis:

gn **gn**omo, **gn**u

mn **mn**emônico, **mn**emoteste

pn **pn**eu, **pn**eumonia

ps **ps**icanálise, **ps**iu

pt **pt**ialina, **pt**ilose

Os *encontros consonantais separáveis* mais frequentes são:

bn a**b**-**n**egar, a**b**-**n**ormal

bs a**b**-**s**oluto, a**b**-**s**orver

cç convi**c**-**ç**ão, fa**c**-**ç**ão

ct aspe**c**-**t**o, e**c**-**t**oplasma

dm a**d**-**m**irar, a**d**-**m**issão

dv a**d**-**v**ertir, a**d**-**v**ogado

ft a**f**-**t**a, a**f**-**t**osa

gn a**g**-**n**óstico, di**g**-**n**idade

ls compu**l**-**s**ão, expu**l**-**s**ão

pt a**p**-**t**idão, ra**p**-**t**o

sc i**s**-**c**a, me**s**-**c**alina

st cri**s**-**t**a, i**s**-**t**o

tm ri**t**-**m**o, ri**t**-**m**ista

C - Dígrafos

Dígrafo é um grupo de duas letras que representa um único som (ou fonema). Os dígrafos são:

ch	[ʃ]	**ch**alé, ma**ch**o
lh	[λ]	**lh**ama, ve**lh**o
nh	[ŋ]	**nh**oque, so**nh**o
rr	[R]	ca**rr**o, te**rr**emoto
ss	[s]	di**ss**o, pa**ss**o
gu	[g]	**gu**erra, **gu**incho
qu	[k]	**qu**ermesse, **qu**ilo
sc	[s]	de**sc**er, na**sc**er
sç	[s]	cre**sç**a, de**sç**a
xc	[s]	e**xc**elente, e**xc**eder

São também considerados dígrafos os grupos que representam as vogais nasais:

am	[ãm]	**cam**po, **tam**pa
an	[ãn]	**can**to, **tan**to
em	[ẽm]	**em**bate, **tem**po
en	[ẽn]	**en**contro, **len**to
im	[ĩm]	**lim**bo, **lim**po
in	[ĩn]	**lin**do, **tin**to
om	[õm]	**bom**ba, **pom**ba

on [õn] c**on**to, p**on**to

um [ũm] debr**um**, com**um**

un [ũn] f**un**do, m**un**do

III - O ESTUDO DA SÍLABA

Sílaba é o fonema ou grupo de fonemas pronunciado numa só emissão de voz na enunciação de uma palavra, por exemplo: *a-le-gre*, *sa-ú-de*, *be-le-za*. Observe que as palavras alegre, saúde e beleza foram divididas em pequenos elementos sonoros (sílabas) e que em cada elemento há sempre uma vogal.

A - Classificação da sílaba

1. A sílaba pode ser *aberta* ou *fechada*. Chama-se *aberta* a sílaba que termina por uma vogal:

lo-ja **sa-ci** **mo-le-que**

Chama-se *fechada* a sílaba que termina por uma consoante:

al-çar **rap-tar** **ves-tal**

2. Quanto à *posição* na palavra, a sílaba pode ser *inicial*, *medial* ou *final*, conforme o lugar que ocupa — no início, meio ou final do vocábulo:

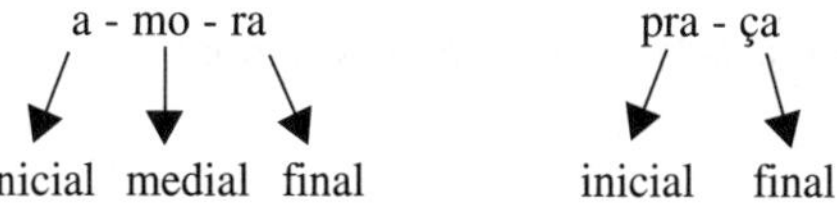

3. Quanto à *tonicidade*, a sílaba pode ser *átona* ou *tônica*. Numa palavra que contém duas ou mais sílabas, há sempre as sílabas que são pronunciadas com mais ou menos intensidade. A sílaba que é pronunciada com menor intensidade chama-se *sílaba átona.* Aquela que apresenta maior intensidade chama-se *sílaba tônica.* Em *livro*, por exemplo, a sílaba tônica é **li** e a átona é **vro**. O acento tônico recai sobre a sílaba inicial.

É importante notar que o acento tônico nem sempre é indicado graficamente. Em café, a sílaba inicial é átona e a final é tônica. A sílaba tônica contém acento tônico e acento gráfico, pois é marcada com um sinal diacrítico chamado acento agudo.

B - Classificação das palavras quanto ao número de sílabas

Quanto ao número de sílabas, as palavras classificam-se em:

1. *monossílabas* (uma sílaba apenas):

mal, não, pé, sol;

2. *dissílabas* (duas sílabas):

café (ca-fé), jogar (jo-gar), supor (su-por), trigo (tri-go);

3. *trissílabas* (três sílabas):

beleza (be-le-za), criança (cri-an-ça),

ninhada (ni-nha-da), pássaro (pás-sa-ro);

4. *polissílabas* (mais de três sílabas):

autorização (au-to-ri-za-ção), eternidade (e-ter-ni-da-de), metralhadora (me-tra-lha-do-ra), responsabilidade (res-pon-sa-bi-li-da-de).

C - Classificação das palavras quanto ao acento tônico

Quanto ao acento tônico, as palavras com mais de uma sílaba classificam-se em:

1. *oxítonas* (quando o acento tônico recai na *última sílaba*):

ar**dil**, cla**mor**, for**ró**, he**rói**, mara**já**;

2. *paroxítonas* (quando o acento tônico recai na *penúltima sílaba*):

i**mó**vel, **jun**ta, **lá**pis, **pi**res, re**pul**sa;

3. *proparoxítonas* (quando o acento tônico recai na *antepenúltima sílaba*):

cânfora, cen**trí**fuga, e**xér**cito, ma**rí**timo, re**lâm**pago.

NOTA

Observe que as palavras proparoxítonas são todas acentuadas graficamente, com acento agudo ou circunflexo.

ORTOGRAFIA

I - ORTOGRAFIA

Ortografia é uma palavra de origem grega: *orthos* = correto, *graphia* = escrita. Ortografia é a maneira correta de transcrever as palavras por meio da escrita.

1. Alfabeto

O alfabeto da língua portuguesa é composto de 26 letras: *a*, *b*, *c, d, e, f, g, h, i, j, k, l, m, n, o, p, q, r, s, t, u, v, w, x, y, z*).

A letra **H** é usada no princípio de algumas palavras (haver, hélice, hipopótamo) e no início ou final de certas interjeições (ah!, hã?, hem?, oh!, puh!).

No interior da palavra, o H é empregado em dois casos:

a) quando faz parte dos dígrafos *ch, lh, nh*:

chaveiro, malha, manhã;

b) com palavras compostas:

anti-herói, anti-higiênico, anti-horário, pré-helênico, pré-histórico, pré-humano.

2. Emprego do K, do W e do Y

O **K** é empregado:

a) em abreviaturas:

kit. = kitchenette, kl = quilolitro, K.O. = nocaute;

b) em símbolos:

kg = quilograma, km = quilômetro, Kr = criptônio;

c) em palavras estrangeiras:

karaokê, kart, kilt;

d) em derivados portugueses de nomes próprios estrangeiros: kantismo, kardecista, kepleriano;

e) em nomes próprios estrangeiros:

Kant, Kardec, Kepler.

O **W** é empregado:

a) em abreviaturas:

W = Oeste, w.c. = water closet, WNW = Oés-noroeste;

b) em símbolos:

W = tungstênio, Wb = weber, Wh = watt-hora;

c) em palavras estrangeiras:

walkie-talkie, watt, windsurfe;

d) em derivados portugueses de nomes próprios estrangeiros:

wagneriano, weberiano, wesphalense;

e) em nomes próprios estrangeiros:

Wagner, Weber, Westphalen.

O **Y** é empregado:

a) em símbolos:

Y = ítrio, Yb = itérbio, yd = jarda;

b) em palavras estrangeiras:

yagi = antena de ondas curtas;

yang = no taoismo, o princípio masculino, ativo, celeste, penetrante, quente e luminoso;

yearling = animal puro-sangue entre um e dois anos de idade;

c) em derivados portugueses de nomes próprios estrangeiros:

byronismo, hollywoodiano, taylorismo;

d) em nomes próprios estrangeiros:

Byron, Hollywood, Taylor.

3. Emprego do dígrafo SC

O **SC** é sempre empregado em palavras de origem latina que vieram já formadas para o vernáculo: ascensão, consciência, cônscio, crescer, descer, discípulo, imprescindível, intumescer, lascivo, prescindir, rescindir, rescisão etc.

4. Emprego do S e do Z

Emprega-se **S**:

a) nos monossílabos:

ás, bis, gás, mês, pus, rês, trás (= atrás), tris (= voz imitativa de algo que se parte, principalmente vidro), xis etc.;

b) nas palavras oxítonas:

aliás, anis, atrás, através, convés, freguês, país, retrós, revés etc.;

c) nos seguintes nomes de pessoas:

Assis, Brás, Dinis, Garcês, Inês, Isabel, Luís, Luísa, Queirós, Resende, Sousa, Teresa, Teresinha, Tomás etc.;

d) nos adjetivos pátrios em *-ês:*

francês, holandês, inglês, irlandês, japonês, português, ruandês, surinamês etc.;

e) em formas do verbo *pôr* e *querer* e seus compostos:

pus, pusera, quis, quisera, quisesse, compusera etc.;

f) nos adjetivos que contêm o sufixo *-oso*:

bondoso, cavernoso, escandaloso, estrondoso, famoso, furioso, glorioso etc.;

g) nos substantivos femininos que indicam títulos nobiliários e funções diplomáticas ou religiosas:

baronesa, duquesa, marquesa, princesa, consulesa, prioresa etc.;

h) nos substantivos cujos verbos correspondentes apresentam o sufixo *-ender*:

defesa (defender), despesa (despender), empresa (empreender), surpresa (surpreender) etc.;

i) em muitos outros vocábulos:

análise, básico, casa, framboesa, glosa, mesa, obeso, pesado etc.

Emprega-se **Z**:

a) nos monossílabos:

dez, fez, giz, noz, paz, riz, tez, triz, vez, voz etc.;

b) nos derivados em *-zal, -zão, -zeiro, -zinho, -zito*:

bambuzal, cafezal, cajazeiro, cajuzeiro, irmãozinho, florzinha, homenzão, jovenzão, amorzinho, avezita etc.;

c) nos substantivos abstratos em *-eza* derivados de adjetivos que indicam qualidade física ou moral:

beleza (de belo), dureza (de duro), franqueza (de franco), largueza (de largo), leveza (de leve), malvadeza (de malvado), moleza (de mole), pobreza (de pobre) etc.;

d) nos derivados de palavras terminadas em *Z*:

cruzar, cruzeiro, cruzeta (de cruz), enraizar, enraizado, enraizamento (de raiz), matizar, matizado, matizamento (de matiz) etc.;

e) em muitos outros vocábulos:

alcaçuz, azar, azeite, azulejo, bazar, buzina, calidez, capuz, cozinha, dízimo, feliz, felizardo, fuzil, fuzuê, limpeza, limpidez, marzipã etc.

5. Emprego do J

Grafam-se com **J**:

a) as palavras de origem indígena, africana ou de formação popular:

ajeru, cafajeste, canjebrina, canjerê, canjica, jeca, jenipapo, jequitibá, jerimum, jiboia, jimbelê, jinga, jirau, manjericão, manjerioba, mojiano, mojicar, ojixê etc.;

b) todas as formas dos verbos em *-jar*:

arranjar (arranje, arranjei, arranjemos), gracejar (graceje, gracejeis, gracejemos), mijar (mije, mijem, mijemos), trajar (trajava, trajeis, trajemos), viajar (viajei, viajem, viajemos) etc.;

c) os derivados de substantivos terminados em *-ja*:

esponjar, esponjeira, esponjinha, esponjoso (de esponja); granjaria, granjear, granjeio, granjeiro (de granja); laranjeira, laranjeiro, laranjinha (de laranja); lisonjeador, lisonjear, lisonjeiro (de lisonja); lojeca, lojinha, lojista (de loja); toronjeira, toronjeiro, toronjinha (de toronja) etc.;

d) muitos outros vocábulos:

ajeitar, alfanje, desajeitado, injeção, injetar, enjeitar, jeito, jérsei, jesuíta, laje, lambujem, majestade, majestoso, ojeriza, pajé, pajelança, pajem, sujeição, sujeira, sujeito, traje, trajeto, trajetória, trejeito, ultraje etc.

6. Emprego do X

Emprega-se o **X**:

a) depois de ditongos:

[*ay*] baixo, caixa,

[*ey*] ameixa, feixe,

[*ow*] frouxo, rouxinol;

b) em palavras de origem africana, indígena ou de formação popular:

abacaxi, oxalá, oxalufã, caxangá, caxango, caxambu, caxinguelê, caxixi, xaboque, xacoco, xangó, xangô, xará, xavante, xaxim etc.;

c) em inúmeros vocábulos com o prefixo *-en* ou depois da sílaba *en* inicial:

enxabido, enxada, enxadrezado, enxaguar, enxágue, enxalmo, enxame, enxaqueca, enxaropar, enxergar, enxerido, enxertar, enxofre, enxotar, enxovalhar, enxugar, enxurrada, enxuto etc.;

d) no final de algumas paroxítonas:

bórax, córtex, fênix, Félix, látex, ônix, sílex, tórax etc.;

e) em muitas palavras com o prefixo latino *-ex*:

exceção, excedente, excelência, excelente, excerto, excesso, excitar etc.;

f) em inúmeros outros vocábulos:

anexar, anexim, bexiga, bruxa, coxa, coxeira, dextro, dextrose, execrável, êxito, fixar, fixo, graxa, graxo, hexágono, hexil, lixo, luxúria, mexer, mexerico, orexia, praxe, práxis, rixa, roxo, sexo, sexto, uxi, uxoricídio, vexame, vexilo, xampu, xarope, zootaxia etc.

NOTA

O **X** representa, conforme o ambiente fonológico, quatro sons diferentes:

[ʃ] xícara, peixe	[ks] anexo, tórax
[z] exame, exótico	[s] contexto, próximo

7. Verbos em -isar e -izar

a) Emprega-se o sufixo *-isar* quando o nome correspondente ao verbo já contém o **S**:

analisar (análise)
anestesiar (anestesia)
avisar (aviso)
catalisar (catálise)
dispensar (dispensa)
frisar (friso)
improvisar (improviso)
paralisar (paralisia)
pesquisar (pesquisa)
pisar (piso)

b) Emprega-se o sufixo *-izar* quando o nome correspondente ao verbo não contém **S** ou já contém **Z**:

amenizar (ameno)
canalizar (canal)
colonizar (colono)
cicatrizar (cicatriz)
democratizar (democrático)
deslizar (deslize)
informatizar (informática)
oficializar (oficial)
sintetizar (sintético)
traumatizar (traumático)

EXCEÇÃO

O verbo *catequizar* e os nomes *catequização* e *catequizador* são grafados com **Z**, embora sejam derivados de *catequese*, grafado com **S**.

8. Letras dobradas

Duplicam-se as letras **r** e **s** em dois casos:

a) quando, entre vogais, representam os sons simples do *r* ou *s* iniciais:

carro, jarra, porre etc.;

desse, missa, pêssego etc.;

b) sempre que a um elemento de composição terminado em vogal se segue, sem utilização do hífen, vocábulo iniciado por uma daquelas letras:

arritmia, derrogar, prerrogativa etc.;

pressentir, ressentimento, sacrossanto etc.

Duplica-se a consoante **c**:

a) quando a primeira apresenta um som distinto da segunda:

acciano, occipício, occipital;

b) quando o próprio falante pronuncia um *c* facultativo:

accepção, accessível, accessório etc.

9. Parônimos*

Parônimos são palavras semelhantes na forma e diferentes no sentido:

cena	sena
(cada uma das unidades da ação de uma peça teatral ou de um filme)	(carta de baralho, dado ou peça de dominó com seis pintas ou pontos; jogo de loteria)
flagrante	fragrante
(que se observa ou comprova no instante em que ocorre)	(perfumado)
inflação	infração
(ato ou efeito de inflar-se; desequilíbrio do sistema monetário)	(ato ou efeito de infringir; violação de uma lei)
recrear	recriar
(proporcionar recreio a; divertir, divertir-se)	(criar novamente, tornar a criar)
tris	triz
(voz imitativa do ruído de algo que se parte, principalmente vidro)	(parte da locução adverbial *por um triz*; icterícia)

* Ver o estudo dos parônimos na página 561.

10. Vocábulos de dupla grafia

Existem muitas palavras com grafia dupla, por razões históricas, etimológicas ou, até mesmo, convencionais. Indicaremos com um (*) as variantes que ocorrem com mais frequência:

a) com **q** ou **c**:

quatorze (*)	catorze
quociente (*)	cociente
quotidiano	cotidiano (*)
quota	cota (*)

b) com **cç** ou **ç**:

infecção (*)	infeção
secção	seção (*)
sucção (*)	sução

c) com **ct** ou **t**:

aspecto (*)	aspeto
conectivo (*)	conetivo
contacto	contato (*)
dactilografia	datilografia (*)
expectativa (*)	expetativa

d) com **pt** ou **t**:

corruptela (*)	corrutela
corrupto (*)	corruto

optimismo	otimismo (*)
óptimo	ótimo (*)
sumptuoso	suntuoso (*)
sumptuosidade	suntuosidade (*)

NOTA

Optimismo, optimo, sumptuoso e *sumptuosidade* são formas do português lusitano.

e) com ou sem **h**:

humectar	umectar
humectação	umectação
humectante	umectante
humidade	umidade
húmido	úmido

NOTA

As variantes com *H* são próprias do português lusitano.

Há, ainda, casos isolados de grafia dupla (aluguel/aluguer, cãibra/câimbra, cãimbro/câimbro, diferençar/diferenciar, garagem/garage), de grafia tripla (enfarte, enfarto, infarto) e até de grafia quíntupla (brócoli, brócolis, brócolo, brócolos e brocos).

11. Apóstrofo

O apóstrofo é um sinal diacrítico em forma de vírgula.

Emprega-se o apóstrofo nos seguintes casos:

a) para indicar a supressão de letras no verso, por exigência da metrificação: c'roa (coroa), esp'rança (esperança), minh'alma (minha alma), of'recer (oferecer), 'stava (estava) etc.;

b) para reproduzir certas pronúncias populares: 'tá (está), 'stávamos (estávamos), olh'ela (olha ela) etc.;

c) para indicar a supressão da vogal da preposição *de* em certas palavras compostas: copo d'água, estrela-d'alva, galinha-d'angola, mãe-d'água, pau-d'água, pau-d'arco etc.

12. Hífen

Emprega-se o hífen (ou traço de união) nos seguintes casos:

a) nos compostos em que os elementos mantêm sua acentuação própria, mas perdem os significados individuais, sugerindo uma nova unidade semântica para o conjunto linguístico: água-marinha, arco-íris, couve-flor, peixe-boi, sempre-viva etc.;

b) nas formas verbais com pronomes enclíticos e mesoclíticos: amá-lo, dizer-lhe, fa-lo-á, oferecê-los-ei etc.;

c) com os pronomes oblíquos (*lo, la, los, las*) enclíticos, combinados com os pronomes *nos* e *vos* e com a forma *eis*: no-lo, no-la, no-los, no-las, vo-lo, vo-la, vo-los, vo-las, ei-lo, ei-la, ei-los, ei-las;

d) nos adjetivos compostos, mesmo que haja redução do primeiro elemento: anglo-americano, austro-húngaro, histórico-geográfico, latino-americano, luso-brasileiro, sino-japonês etc.;

e) nos vocábulos formados por sufixos que representam formas adjetivas, como *-açu, -guaçu* e *-mirim*, quando o primeiro elemento termina em vogal acentuada graficamente ou quando o requer a pronúncia: andá-açu, capim-açu, maracujá-açu, amoré-guaçu, sabiá-guaçu, paraná-mirim etc.;

f) nos vocábulos formados por prefixos, quando seguidos de palavras que começam com *h*: ante-histórico, anti-higiênico, arqui-hiperbólico, auto-hemoterapia, contra-harmônico, extra-humano, infra-hepático, intra-hepático, macro-história, mini-hotel, neo-hegelianista, proto-história, pseudo-herança, semi-histórico, sobre-humano, super-homem, supra-hepático, ultra-humano etc.;

g) nos vocábulos formados por prefixos, quando a última letra do prefixo é igual à primeira letra da palavra que o segue: anti-inflamatório, arqui-inimigo, auto-ônibus, contra-ataque, extra-alcance, infra-assinado, inter-regional, intra-articular, micro-ondas, pseudo-ortorrômbico, semi-infantil, sub-base, super-requintado, supra-axilar, ultra-apressado etc.;

h) nos vocábulos formados pelos prefixos *ab-, ad-, ob-, sob-* e *sub-,* quando seguidos de palavras iniciadas com *r*: ab-reação, ad-rogar, ob-reptício, sob-roda, sub-regional etc.;

i) nos vocábulos formados pelo prefixo *mal-*, quando seguido de palavras iniciadas com *vogal* ou *h*: mal-educado, mal-humorado etc.;

j) nos vocábulos formados pelo prefixo *bem*, antes de palavras que têm vida autônoma ou quando a pronúncia o requer: bem-estar, bem-humorado, bem-intencionado, bem-sucedido, bem-vindo etc.;

k) nos vocábulos formados pelos prefixos *além-, aquém, ex-, grão-, recém-, sem-* e *vice-*: além-mar, além-túmulo;

aquém-mar; ex-namorado, ex-presidente; grã-fino, grão--lama; recém-casado, recém-nascido; sem-cerimônia, sem-vergonha; vice-presidente, vice-reitor etc.;

l) nos vocábulos formados pelos prefixos *pós-*, *pré-* e *pró-* que possuam acento próprio em razão da evidência dos seus significados e da sua pronúncia: pós-moderno, pós--graduação; pré-escola, pré-nupcial; pró-americano, pró--socialista etc.;

m) nos vocábulos formados pelos prefixos *circum* e *pan*, quando seguidos de palavra iniciada por *m*, *n* e vogal: circum--murado, circum-navegação, pan-americano etc.;

n) nas palavras compostas que não apresentam elementos de ligação: guarda-chuva, arco-íris, segunda-feira, vaga-lume, porta-malas etc. Exceções: certas palavras que perderam a noção de composição, como girassol, madressilva, manda-chuva, pontapé, paraquedas, paraquedista e paraquedismo, não são hifenizadas;

o) em compostos que têm palavras iguais ou quase iguais, mas não têm elementos de ligação: blá-blá-blá, tique-taque, cri-cri, pingue-pongue, zigue-zague, esconde-esconde, pega-pega etc.;

p) nos encadeamentos vocabulares: ponte Rio-Niterói, eixo Paris-Nova York etc.;

q) se a partição de uma palavra coincidir com o hífen no final de uma linha, ele deverá ser repetido na linha seguinte:

Rosana comprou um lindo vestido azul-

-claro para sua filha Gabriela.

r) nos compostos entre cujos elementos há o emprego do apóstrofo: gota-d'água, pé-d'água etc.;

s) se o prefixo terminar por vogal e for seguido de palavra iniciada com *r* ou *s*, dobram-se essas letras: anterrosto, antessala, antirrábico, antissocial, arquirromântico, arquisseguro, autorretrato, autosserviço, contrarregra, contrassenso, extrarregulamentar, extrassensível, infrarrenal, infrassom, intrarraquidiano, intrassinovial, neorrealista, neossocialista, protorrevolução, protossatélite, pseudorrevelação, pseudossábio, semirracional, semisselvagem, sobrerronda, sobressaia, suprarrenal, suprassumo, ultrarrevolucionário, ultrassom etc.;

t) não se usa o hífen se o prefixo terminar com letra diferente daquela com que se inicia a outra palavra: anteislâmico, antiácido, arquiavô, autoescola, contraespionagem, extraoficial, infraestrutura, intermunicipal, intrauterino, neoescolástica, protoárico, pseudoapóstolo, semianalfabeto, semicírculo, superinteressante, supersônico, supraexcitação, supraocular, ultraoceânico etc.;

u) o prefixo *co* junta-se sempre com o segundo elemento, mesmo que ele comece por *o* ou *h*: coautor, coproprietário etc. No caso de o segundo elemento começar por *h*, ele deverá ser cortado: coabitação, coerdeiro etc. Se a palavra seguinte começar com *r* ou *s*, dobram-se essas consoantes: corréu, cosseno etc.;

v) os prefixos *pre-* e *re-* não admitem hífen, mesmo diante de palavras começadas por *e*: preexistente, reescrever etc.;

w) não se usa o hífen na formação de palavras com *quase* e *não*: não fumante, quase delito etc.;

x) não se usa o hífen em compostos que apresentam elementos de ligação: pé de moleque, dia a dia, fim de semana, ponto e vírgula, camisa de força, cara de pau etc. Exceções: água-de-colônia, arco-da-velha, cor-de-rosa, mais-que-perfeito, pé-de-meia, ao deus-dará, à queima-roupa. Constituem também exceções os compostos que designam espécies animais e botânicas (nomes de plantas, flores, frutos, raízes, sementes): bem-te-vi, mico-leão-dourado, andorinha-da-serra, ervilha-de-cheiro, pimenta-do-reino, peroba-do-campo, cravo-da-índia etc.

13. Emprego de porque, porquê, por que e por quê

Emprega-se **porque** (= conjunção) em substituição a *visto que* ou *por causa de que*:

Canto porque me sinto feliz e minha vida está ótima. (= visto que)

Bebe-se muito no inverno russo, porque se tem muito frio. (= por causa de que)

Emprega-se **porquê** (= substantivo) em substituição a *causa, motivo, razão*:

Todos choravam muito e ninguém dizia o porquê. (= a causa ou o motivo)

Gostaríamos de saber os porquês de sua mudança repentina. (= as razões)

Emprega-se **por que** (= preposição *por* e pronome relativo *que*) em substituição a *pelo qual, pela qual, pelos quais, pelas quais*:

Era íngreme e pedregosa a trilha por que seguira. (= pela qual)

Disseram que os trens por que vamos viajar são vagarosos e barulhentos. (= pelos quais)

Emprega-se **por que** (= preposição *por* e pronome interrogativo *que*) em orações interrogativas diretas:

Por que você não foi ao cinema?

Por que eles se atrasaram?

Emprega-se **por quê** (preposição *por* e pronome interrogativo *quê*) ao final de uma oração interrogativa:

Estou atônito! Você fez aquilo por quê?

Fizemos tudo como fora combinado, mas mesmo assim ela não ficou satisfeita; por quê?

14. Emprego de a, à, ah! e há

Emprega-se **a** (= artigo definido feminino) diante de nomes femininos no singular:

Ela tem a saúde, a firmeza e a força de uma garota de vinte anos.

Lá se vai a bela rosa vermelha entre os dedos de Esmeralda.

Emprega-se **a** (= pronome oblíquo, 3.ª pessoa, singular, feminino) em substituição a um nome feminino no singular:

Você a levou ao cinema ontem.

Ele não pôde atendê-la com vagar.

NOTA

Observe que em posição enclítica o pronome oblíquo *a* transforma-se em *la*.

Emprega-se **a** (= pronome demonstrativo feminino) em substituição a *aquela*:

Esta camisa é a que Maria me deu no Natal. (= aquela)

Esta foto não é a que tiramos em Maresias? (= aquela)

Emprega-se **a** (= preposição) a fim de exprimir diversas relações entre palavras:

Ele aludiu igualmente a Pedro e Juliana.

Maurício é um homem temente a Deus.

Emprega-se **à** (= contração da preposição *a* com o artigo *a*) diante de um nome feminino que admite preposição + artigo:

Vou à casa de meus pais no próximo fim de semana.

Ele entregou os documentos à mulher de Ricardo.

Emprega-se **à** (contração da preposição *a* com o pronome demonstrativo *a*) em substituição a *àquela*:

Esta gravura é semelhante *à* que lhe dei. (= àquela)

Na sua carta, Luísa compara a dor de agora à que sentiu quando ficou viúva. (= àquela)

Emprega-se **ah!** (= interjeição) no início da oração quando se deseja exprimir admiração, alegria, tristeza, ironia, dúvida etc. e, às vezes, enfaticamente, para dar mais força e realce às palavras a que se junta:

Ah! Que beleza de garota. Estou doido por ela!

Ah! Se eu soubesse de toda a verdade, teria tomado uma decisão diferente.

Emprega-se **há** (verbo haver) em substituição a *existe, existem* e *faz*:

Há um pouco de sopa de legumes na geladeira. (= existe)

Eduardo disse que há algumas pessoas a minha espera. (= existem)

Eles partiram há duas horas. (= faz)

Há dias que não vemos o sol brilhar. (= faz)

NOTA

Há ocorre também na expressão *não há de quê* (= não há por que agradecer).

15. Emprego das iniciais maiúsculas

Emprega-se a letra inicial maiúscula:

a) nos substantivos próprios (nomes de pessoas, topônimos, denominações religiosas e políticas, nomes sagrados e ligados a religiões, entidades mitológicas e astronômicas): Carlos; Margarida; Ricardo, Coração de Leão; Catarina, a Grande; Paraná; São Paulo; Campinas; Curitiba; oceano Atlântico; lago Paranoá; Igreja Católica Apostólica Romana; Igreja Ortodoxa Russa; Partido dos Trabalhadores; União Democrática Nacional; Deus; Cristo; Buda; Alá; Baco; Zeus; Afrodite; Marte; Júpiter; Via Láctea etc.;

b) no início de período, verso ou citação direta:

Quatro anos e meio vivi
com essa mulher. Mas vivi
de me trancar com ela, de café
na cama, de telefone
fora do gancho, de não dar as
caras na rua. Um sorvete na
esquina, no máximo uma sessão da
tarde, umas compras para o jantar,
e casa.

(Chico Buarque)

Amor é um fogo que arde sem se ver;
É ferida que dói e não se sente;
É um contentamento descontente;
É dor que desatina sem doer;

(Camões)

NOTA

No começo de versos que não iniciam período, usa-se normalmente a letra minúscula, como se observa em Cecília Meireles:

Vive como em sonho,
antes de nascido,
quando a vida e a morte
estavam consigo.

Disse Arthur da Távola: "A educação não é finalidade específica da televisão. A educação cabe à escola. A televisão é um eletrodoméstico do século XX, que entre outras finalidades e vocação pode ter — em parte — a educativa".

c) nos nomes de períodos históricos, festas religiosas ou datas e fatos políticos importantes: Idade Média, Renascimento, Natal, Páscoa, Ressurreição de Cristo, Dia do Trabalho, Dia das Mães, Independência do Brasil, Proclamação da República etc.;

d) nos nomes de logradouros públicos (avenidas, ruas, travessas, praças, largos, viadutos, pontes etc.): Avenida Paulista, Rua do Ouvidor, Travessa do Comércio, Praça da República, Largo do Arouche, Viaduto da Liberdade, Ponte Eusébio Matoso etc.;

e) nos nomes que indicam autoridades políticas e religiosas: Presidente, Governador, Prefeito, Ministro da Educação, Papa, Cardeal, Arcebispo, Bispo etc.;

f) nos nomes que designam altos conceitos políticos e religiosos: Estado, Nação, Pátria, República, Igreja, Espírito, Fé etc.;

g) nos nomes de repartições públicas, agremiações culturais ou esportivas, edifícios e empresas públicas ou privadas: Ministério do Trabalho, Delegacia de Ensino, Academia Brasileira de Letras, Sociedade Esportiva Palmeiras, Teatro Municipal, Edifício Itália, Imprensa Oficial do Estado de São Paulo, Editora Melhoramentos etc.;

h) nos títulos de livros, periódicos, produções artísticas, literárias e científicas: *Grande Sertão: Veredas* (de Guimarães

Rosa), *Veja, Jornal da Tarde*, *O Pensador* (de Rodin), *Os Girassóis* (de Van Gogh), *O Noviço* (de Martins Penna), *A Origem das Espécies* (de Charles Darwin) etc.;

i) nos nomes de escolas em geral: Escola Técnica Industrial de São Gonçalo, Faculdade de Filosofia, Ciências e Letras da Universidade de São Paulo, Escola Superior de Economia do Rio de Janeiro, Escola de Arte Dramática Cacilda Becker, Universidade Federal de São Carlos etc.;

j) nos nomes dos pontos cardeais quando indicam regiões: os povos do Oriente, o falar do Norte, os mares do Sul, a vegetação do Oeste etc.;

NOTA

Os nomes dos *pontos cardeais* são grafados com a *inicial minúscula* quando indicam apenas direções ou limites geográficos: ao sul de Minas Gerais, de norte a sul, de leste a oeste.

k) nas expressões de tratamento: Vossa Alteza, Vossa Majestade, Vossa Santidade, Vossa Excelência, Vossa Senhoria, Magnífico Reitor, Sr. Diretor, Sra. Coordenadora etc.;

l) nos nomes comuns sempre que personificados ou individualizados: o Amor, o Ódio, a Virtude, a Morte, o Lobo, o Cordeiro, a Cigarra, a Formiga, a Capital, a República, a Transamazônica, a Indústria, o Comércio etc.

II - DIVISÃO SILÁBICA

Na modalidade escrita, indicamos a divisão silábica com o hífen. Esta separação obedece às regras de silabação.

Regras para a divisão silábica

Não se separam:

1. as letras com que representamos os dígrafos *ch, lh* e *nh*:

   cha-ma, ma-lha, ma-nhã, a-char, fi-lho, a-ma-nhe-cer;

2. os encontros consonantais que iniciam sílaba:

   a-blu-ção, cla-va, re-gra, a-bran-dar, dra-gão, tra-ve;

3. a consoante inicial seguida de outra consoante:

   gno-mo, mne-mô-ni-co, psi-có-ti-co;

4. as letras com que representamos os ditongos:

   a-ni-mais, cá-rie, sá-bio, gló-ria, au-ro-ra, or-dei-ro, joi-a, réu;

5. as letras com que representamos os tritongos:

   a-guen-tar, sa-guão, Pa-ra-guai, U-ru-guai-a-na, ar-guiu, en-xá-guam.

Separam-se:

1. as letras com que representamos os dígrafos *rr*, *ss*, *sc*, *sç*, *xc*:

   car-ro, pás-sa-ro, des-ci-da, cres-ça, ex-ce-len-te;

2. as letras com que representamos os hiatos:

   sa-ú-de, cru-el, gra-ú-na, re-cu-o, vo-o;

3. as consoantes seguidas que pertencem a sílabas diferentes:

   ab-di-car, cis-mar, ab-dô-men, bis-ca-te, sub-lo-car, as-pec-to.

Divisão de palavras no fim da linha

Muitas vezes, quando estamos produzindo um texto, não há espaço no final da linha para escrevermos uma palavra toda. Devemos, então, recorrer a sua divisão em duas partes. Esta partição é sempre indicada com hífen e obedece às regras de separação silábica. Se a partição da palavra coincidir com o hífen no final de uma linha, ele deverá ser repetido na linha seguinte. Exemplo:

Todo aquele passado doloroso, de que mal começava a desprender-
-se, surgiu de novo ante ela, como um espectro implacável. Curtiu novamente em uma hora que ali esteve imóvel todas as aflições e angústias, que havia sofrido durante dois anos. Esta fita escarlate queimava-lhe os olhos e os dedos como uma lâmina em brasa, e ela não tinha forças para retirar a vista e a mão das letras de ouro e púrpura, que entrelaçavam com o nome de seu marido, o nome de outra mulher.

(José de Alencar)

III - ACENTUAÇÃO GRÁFICA

O português, assim como outras línguas neolatinas, apresenta acento gráfico. Vimos anteriormente que toda palavra da língua portuguesa de duas ou mais sílabas possui uma sílaba tônica. Observe as sílabas tônicas das palavras *arte*, *gentil*, *táxi* e *mocotó*. Você constatou que a tonicidade recai sobre a sílaba inicial em *arte*, a final em *gentil*, a inicial em *táxi* e a final em *mocotó*. Além disso, você notou que a sílaba tônica nem sempre recebe acento gráfico. Portanto, todas as palavras com duas ou mais sílabas terão acento tônico, mas nem sempre terão acento gráfico. A tonicidade está para a oralidade (fala) assim como o acento gráfico está para a escrita (grafia).

Regras de acentuação

Oxítonas

1. São assinaladas com acento agudo as palavras oxítonas que terminam em *a, e* e *o* abertos, e com acento circunflexo as que terminam em *e* e *o* fechados, seguidos ou não de *s*:

a já, cajá, vatapá

as ás, ananás, mafuás

e fé, café, jacaré

es pés, pajés, pontapés

o pó, cipó, mocotó

os nós, sós, retrós

e crê, dendê, vê

es freguês, inglês, lês

o avô, bordô, metrô

os bisavôs, borderôs, propôs

NOTA

Incluem-se nesta regra os *infinitivos* seguidos dos pronomes oblíquos *lo, la, los, las*: dá-lo, matá-los, vendê-la, fê-las, compô-lo, pô-los etc.

OBSERVAÇÕES

Nunca se acentuam: (a) as oxítonas terminadas em *i* e *u* e em *consoantes* — ali, caqui, rubi, bambu, rebu, urubu, sutil, clamor etc.; (b) os *infinitivos* em *i*, seguidos dos pronomes oblíquos *lo, la, los, las* — fi-lo, puni-la, reduzi-los, feri-las.

2. Acentuam-se sempre as oxítonas de duas ou mais sílabas terminadas em *-em* e *-ens*:

   alguém, armazém, também, conténs, parabéns, vinténs.

Paroxítonas

Assinalam-se com acento agudo ou circunflexo as paroxítonas terminadas em:

i	dândi, júri, táxi
is	lápis, tênis, Clóvis
ã/ãs	ímã, órfã, ímãs
ão/ãos	bênção, órfão, órgãos
us	bônus, ônus, vírus
l	amável, fácil, imóvel
um/uns	álbum, médium, álbuns
n	albúmen, hífen, Nílton
ps	bíceps, fórceps, tríceps
r	César, mártir, revólver
x	fênix, látex, tórax

NOTAS

a) O substantivo *éden* faz o plural *edens*, sem o acento gráfico.

b) Os prefixos *anti-*, *inter-*, *semi-* e *super-*, embora paroxítonos, não são acentuados graficamente: antirrábico, antisséptico, inter-humano, inter-racial, semiárido, semisselvagem, super-homem, super-requintado.

c) Não se acentuam graficamente as paroxítonas apenas porque apresentam vogais tônicas abertas ou fechadas: espelho, famosa, medo, ontem, socorro, pires, tela etc.

Proparoxítonas

Todas as proparoxítonas são acentuadas graficamente: abóbora, bússola, cântaro, dúvida, líquido, mérito, nórdico, política, relâmpago, têmpora etc.

CASOS ESPECIAIS

1. Acentuam-se sempre os ditongos tônicos abertos *éis, éu(s), ói(s)*: fiéis, céu, chapéus, herói, caracóis etc. Não se usa o acento dos ditongos abertos *éi* e *ói* das paroxítonas: ideia, heroico etc.

2. Acentuam-se sempre o *i* e o *u* tônicos dos hiatos, quando estes formam sílabas sozinhas ou são seguidos de *s*: aí, balaústre, baú, egoísta, faísca, heroína, saída, saúde, viúvo etc.

3. Acentuam-se graficamente as palavras terminadas em ditongo oral átono, seguido ou não de *s*: área, ágeis, importância, jóquei, lírios, mágoa, extemporâneo, régua, tênue, túneis etc.

4. Emprega-se o *til* para indicar a nasalização de vogais: afã, coração, devoções, maçã, relação etc.

5. Não é acentuado o primeiro *o* do hiato *oo*: enjoo, voo etc.

6. Não são acentuadas as formas verbais creem, leem, veem, deem e correlatas.

7. O trema não é mais utilizado: frequente, tranquilo etc.

ACENTO DIFERENCIAL

O acento diferencial é utilizado para distinguir uma palavra de outra que se grafa de igual maneira.

Usamos o acento diferencial nos vocábulos da coluna esquerda para diferenciar dos da direita:

fôrma (molde; peça de madeira que imita o pé)	forma (limites exteriores da matéria com configuração ou aspecto particular)
pôde (pret. perfeito do indicativo de *poder*)	pode (pres. do indicativo de *poder*)
pôr (verbo)	por (preposição)

IV - ABREVIATURAS

Abreviatura é a representação de uma palavra ou expressão geralmente por meio de suas letras iniciais. É usada especialmente por razões de economia de tempo e espaço. São as seguintes as abreviaturas mais usadas:

A

A.	autor
abr.	abril
A.C. ou a.C.	antes de Cristo
adj.	adjetivo
ago.	agosto
Al.	alameda
AM	amplitude modulada
anat.	anatomia
ap. ou apt.	apartamento
art.	artigo
astr.	astronomia
astrol.	astrologia
astron.	astronáutica
Av.	avenida

B

b.^{el} ou bel.	bacharel
bibl.	biblioteca
biol.	biologia
b.o.	boletim de ocorrência
bot.	botânica
bras.	brasileiro

C

cal.	caloria
cap.	capital, capitão, capítulo
c/c	conta-corrente
c.^{el} ou cel.	coronel
cgr.	centígrado
cia.	companhia
cm	centímetro
com.	comércio
conj.	conjunção
cx.	caixa

D

D.	Dom, Dona, digno

D.C. ou d.C.	depois de Cristo
DD.	Digníssimo
dep. ou dept.	departamento
dez.	dezembro
DF	Distrito Federal
dm	decímetro
Dr.	doutor
Dr.ª ou Dra.	doutora
dz.	dúzia

E

E	Este, Leste
E.C.	Era Cristã
econ.	economia
ed.	edição
educ.	educação
eletr.	eletricidade, elétrico
E.^{ma} ou Ema.	Eminência
eng.	engenharia
eng.º ou engo.	engenheiro
estat.	estatística
etc.	*et cetera*

ex.	exemplo(s)
Exmo ou Exmo.	Excelentíssimo
Ex.ª ou Exa.	Excelência

F

f.	feminino
fed.	federal
fem.	feminino
fev.	fevereiro
fig.	figura
fís.	física
fisiol.	fisiologia
FM	frequência modulada
fr.	francês, franco(s)
Fr.	Frei

G

g	grama
g. ou gr.	grau(s)
gen.	general
gên.	gênero
geogr.	geografia

geol.	geologia
gov.	governo
gram.	gramática

H

h	hora
ha	hectare
hab.	habitante
hist.	história
hl	hectolitro
HP	*horsepower*

I

id.	idem
i.é.	isto é
Il.^{ma} ou Ilma.	Ilustríssima
Il.^{mo} ou Ilmo.	Ilustríssimo
ind.	indicativo, indústria

J

jan.	janeiro
jr.	júnior

jul.	julho
jun.	junho

K

kg	quilograma(s)
kgf	quilograma-força
kl	quilolitro(s)
km	quilômetro(s)
km^2	quilômetro(s) quadrado(s)
km/h	quilômetro(s) por hora
K.O.	nocaute
kW	quilowatt(s)
kWh	quilowatt(s)-hora

L

lab.	laboratório
lat.	latitude
lb.	libra
ling.	linguística
lit.	literatura
log.	logaritmo
long.	longitude

LP	*long-play*
Ltda.	Limitada

M

m	metro(s)
m.	masculino
m^2	metro(s) quadrado(s)
m^3	metro(s) cúbico(s)
m ou min.	minuto(s)
máq.	máquina
mar.	março
masc.	masculino
mec.	mecânica
mg	miligrama(s)
Mit.	mitologia
Mons.	Monsenhor
mús.	música

N

N	Norte
nac.	nacional
náut.	náutica

NE	Nordeste
Ni	níquel
NO	Noroeste
nov.	novembro
NW	noroeste

O

O	Oeste
ob. cit.	obra citada
obj.	objeto
obs.	observação
ohm	unidade de medida de resistência elétrica
o.k.	*okay* (tudo bem)
op.	opus
Os.	sistema operacional
out.	outubro

P

p. ou pág.	página
pal.	palavra(s)
pp. ou págs.	páginas
P.D.	pede deferimento

Pe.	Padre
P.F.	Polícia Federal
pg.	pago
pl.	plural
pop.	população
pred.	predicado
prep.	preposição
prof.	professor
prof.ª ou profa.	professora

Q

Q.G.	quartel-general
Q.I.	quociente de inteligência
ql.	quilate(s)
qt.º	quanto
quím.	química

R

R.	rua
R/2	oficial da reserva
Ra	rádio (elemento químico)
ref.	referência, referente

resp.	resposta(s)
rod.	rodovia

S

s	segundo(s)
s.	substantivo
S	Sul
sarg.	sargento
s.d.	sem data
SE	Sudeste
séc.	século
sécs.	séculos
set.	setembro
s.f.	substantivo feminino
sing.	singular
s.m.	substantivo masculino
SO	Sudoeste
Sr.	senhor
Sr.ª ou Sra.	senhora
Sr.ᵃˢ ou Sras.	senhoras
Srs.	senhores
Sr.ᵗᵃ ou Srta.	senhorita

subst.	substantivo
suj.	sujeito

T

t	tonelada(s)
tel.	telefone, telegrama
ten.	tenente
ton.	tonelada(s), tonel(éis)
TV	televisão

U

u.e.	uso externo
u.i.	uso interno
unid.	unidade
univ.	universidade(s)

V

v.	verbo
V	você
VA	*volt-ampère*
V. A.	Vossa Alteza
V. Ex.ª ou V. Exa.	Vossa Excelência

V.M.	Vossa Majestade
V.S.	Vossa Santidade
V. S.ª ou V. Sa.	Vossa Senhoria
vt	videoteipe

W

w	*watt*
W	Oeste
w.c.	*water closet* (banheiro)
Wh	watt-hora
W.O.	*walkover*

Y

Y	ítrio
Yb	itérbio
yd	jarda(s)

Z

z.	variável dependente; número atômico
Zn	zinco

V - PONTUAÇÃO

Há certos recursos da linguagem — *pausa*, *melodia*, *entonação* e, até mesmo, *silêncio* — que só estão presentes na oralidade. Na linguagem escrita, para substituir tais recursos, usamos os *sinais de pontuação*. Estes são também usados para destacar palavras, expressões ou orações e esclarecer o sentido de frases, a fim de dissipar qualquer tipo de ambiguidade.

Emprego dos sinais de pontuação

1. Vírgula

Emprega-se a vírgula (uma breve pausa):

a) para separar os elementos mencionados numa relação:

A nossa empresa está contratando engenheiros, economistas, analistas de sistemas e secretárias.

O apartamento tem três quartos, sala de visitas, sala de jantar, área de serviço e dois banheiros.

NOTA

Mesmo que o *e* venha repetido antes de cada um dos elementos da enumeração, a *vírgula* deve ser empregada:

Rodrigo estava nervoso. Andava pelos cantos, *e* gesticulava, *e* falava em voz alta, *e* ria, *e* roía as unhas.

b) para isolar o vocativo:

Cristina, desligue já esse telefone!

Por favor, Ricardo, venha até o meu gabinete.

c) para isolar o aposto:

Dona Sílvia, aquela mexeriqueira do quarto andar, ficou presa no elevador.

Rafael, o gênio da pintura italiana, nasceu em Urbino.

d) para isolar palavras e expressões explicativas (*a saber*, *por exemplo*, *isto é*, *ou melhor*, *aliás*, *além disso* etc.):

Gastamos R$ 50.000,00 na reforma do apartamento, isto é, tudo o que tínhamos economizado durante anos.

Eles viajaram para a América do Norte, aliás, para o Canadá.

e) para isolar o adjunto adverbial antecipado:

Lá no sertão, as noites são escuras e perigosas.

Ontem à noite, fomos todos jantar fora.

f) para isolar elementos repetidos:

O palácio, o palácio está destruído.

Estão todos cansados, cansados de dar dó!

g) para isolar, nas datas, o nome do lugar:

São Paulo, 22 de maio de 1995.

Roma, 13 de dezembro de 1995.

h) para isolar os adjuntos adverbiais:

A multidão foi, aos poucos, avançando para o palácio.

Os candidatos serão atendidos, das sete às onze, pelo próprio gerente.

i) para isolar as orações coordenadas, exceto as introduzidas pela conjunção *e*:

Ele já enganou várias pessoas, logo não é digno de confiança.

Você pode usar o meu carro, mas tome muito cuidado ao dirigir.

Não compareci ao trabalho ontem, pois estava doente.

j) para indicar a elipse de um elemento da oração:

Foi um grande escândalo. Às vezes gritava; outras, estrebuchava como um animal.

Não se sabe ao certo. Paulo diz que ela tem trinta anos; a irmã, que tem quarenta.

k) para separar o paralelismo de provérbios:

Ladrão de tostão, ladrão de milhão.

Ouvir cantar o galo, sem saber onde.

l) após a saudação em correspondência (social e comercial):

Com muito amor,

Respeitosamente,

m) para isolar as orações adjetivas explicativas:

Marina, que é uma criatura maldosa, "puxou o tapete" de Juliana lá no trabalho.

Vidas Secas, que é um romance contemporâneo, foi escrito por Graciliano Ramos.

n) para isolar orações intercaladas:

Não lhe posso garantir nada, respondi secamente.

O filme, disse ele, é fantástico.

2. Ponto

Emprega-se o ponto, basicamente, para indicar o término de uma frase declarativa de um período simples ou composto.

Desejo-lhe uma feliz viagem.

A casa, quase sempre fechada, parecia abandonada, no entanto tudo no seu interior era conservado com primor.

O ponto é também usado em quase todas as abreviaturas, por exemplo: fev. = fevereiro, hab. = habitante, rod. = rodovia.

O ponto que é empregado para encerrar um texto escrito recebe o nome de *ponto-final*.

3. Ponto e vírgula

Utiliza-se o ponto e vírgula para assinalar uma pausa maior do que a da vírgula; é praticamente uma pausa intermediária entre o ponto e a vírgula.

Geralmente, emprega-se o ponto e vírgula para:

a) separar orações coordenadas que tenham um certo sentido ou aquelas que já apresentam separação por vírgula:

Criança, foi uma garota sapeca; moça, era inteligente e alegre; agora, mulher madura, tornou-se uma doidivanas.

b) separar os vários itens de uma enumeração:

Art. 206. O ensino será ministrado com base nos seguintes princípios:

I - igualdade de condições para o acesso e permanência na escola;

II - liberdade de aprender, ensinar, pesquisar e divulgar o pensamento, a arte e o saber;

III - pluralismo de ideias e de concepções, e coexistência de instituições públicas e privadas de ensino;

IV - gratuidade do ensino em estabelecimentos oficiais;

. . . .

(Constituição da República Federativa do Brasil)

4. Dois-pontos

Os dois-pontos são empregados para:

a) uma enumeração:

... Rubião recordou a sua entrada no escritório do Camacho, o modo por que falou: e daí tornou atrás, ao próprio ato. Estirado no gabinete, evocou a cena: o menino, o carro, os cavalos, o grito, o salto que deu, levado de um ímpeto irresistível...

(Machado de Assis)

b) uma citação:

Visto que ela nada declarasse, o marido indagou:

— Afinal, o que houve?

c) um esclarecimento:

Joana conseguira enfim realizar seu desejo maior: seduzir Pedro. Não porque o amasse, mas para magoar Lucila.

Observe que os dois-pontos são também usados na introdução de exemplos, notas ou observações. Exemplos:

Parônimos são vocábulos diferentes na significação e parecidos na forma. Exemplos: ratificar/retificar, censo/senso, descriminar/discriminar etc.

Nota: A preposição *per*, considerada arcaica, somente é usada na frase *de per si* (= cada um por sua vez, isoladamente).

Observação: Na linguagem coloquial pode-se aplicar o grau diminutivo a alguns advérbios: cedinho, longinho, melhorzinho, pouquinho etc.

NOTA

A invocação em correspondência (social ou comercial) pode ser seguida de *dois-pontos* ou de *vírgula*:

Querida amiga:

Prezados Senhores,

5. Ponto de interrogação

O ponto de interrogação é empregado para indicar uma pergunta direta, ainda que esta não exija resposta:

O criado pediu licença para entrar:

— O senhor não precisa de mim?

— Não, obrigado. A que horas janta-se?

— Às cinco, se o senhor não der outra ordem.

— Bem.

— O senhor sai a passeio depois do jantar? de carro ou a cavalo?

— Não.

(José de Alencar)

6. Ponto de exclamação

O ponto de exclamação é empregado para marcar o fim de qualquer enunciado com entonação exclamativa, que normalmente exprime *admiração, surpresa, assombro, indignação* etc.

— Viva o meu príncipe! Sim, senhor... Eis aqui um comedouro muito compreensível e muito repousante, Jacinto!

— Então janta, homem!

(Eça de Queirós)

NOTA

O *ponto de exclamação* é também usado com interjeições e locuções interjetivas:

Oh!
Valha-me Deus!

7. Reticências

As reticências são empregadas para:

a) assinalar interrupção do pensamento:

— Bem; eu retiro-me, que sou prudente. Levo a consciência de que fiz o meu dever. Mas o mundo saberá...

(Júlio Dinis)

b) indicar passos que são suprimidos de um texto:

O primeiro e crucial problema de linguística geral que Saussure focalizou dizia respeito à natureza da linguagem. Encarava-a como um sistema de signos... Considerava a linguística, portanto, com um aspecto de uma ciência mais geral, a ciência dos signos...

(Mattoso Camara Jr.)

c) marcar aumento de emoção

As palavras únicas de Teresa, em resposta àquela carta, significativa da turvação do infeliz, foram estas: "Morrerei, Simão, morrerei. Perdoa tu ao meu destino... Perdi-te... Bem sabes que sorte eu queria dar-te... e morro, porque não posso, nem poderei jamais resgatar-te.

(Camilo Castelo Branco)

8. Aspas

As aspas são empregadas:

a) antes e depois de citações textuais:

Roulet afirma que "o gramático deveria descrever a língua em uso em nossa época, pois é dela que os alunos necessitam para a comunicação quotidiana".

b) para assinalar estrangeirismos, neologismos, gírias e expressões populares ou vulgares:

O "lobby" para que se mantenha a autorização de importação de pneus usados no Brasil está cada vez mais descarado.

(*Veja*)

Na semana passada, o senador republicano Charles Grassley apresentou um projeto de lei que pretende "deletar" para sempre dos monitores de crianças e adolescentes as cenas consideradas obscenas.

(*Veja*)

Popularidade no "xilindró"

Preso há dois anos, o prefeito de Rio Claro tem apoio da população e quer uma delegada para primeira-dama.

(*Veja*)

Com a chegada da polícia, os três suspeitos "puxaram o carro" rapidamente.

c) para realçar uma palavra ou expressão:

Ele reagiu impulsivamente e lhe deu um "não" sonoro.

Aquela "vertigem súbita" na vida financeira de Ricardo afastou-lhe os amigos dissimulados.

9. Travessão

Emprega-se o travessão para:

a) indicar a mudança de interlocutor no diálogo:

— Que gente é aquela, seu Alberto?

— São japoneses.

— Japoneses? E... é gente como nós?

— É. O Japão é um grande país. A única diferença é que eles são amarelos.

— Mas, então não são índios?

(Ferreira de Castro)

b) colocar em relevo certas palavras ou expressões:

Maria José sempre muito generosa — sem ser artificial ou piegas — a perdoou sem restrições.

Um grupo de turistas estrangeiros — todos muito ruidosos — invadiu o saguão do hotel no qual estávamos hospedados.

c) substituir a vírgula ou os dois-pontos:

Cruel, obscena, egoísta, imoral, indômita, eternamente selvagem, a arte é a superioridade humana — acima dos preceitos que se combatem, acima das religiões que passam, acima da ciência que se corrige; embriaga como a orgia e como o êxtase.

(Raul Pompeia)

10. Parênteses

Os parênteses são empregados para:

a) destacar num texto qualquer explicação ou comentário:

Todo signo linguístico é formado de duas partes associadas e inseparáveis, isto é, o *significante* (unidade formada pela sucessão de fonemas) e o *significado* (conceito ou ideia).

b) incluir dados informativos sobre bibliografia (autor, ano de publicação, página etc.):

Mattoso Camara Jr. (1977) afirma que, às vezes, os preceitos da gramática e os registros dos dicionários são discutíveis: consideram erro o que já poderia ser admitido e aceitam o que poderia, de preferência, ser posto de lado.

c) indicar marcações cênicas numa peça de teatro:

Abelardo I — Que fim levou o americano?

João — Decerto caiu no copo de uísque!

Abelardo I — Vou salvá-lo. Até já!

(sai pela direita)

(Oswald de Andrade)

d) isolar orações intercaladas com verbos declarativos, em substituição à vírgula e aos travessões:

Afirma-se (não se prova) que é muito comum o recebimento de propina para que os carros apreendidos sejam liberados sem o recolhimento das multas.

11. Asterisco

Embora incluído por alguns autores na seção de *Pontuação*, o **asterisco**, sinal gráfico em forma de estrela, é apenas um recurso empregado para:

a) remissão a uma nota no pé da página ou no fim de um capítulo de um livro:

Ao analisarmos as palavras sorveteria, sapataria, confeitaria, leiteria e muitas outras que contêm o morfema preso* *-aria* e seu alomorfe *-eria*, chegamos à conclusão de que este afixo está ligado a estabelecimento comercial. Em alguns contextos pode indicar atividades, como em: bruxaria, gritaria, patifaria etc.

b) substituição de um nome próprio que não se deseja mencionar:

* É o morfema que não possui significação autônoma e sempre aparece ligado a outras palavras.

O dr. * afirmou que a causa da infecção hospitalar na Casa de Saúde Municipal está ligada à falta de produtos adequados para assepsia.

MORFOSSINTAXE

ESTRUTURA,
FORMAÇÃO E CLASSES
DE PALAVRAS

I - ESTRUTURA DE PALAVRAS

1. Palavra

A palavra é um elemento da frase que se compõe de uma unidade sonora ou de um grupo de unidades sonoras com significação. Além do elemento sonoro, a palavra possui elementos morfológicos, ou morfemas.

2. Morfema

O morfema é uma unidade significativa mínima que constitui o elemento ou os elementos da palavra.

Os morfemas podem ser *livres,* os que ocorrem sozinhos como palavras (*belo, pêssego, rua*), ou *presos,* os que não ocorrem isoladamente, isto é, não possuem autonomia lexical (bel*íssimo*, pêssego*s*, rua*zinha*).

Os morfemas classificam-se também como *lexicais* e *gramaticais*, levando-se em conta a natureza da significação. O morfema lexical refere-se à realidade do ser humano e apresenta uma significação que está relacionada ao universo extralinguístico. O morfema gramatical refere-se ao sistema linguístico em si e revela gênero, número, grau, tempo, modo e pessoa.

3. Alomorfe

Alomorfe é a variante de um morfema. O morfema **in-**, por exemplo, apresenta alomorfes **im-** e **i-**, dependendo do contexto fonológico em que aparecem. Observe os exemplos abaixo:

incomum	imberbe	ilegal
indecente	imbatível	imaturo
infeliz	impessoal	irregular

Do ponto de vista semântico, o morfema **in-** e seus alomorfes significam negação ou privação. Do ponto de vista distribucional, o alomorfe **im-** ocorre sempre antes das consoantes bilabiais, o alomorfe **i-** ocorre antes de consoantes laterais, nasais e vibrantes, e o alomorfe **in**- ocorre nos demais contextos fonológicos.

O morfema **-aria**, que indica principalmente estabelecimento comercial ou atividade, possui o alomorfe **-eria**. Este se aglutina, geralmente, a alguns nomes que terminam com a vogal **e**: leite/leiteria, sorvete/sorveteria, chope/choperia, mas peixe/peixaria, doce/doçaria.

4. Radical

O morfema lexical é também chamado de *radical* ou *semantema*. Radicais ou semantemas são elementos que encerram o significado das palavras. Nos vocábulos *filhos* e *garota*, os radicais são **filh-** e **garot-** e os morfemas gramaticais são **-os** e **-a**.

Ao analisarmos os vocábulos *terra*, *terreno*, *terrestre*, *terraço*, *enterrar*, *desenterrar* e *aterrar*, observamos que todos eles possuem um elemento comum, que é **terr-**, o radical — parte invariável de um grupo de palavras. Portanto, radical é o morfema que contém a significação lexical da palavra.

5. Desinência

As desinências são morfemas gramaticais que servem para indicar as flexões das palavras.

Nos nomes (substantivos e adjetivos), as desinências servem para indicar gênero e número. Exemplo:

professor**as** (= professor + a + s)

- a ↓ desinência de gênero (fem.)
- s ↓ desinência de número (pl.)

Nos verbos, as desinências servem para indicar modo e tempo, pessoa e número. Exemplo:

andá**vamos** (= andá + va + mos)

- va ↓ desinência de modo (ind.) e tempo (pret. imp.)
- mos ↓ desinência de pessoa (1.ª) e número (pl.)

Diante disso, verificamos que a língua portuguesa possui *desinências nominais* e *desinências verbais*. As desinências nominais indicam gênero e número:

gênero		**número**	
masculino	feminino	singular	plural
-o	**-a**	**0**	**-s**

NOTA

Observe que o singular caracteriza-se pela desinência zero.

As desinências verbais indicam as flexões de número e pessoa dos verbos. No pretérito imperfeito do indicativo do verbo *cantar*, por exemplo, as desinências aparecem assinaladas: canta**va**, canta**vas**, canta**va**, cantá**vamos**, cantá**veis**, canta**vam**.

6. Afixo

Afixos são morfemas gramaticais que acrescentados ao radical geralmente alteram-lhe o sentido. Os afixos que são antepostos ao radical chamam-se *prefixos*; os que são pospostos denominam-se *sufixos*. Assim, nos vocábulos *prever*, *reação*, *pedreiro* e *rancoroso* temos:

pre- (prefixo) + ver

re- (prefixo) + ação

pedra + *eiro* (sufixo)

rancor + *oso* (sufixo)

Em *certamente*, *legalmente* e *novamente* aparece um morfema comum, o sufixo *mente*, que, acrescentado a *certa*, *legal* e *nova,* forma advérbios de modo.

7. Vogal temática e tema

Analisando a forma verbal *reapresentamos*, distinguimos três elementos formativos:

a) o prefixo: *re-*,

b) o radical: *apresent-*,

c) a desinência verbal de número e pessoa: *-mos*.

Observe que é impossível juntar os três morfemas sem o acréscimo de uma vogal após o radical. Assim, acrescentamos a vogal **a** após o radical para ter a forma *reapresentamos*. Portanto, *vogal temática* é a vogal que vem logo após o radical.

A vogal temática aparece também na formação do plural dos substantivos. Em *país*, *luz* e *cor* temos de usar a vogal temática **e** como auxiliar para o processo de pluralização: *país***e***s*, *luz***e***s* e *cor***es**.

O radical acrescido da vogal temática chama-se *tema*. Nas formas analisadas, os temas são: *apresenta* (em *reapresentamos*), *paíse* (em *países*), *luze* (em *luzes*) e *core* (em *cores*).

8. Vogal e consoante de ligação

Vogais e consoantes de ligação são fonemas utilizados na juntura dos morfemas de certas palavras, a fim de tornar a pronúncia mais fácil ou eufônica. Exemplos:

gas - **ô** - metro, cafe - **i** - cultura,

pau - **l** - ada, cafe - **t** - eira.

9. Palavra primitiva e derivada

Denominam-se primitivas as palavras que não derivam de outras e permitem que delas se originem novos vocábulos. Exemplos: dente, leite, pedra, terra.

São derivadas as palavras que se formam de outras palavras, através do acréscimo de afixos (prefixos e/ou sufixos). Exemplos: dentista, aleitar, leiteira, pedreiro, aterrar, terreiro.

10. Palavra simples e composta

As palavras simples são aquelas que têm apenas um radical: água, flor, saia, tempo etc.

Denominam-se compostas as palavras que contêm mais de um radical. Exemplos: água-marinha, couve-flor, minissaia, passatempo.

11. Cognato

Denominam-se cognatos os vocábulos que pertencem à mesma "família", visto que apresentam radical e significação comuns. Por exemplo: belo, beleza, belezoca, embelezamento, embelezar; pedra, pedrada, pedreira, pedregulho, pedregoso.

II - RADICAIS, PREFIXOS E SUFIXOS

1. Os principais radicais gregos

a) Primeiro elemento da composição

Radical	Sentido	Exemplos
aero-	ar	aeronave, aeroporto
agro-	campo	agroindústria, agronomia
antropo-	homem	antropófago, antropologia
aristo-	ótimo	aristocrático, aristocratizar
arqueo-	antigo	arqueografia, arqueólogo
auto-	de si mesmo	autopromoção, autógrafo
biblio-	livro	bibliografia, biblioteca
bio-	vida	biologia, biografia
cali-	belo	calidoscópio, caligrafia
cardio-	coração	cardiologia, cardiopata
ciclo-	círculo	ciclotimia, ciclovia
cito-	célula	citogenética, citologia
cloro-	verde	clorofila, clorose
cosmo-	universo	cosmologia, cosmopolita
cromo-	cor	cromosfera, cromoterapia

Radical	Sentido	Exemplos
crono-	tempo	cronológico, cronômetro
deca-	dez	decápode, decassílabo
di-	em dois	dígrafo, dissílabo
etno-	raça	etnogenia, etnolinguístico
farmaco-	medicamento	farmacologia, farmacomania
filo-	amigo	filólogo, filosofia
fisio-	natureza	fisionomia, fisioterapia
fono-	som, voz	fonoaudiologia, fonógrafo
foto-	luz	fotofobia, fotografia
gastro-	estômago	gastrologia, gastronomia
geo-	terra	geografia, geólogo
gono-	semente, esperma	gonococo, gonorreia
hemi-	metade	hemisfério, hemiplégico
hemo-	sangue	hemofilia, hemograma
hetero-	outro	heterogêneo, heterônimo
hexa-	seis	hexágono, hexapétalo
hidro-	água	hidrofobia, hidromassagem
hipo	cavalo	hipódromo, hipismo
hom(e)o-	semelhante	homeopata, homossexual
ictio-	peixe	ictiologia, ictiose
iso-	igual	isoaxe, isotérmico

Radical	Sentido	Exemplos
lito-	pedra	litogravura, litomancia
mega(lo)-	grande	megagrama, megalópole
melo-	canto	melodia, melomania
micro-	pequeno	microfilme, microempresa
miso-	odiar, temer	misógino, misopedia
mito-	fábula	mitologia, mitomania
mono-	único	monobloco, monóculo
necro-	morto	necromancia, necrotério
neo-	novo	neófito, neolatina
neuro-/nevro-	nervo	neurose, nevralgia
odonto-	dente	odontologia, odontorragia
oftalmo-	olho	oftalmia, oftalmologista
onomato-	nome	onomástico, onomatomania
orto-	correto, justo	ortodontia, ortografia
oxi-	agudo	oxicefalia, oxítono
paleo-	antigo	paleontologia, paleótipo
pan-	tudo, todos	pan-americano, panteologia
pato-	doença	patologia, patofobia
pedo-	criança	pediatra, pedologia
piro-	fogo	piromaníaco, pirotécnico
pseudo-	falso	pseudociência, pseudônimo

Radical	Sentido	Exemplos
psico-	alma, espírito	psicanálise, psicodrama
quilo-	mil	quilolitro, quilômetro
quiro-	mão	quirologia, quiromante
rino-	nariz	rinoceronte, rinoplastia
sem(a)-	sinal	semáforo, semasiologia
sídero-	ferro	siderurgia, siderose
sismo-	abalo	sismógrafo, sismologia
taqui-	rápido, breve	taquicardia, taquigrafia
tecno-	ciência, arte	tecnologia, tecnografia
tele-	longe	telefone, telescópio
teo-	Deus	teologia, teomania
termo-	calor	termômetro, termostato
tetra-	quatro	tetracampeão, tetradimensional
tipo-	marco, sinal	tipografia, tipologia
topo-	lugar	topografia, topônimo
xeno-	estrangeiro	xenofobia, xenofonia
xilo-	madeira	xilogravura, xilolatria
zoo-	animal	zoológico, zootecnia

b) Segundo elemento da composição

Radical	Sentido	Exemplos
-agogo	que conduz	demagogo, pedagogo
-algia	dor	cefalalgia, nevralgia
-arca	que comanda	monarca, tetrarca
-arquia	governo	anarquia, monarquia
-céfalo	cabeça	acéfalo, microcéfalo
-cracia	poder	autocracia, democracia
-doxo	que opina	heterodoxo, ortodoxo
-dromo	lugar para correr	autódromo, velódromo
-edro	base, face	poliedro, pentaedro
-fagia	ato de comer	antropofagia, bibliofagia
-fago	que come	antropófago, bibliófago
-filia	amizade	bibliofilia, necrofilia
-filo	amigo	filólogo, filósofo
-fobia	ódio, temor	claustrofobia, hidrofobia
-fobo	que odeia, inimigo	necrófobo, xenófobo
-gamia	casamento	bigamia, poligamia
-gamo	que casa	monógamo, bígamo
-gêneo	origem	homogêneo, heterogêneo
-gono	ângulo	pentágono, polígono
-grafia	escrita, descrição	geografia, bibliografia

Radical	Sentido	Exemplos
-grafo	que escreve	calígrafo, polígrafo
-grama	peso, escrito	quilograma, telegrama
-latria	culto	iconolatria, idolatria
-logia	discurso, tratado, ciência	arqueologia, metodologia
-logo	que fala ou lida com	filólogo, teólogo
-mancia	adivinhação	cartomancia, quiromancia
-mania	loucura, tendência	cleptomania, megalomania
-mano	louco, inclinado	cleptômano, mitônano
-metria	medida	cronometria, geometria
-metro	que mede	gasômetro, hidrômetro
-morfo	que tem a forma	amorfo, polimorfo
-nomia	lei, regra	agronomia, astronomia
-nomo	que regula	autônomo, metrônomo
-peia	ato de fazer, criação	melopeia, onomatopeia
-polis/-pole	cidade	Florianópolis, metrópole
-ptero	asa	helicóptero, tetráptero
-scopia	ato de ver	endoscopia, telescopia
-scópio	instrumento para ver	endoscópio, telescópio
-sofia	sabedoria	filosofia, teosofia
-teca	local onde se guarda	biblioteca, cinemateca

Radical	Sentido	Exemplos
-terapia	cura	psicoterapia, cromoterapia
-tomia	divisão, corte, incisão	dicotomia, prostatomia
-tono	tom, tensão	barítono, monótono

2. Os principais radicais latinos

a) Primeiro elemento da composição

Radical	Sentido	Exemplos
agri-	campo	agrícola, agricultura
ambi-	ambos	ambidestro, ambivalente
avi-	ave	avícola, avicultura
bi-/bis-	duas vezes	bípede, bisneto
calori-	calor	calorífero, calorimetria
cruci-	cruz	crucificar, cruciforme
curvi-	curvo	curvilíneo, curvípede
equi-	igual	equilátero, equidade
ferri-/ferro-	ferro	ferrificação, ferrovia
loco-	lugar	locomotiva, locomover
maxi-	grande	maxidesvalorização, maxicasaco
mini-	pequeno	minimercado, minissaia
morti-	morte	mortífero, mortificar

Radical	Sentido	Exemplos
multi-	muitos	multifocal, multinacional
oleo-	óleo, azeite	oleoduto, oleômetro
oni-	todo, tudo	onipresente, onipotente
pedi-	pé	pedicuro, pediforme
pluri-	vários, muitos	pluricelular, pluripartidarismo
pisci-	peixe	piscicultura, pisciforme
quadri-/quadru-	quatro	quadrilátero, quadrúpede
radio-	raio	radiografia, radioterapia
reti-	reto	reticórneo, retilíneo
semi-	meio, metade	semicírculo, semilúcido
tri-	três	tricolor, tridimensional
uni-	um	unicórnio, unidirecional
vermi-	verme	vermicida, verminose

b) Segundo elemento da composição

Radical	Sentido	Exemplos
-cida	que mata	homicida, parricida
-cultura	ato de cultivar	monocultura, policultura
-fero	que contém ou produz	carbonífero, mamífero
-fico	que faz ou produz	benéfico, frigorífico

Radical	Sentido	Exemplos
-forme	que tem forma de	cuneiforme, disforme
-fugo	que foge, que faz fugir	centrífugo, vermífugo
-paro	que produz	ovíparo, vivíparo
-pede	pé	bípede, velocípede
-sono	que soa	horríssono, uníssono
-volo	que quer	benévolo, malévolo
-voro	que come	carnívoro, herbívoro

3. Os principais prefixos gregos

Prefixo	Sentido	Exemplos
a-/an-	privação, negação	acéfalo, anestesia
ana-	ação ou movimento contrário, ação, repetição	anagrama, anafilático
anfi-	de um e outro lado, ao redor	anfibiologia, anfiteatro
anti-	ação contrária, oposição	antiácido, antiaéreo
apo-	afastamento, separação	apócope, apocromático
arc-/arce-/	superioridade,	arcanjo, arcebispo

Prefixo	Sentido	Exemplos
arque-/arqui-	primazia, proeminência	arquétipo, arquimilionário
cata-	movimento para baixo	catádromo, catarata
dia-	separação, através	diacronia, diagnóstico
dis-	mau estado, dificuldade	disenteria, dispneia
e-/em-/en-	posição interior	elipse, emplastro, encefalite
ec-/ex-	movimento para fora	eclipse, exorcizar
endo-	posição interior, movimento para dentro	endocrinologia, endoscopia
epi-	posição superior, movimento para dentro, posterioridade	epiderme, epidemia
eu-/ev-	bem, bom	eufemismo, evangelho
hiper-	posição superior, excesso	hipermercado, hipertensão
hipo-	posição inferior, escassez	hipodérmico, hipófise

Prefixo	Sentido	Exemplos
meta-	mudança, posterioridade	metamorfose, metafísica
para-	proximidade, ao lado de	parapsicologia, paramilitar
pro-	anterior, posição em frente	prólogo, próclise
sim-/sin-	reunião, ação conjunta	simpático, sinfonia

4. Os principais prefixos latinos

Prefixo	Sentido	Exemplos
ab-/abs-	afastamento, separação	abuso, abster
ad-/a-	aproximação, direção	adjunto, abeirar
ante-	anterioridade	antebraço, antevéspera
bene-/ben-	bem	benéfico, bendizer
circum-/ circun-/circu-	movimento em torno de	circumpolar, circunferência, circular
cis-	posição aquém	cisandino, cisplatino

Prefixo	Sentido	Exemplos
com-/con-/co-	companhia, sociedade	companheiro, condutor, coautor
contra-	ação contrária, oposição	contra-atacar, contrapor
de-	movimento para baixo	decair, decrescer
des-/dis-	separação, negação	desamarrar, discordar
em-/en-/in-	movimento para dentro	embarcar, enterrar, ingerir
es-/ex-/e-	movimento para fora, mudança	estender, exportar, emergir
extra-	fora de, superioridade	extradição, extraordinário
im-/in-/i-	sentido contrário, negação	impertinente, infeliz, imoral
infra-	posição inferior, abaixo	infrarrenal, infravermelho
inter-/entre-	posição no meio	intercalar, entreter
intra-	posição interior, movimento para dentro	intramuscular, intrauterino
justa-	posição ao lado	justafluvial, justaposição
per-	através de	percorrer, perfurar
pos-	posterioridade	pospor, pós-graduação
pre-	anterioridade	prefácio, prever

Prefixo	Sentido	Exemplos
pro-	movimento para a frente	projetar, progresso
re-	repetição, movimento para trás	refazer, regressão
retro-	movimento para trás	retroceder, retrospectiva
so-/sob-/ sub-	posição abaixo, inferioridade	soterrar, sobpor, submarino
sobre-/ super-/ supra-	posição superior, excesso	sobreloja, superdose, suprassumo
trans-/tra-	além de, através de	transamazônica, traduzir
ultra-	posição além do limite, excesso	ultrapassar, ultrassofisticado
vice-/vis-	em lugar de, imediatamente abaixo	vice-reitor, visconde

5. Sufixos

Há três tipos de sufixo: *nominal*, *verbal* e *adverbial*.

São nominais os sufixos que se aglutinam a um radical para a formação de substantivos e adjetivos: leit**eria**, leit**oso**, ferr**eiro**, férr**ea**.

Denominam-se verbais os sufixos que se aglutinam a um radical para a formação de verbos: organ**izar**, fortal**ecer**, gote**jar**.

Chama-se adverbial o sufixo *-mente,* que, acrescentado à forma feminina de um adjetivo, dá origem a advérbios: certa**mente**, perigosa**mente**, veloz**mente**.

a) Os principais sufixos nominais

Sufixos aumentativos

Sufixo	**Exemplos**
-ão	paredão
-alhão	medalhão
-aça	barcaça
-aço	ricaço
-ázio	copázio
-uça	dentuça
-anzil	corpanzil
-aréu	fogaréu
-arra	bocarra
-orra	cabeçorra

Sufixos diminutivos

Sufixo	**Exemplos**
-inho/-a	docinho, gatinha
-zinho/-a	pezinho, ruazinha
-ino/-a	pequenino, cravina

-im	espadim, selim
-acho	fogacho, riacho
-ejo	lugarejo, vilarejo
-ico	burrico, namorico
-eco	jornaleco, livreco
-ela	ruela, viela
-ebre	casebre
-ete	lembrete, ramalhete
-eto/-a	livreto, saleta
-zito/-a	pezito, florzita
-ote/-a	rapazote, velhota
-ola	fazendola, rapazola

Na linguagem literária ou científica identificamos diminutivos eruditos formados com os sufixos latinos **-ula**, **-ulo**, **-cula**, **-culo**. Exemplos: *gêmula* (de gema), *nótula* (de nota), *glóbulo* (de globo), *grânulo* (de grão), *nódulo* (de nó), *febrícula* (de febre), *gotícula* (de gota), *partícula* (de parte), *película* (de pele), *radícula* (de raiz), *corpúsculo* (de corpo), *homúnculo* (de homem), *montículo* (de monte), *opúsculo* (de obra), *versículo* (de verso).

Sufixos para a formação de substantivos coletivos

Sufixo	**Exemplos**
-ada	manada, canalhada
-agem	folhagem, plumagem

-aria	infantaria, livraria
-edo	arvoredo, passaredo
-al	cafezal, milharal
-eiro	berreiro, formigueiro
-ama	dinheirama, mourama
-alha	gentalha, miuçalha
-io	mulherio, vozerio
-ume	cardume, negrume

Sufixos indicadores de atividades

Sufixo	**Exemplos**
-ário	escriturário, operário
-(d)or	vendedor, lavrador
-(t)or	construtor, inspetor
-sor	agrimensor, professor
-eiro	padeiro, verdureiro
-ante	estudante, navegante
-ista	arquivista, telefonista
-grafo	datilógrafo, fotógrafo

Sufixos indicadores de lugar

Sufixo	**Exemplos**
-ário	serpentário, vestiário
-douro	ancoradouro, matadouro

-edo	olivedo, vinhedo
-eiro	galinheiro, viveiro
-tório	ambulatório, lavatório
-ia	coletoria, inspetoria

Sufixos indicadores de ação, estado ou qualidade

Sufixo	**Exemplos**
-agem	aprendizagem, libertinagem
-aria	patifaria, pirataria
-dade	bondade, maldade
-ada	cartada, jogada
-ança	cobrança, pajelança
-ância	arrogância, tolerância
-ência	carência, influência
-ção	admiração, malhação
-mento	casamento, agrupamento
-ura	candura, doçura
-eza	beleza, realeza
-ice	doidice, velhice
-ície	calvície, imundície
-ude/-tude	quietude, plenitude
-ez	altivez, sensatez
-ismo	heroísmo, servilismo

Sufixos indicadores de adjetivos pátrios ou de origem

Sufixo	Exemplos
-ano	americano, romano
-ês	francês, inglês
-eu	europeu, hebreu
-ense	canadense, paraense
-ino	argelino, nordestino
-ão	alemão, letão
-eiro	brasileiro, mineiro
-eno	chileno, terreno
-aro	búlgaro, húngaro
-aco	austríaco, siríaco
-ista	paulista, nortista
-ita	israelita, islamita

Sufixos indicadores de artes e ciências

Sufixo	Exemplos
-ia	astronomia, biologia
-(t)ura	pintura, escultura

Sufixos indicadores de doutrinas e sistemas político e religioso

Sufixo	Exemplos
-ismo	budismo, socialismo
-ista	metodista, fascista
-ano	luterano, hitleriano

Sufixos que indicam "provido" ou "cheio de"

Sufixo	Exemplos
-oso	medroso, venenoso
-udo	barbudo, carnudo
-(l)ento	corpulento, ciumento

Sufixos que indicam "proveniência", "comparação" ou "semelhança"

Sufixo	Exemplos
-ano	camoniano, vitoriano
-eo	etéreo, róseo

Sufixos que indicam "relação"

Sufixo	Exemplos
-este	agreste, celeste
-estre	campestre, pedestre
-tico	aromático, rústico

b) Os principais sufixos verbais

Sufixo	Exemplos
-ar	adoçar, amarrar
-ear	folhear, guerrear
-ejar	gotejar, pestanejar

-entar	amamentar, amolentar
-ficar	liquidificar, santificar
-icar	bebericar, namoricar
-ilhar	dedilhar, fervilhar
-inhar	engatinhar, escrevinhar
-iscar	chuviscar, mordiscar
-itar	dormitar, saltitar
-izar	fertilizar, realizar
-ecer	alvorecer, enfurecer
-escer	florescer, rejuvenescer

c) Sufixo adverbial

O único sufixo adverbial que existe na língua portuguesa é *-mente*, que se junta a adjetivos para formar advérbios de modo.

Os advérbios em *-mente* expressam qualidade (claramente, sinceramente), quantidade (copiosamente, imensamente) ou relação entre dois elementos (anteriormente, inicialmente).

III - FORMAÇÃO DE PALAVRAS

A formação de palavras envolve um conjunto de processos linguísticos que produzem vocábulos novos com base em morfemas lexicais.

Os principais processos de formação de palavras são a *derivação* e a *composição*. Os demais processos são o *hibridismo*, a *onomatopeia*, a *redução de palavras* e os *estrangeirismos*.

A - Derivação

O processo de derivação consiste em formar uma palavra nova a partir de outra já existente. Há cinco tipos de derivação em português: *prefixal, sufixal, parassintética, imprópria* e *regressiva*.

1. Derivação prefixal

O processo de derivação prefixal consiste em formar uma nova palavra através do uso de *prefixos*. Observe que a significação do novo vocábulo está normalmente em estreita relação com aquela do radical que lhe serviu de base. Exemplos:

a- + moral = amoral

des- + leal = desleal

in- + feliz = infeliz

im- + pedir = impedir

per- + correr = percorrer

super- + homem = super-homem

2. Derivação sufixal

A derivação sufixal ocorre quando acrescentamos um *sufixo* ao radical. Exemplos:

amor + -oso = amoroso

castig + -ar = castigar

dent + -ista = dentista

feliz + -mente = felizmente

livr + -aria = livraria

suav + -izar = suavizar

Os exemplos anteriores mostram que a derivação sufixal forma novos substantivos, adjetivos, verbos e advérbios.

3. Derivação parassintética

Na derivação parassintética ocorre simultaneamente a aglutinação de um *prefixo* e de um *sufixo* a um radical. A parassíntese é, em geral, um processo formador de verbos, pois sua incidência é bem menor na geração de vocábulos que pertencem a outras classes de palavras. Exemplos:

e- + mud(o) + -ecer = emudecer

en- + caix(a) + -ar = encaixar

des- + alm(a) + -ado = desalmado

É importante notar que os afixos (prefixos e sufixos) foram aglutinados aos radicais a um só tempo, visto que não há no léxico português as palavras *emudo* ou *mudecer, encaixa* ou *caixar, desalma* ou *almado.*

NOTA

Em *infelizmente* não existe absolutamente a parassíntese, visto que o prefixo *in-* e o sufixo *-mente* aglutinaram-se a *feliz* em momentos diferentes. Primeiro, pelo processo de derivação prefixal, à palavra *feliz* acrescentou-se *in-* (infeliz), e a esta, pelo processo de derivação sufixal, aglutinou-se *-mente* (infelizmente).

4. Derivação imprópria

Derivação imprópria é o processo que consiste na mudança da classe de palavras sem que haja alteração no vocábulo primitivo. Esse tipo de derivação ocorre quando:

a) adjetivos passam a substantivos:

os bons, os espertos, os inteligentes etc.;

b) substantivos passam a adjetivos:

comício *monstro,* cidade *gigante,* banana-*prata* etc.;

c) particípios passam a substantivos ou a adjetivos:

o renegado, um feito, carro *usado,* documento *perdido* etc.;

d) adjetivos passam a advérbios:

andar *rápido,* falar *sério,* ver *claro* etc.;

e) palavras invariáveis passam a substantivos:

o sim, um não, os prós, os contras, o porquê etc.;

f) infinitivos passam a substantivos:

o andar, o cantar, o poder etc.;

g) substantivos próprios passam a comuns:

champanhe, damasco, mecenas etc.;

h) substantivos comuns passam a próprios:

Carneiro, Laranjeira, Passarinho etc.;

i) verbos e advérbios passam a conjunções:

seja ... seja, quer ... quer, mal, apenas etc.;

j) substantivos, adjetivos, pronomes, verbos e advérbios passam a interjeições:

Misericórdia!, Bravo!, Qual!, Viva!, Avante!

5. Derivação regressiva

A derivação regressiva consiste na supressão de elementos

finais de uma palavra primitiva por meio da eliminação de sufixos ou terminações confundidas com sufixos. As derivações regressivas podem ser *nominais* ou *verbais*. Exemplos: boteco (de botequim), china (de chinês), espora (de esporão), gajo (de gajão), galé (de galera), japa (de japonês), malandro (de malandrim) etc.; ameaça (de ameaçar), grito (de gritar), compra (de comprar), busca (de buscar), choro (de chorar), perda (de perder), venda (de vender).

Os substantivos originários de verbos que passaram pela derivação regressiva são chamados *substantivos adverbiais,* ou *pós-verbais*.

Conforme Barreto (1980), os substantivos que indicam ação são palavras derivadas de verbos que passaram pela derivação regressiva. Aqueles que não indicam ação, mas apenas denotam algum objeto ou substância, são palavras primitivas. Assim, *busca*, *compra* e *choro* são formas derivadas dos verbos *buscar*, *comprar* e *chorar*, enquanto as formas *telefone*, *azeite* e *escova*, que não denotam ação, são formas primitivas que deram origem aos verbos *telefonar*, *azeitar* e *escovar*.

B - Composição

A formação de palavras por composição consiste na criação de uma nova palavra pela união de dois ou mais vocábulos, que originam uma outra unidade linguística de sentido novo, nem sempre associado à significação original dos dois constituintes. Exemplos: agricultura, carnívoro, pernilongo, água-de-colônia, amor-perfeito.

As palavras que são produto do processo de composição possuem mais de um radical e são, portanto, palavras compostas.

Apresentam sempre o *determinado*, o núcleo que contém a ideia central, e o *determinante*, que determina a noção particular. Exemplos:

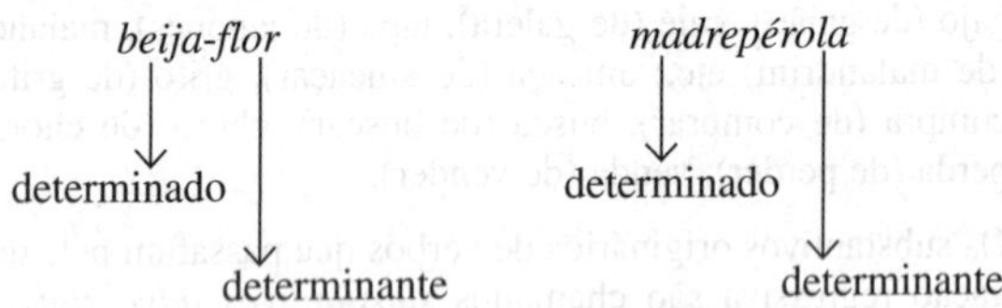

Em geral, o determinado precede o determinante, indicando-lhe o gênero; há, porém, algumas exceções, como:

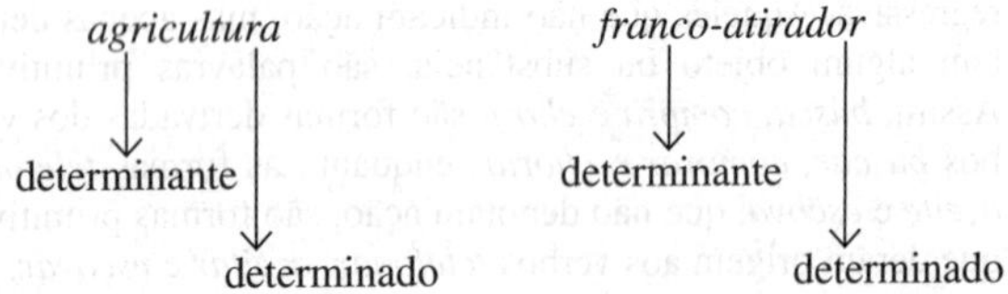

A composição ocorre por *justaposição* e por *aglutinação*.

1. Justaposição

A composição por justaposição dá-se, em geral, pela união de palavras com o hífen, conservando ambos os elementos as suas características fonética e morfológica. Exemplos: couve-flor, quebra-molas, vitória-régia, segunda-feira, bancarrota, madressilva, passatempo.

2. Aglutinação

Os compostos por aglutinação são aquelas palavras nas quais o primeiro elemento perde acento e fonema ao unir-se ao segundo constituinte. Exemplos: aguardente (água + ardente), embora (em + boa + hora), petróleo (petra + óleo), planalto (plano + alto), vinagre (vinho + agre).

C - Hibridismo

Hibridismos, ou palavras híbridas, são vocábulos que se formam de elementos de línguas diferentes. Exemplos:

automóvel

auto + móvel
↓ ↓
grego latim

televisão

tele + visão
↓ ↓
grego latim

decímetro

deci + metro
↓ ↓
latim grego

sociologia

socio + logia
↓ ↓
latim grego

burocracia

buro + cracia
↓ ↓
francês grego

zincografia

zinco + grafia
↓ ↓
alemão grego

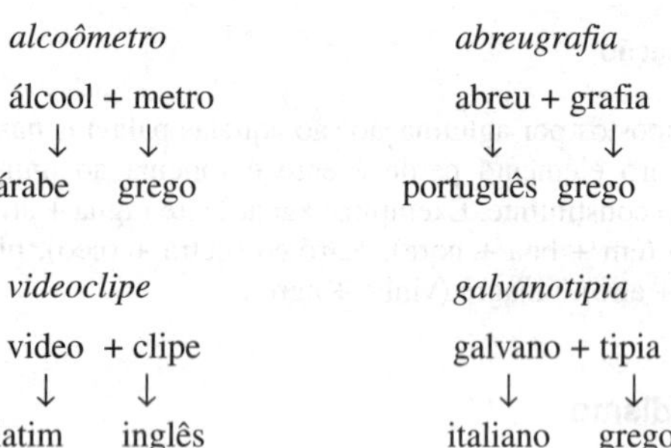

D - Onomatopeia

As onomatopeias são termos imitativos que procuram reproduzir certos sons ou ruídos da natureza e as vozes dos animais. Exemplos: tique-taque, tlim!, coaxar, urro.

O processo de formação de vocábulos onomatopeicos dá origem a três tipos de classes de palavras:

1. **verbos** (sons ou ruídos e vozes dos animais): arrulhar (pombo), badalar (sino), balir (ovelha), bisbilhar (ruído de água em fonte ou riacho), bramir (feras, mar), cacarejar (galinha), chiar (roda, inseto, rato), chilrar (aves), chocalhar (chocalho), coaxar (sapo, rã), espocar (foguete, *flash*), farfalhar (folhagem das árvores), gorgolejar (água), gralhar (gralha), grasnar (pato, marreco, corvo, rã), grugulejar (peru), grunhir (porco, javali), guinchar (cão, macaco, rato, rodas e freio de veículos), latir (cão), miar (gato), mugir (boi, vaca), palrar (papagaio), piar (aves), relinchar ou rinchar (cavalo), ribombar (trovão, bomba), rufar (tambor), rugir (leão, onça,

tigre, jaguar), tilintar (campainha, sino, moeda), tinir (vidro, cristal, metal), trilar (apito, flauta, passarinho), uivar (cão, lobo), urrar (feras), zumbir (insetos), zurrar (asno, burro) etc.;

2. **substantivos**: bem-te-vi, fogo-pagou, luze-luze, pife-pafe, pingue-pongue, reco-reco, ruge-ruge, tique-taque, tim-tim; arrulho, balido, bramido, cacarejo, chiado, coaxo etc.;

3. **interjeições**: pá!, pimba!, tlim!, zás!, zum! etc.

E - Redução de palavras

Algumas palavras passam por um processo de redução, especialmente por razões de economia linguística. É uma ocorrência que se pode constatar em várias línguas. Exemplos: apê (apartamento), auto (automóvel), cine (cinema), foto (fotografia), kit (kitchenette), metrô (metropolitano), moto (motocicleta), ônibus (auto-ônibus), pneu (pneumático), pólio (poliomielite), pornô (pornográfico), quilo (quilograma).

F - Estrangeirismos

Ao analisarmos o léxico do português contemporâneo, observamos que este é constituído por palavras de origem latina (sua base principal), palavras de formação vernácula e palavras estrangeiras.

Os empréstimos de outras línguas ocorrem diante do intercâmbio cultural e comercial entre as nações e da necessidade de incorporação ao português de termos que se referem aos avanços científicos e tecnológicos.

Diante disso, encontramos, no léxico português, palavras oriundas de várias línguas estrangeiras.

Apresentamos a seguir as influências mais significativas:

influência árabe *(arabismo)*: açafrão, alcachofra, alcaçuz, alcateia, alcatifa, alcatra, álcool, alface, alfafa, alfazema, algodão, almôndega, café, harém, quibe, tabule, tâmara, tamarindo etc.;

influência espanhola *(espanholismo)*: boliche, castanhola, cavalheiro, caudilho, cordilheira, empanada, fandango, lagartixa, mantilha, mariposa, ninharia, palha, pepino, pepita, pujança, pujante, rancho, tertúlia, tortilha, zagueiro etc.;

influência francesa *(galicismo)*: balé, banal, bandô, batom, boleto, brioche, brochete, brochura, chefe, chofer, choque, crochê, dama, dançar, decapê, detalhe, emotivo, fantoche, fricassê, fondue, greve, gripe, musse, organdi, paetê, pacifismo, pacifista, petardo, pose, prêt-à-porter, tutu etc.;

influência grega *(helenismo)*: apóstolo, catálise, democracia, endócrino, faringe, hipérbato, léxico, metafísica, metalurgia, parábola, quiromancia, sarcástico, tirania, tireoide, utopia, zodíaco etc.;

influência inglesa *(anglicismo)*: banana-split, basquete, bife, brinde, clube, dancing, debênture, disc-jóquei, donut, download, flash, freezer, futebol, hambúrguer, handebol, handicap, hardware, jóquei, kart, ketchup, kitchenette, marketing, mouse, pudim, rosbife, sanduíche, sexy, show, site, software, surfe, trailer, videoclipe, videoteipe, voleibol, water polo, windsurfe etc.;

influência italiana *(italianismo)*: bandolim, batuta, brocado, bússola, espaguete, lasanha, macarrão, maestro, nhoque, ópera, piano, pizza, polenta, risoto, soneto, soprano, talharim, tenor, violeta etc.;

influência tupi: arara, Araraquara, araponga, carnaúba, graúna, guaraná, Ipiranga, jabuticaba, jacá, jacarandá, jaguar, jaguatirica, jiboia, macaxeira, macaúba, marabá, maracá, maracanã, maracujá, piracema, piranha, pitanga, saci, sambaqui, Sorocaba etc.;

influência africana *(africanismo)*: acarajé, auguê, batuque, candomblé, canjica, caruru, jiló, macaco, macumba, mandinga, maracatu, marimba, marimbondo, mungunzá, quilombo, quimbanda, quindim, samba etc.;

influência alemã *(germanismo)*: banco, cáiser, chope, einsbein, gestalt, gestaltismo, gestapo, grampo, guerra, nazi, norte, sul etc.;

influência japonesa: biombo, cabúqui, caqui, jiu-jítsu, judô, gueixa, kamikaze, karaokê, nissei, quimono, samurai, sansei, sashimi, shoio, sumô, tatame etc.;

influência de outras línguas:

balalaica, rublo, samovar, vodca etc. *(russo)*;

chá, chávena, junco, nanquim etc. *(chinês)*;

aleluia, Páscoa, sábado, talmude etc. *(hebraico)*;

bambu, batique, manga, pires etc. *(malaio)*.

IV - SUBSTANTIVO

Substantivo é a classe de palavras com que nomeamos os seres em geral. São substantivos os nomes de:

1. *pessoas*: Luciana, Carlos, Araújo, João Meireles etc.;
2. *lugares*: América do Sul, Brasil, São Paulo, Copacabana etc.;
3. *objetos*: livro, carteira, ônibus, televisão etc.;
4. *instituições*: Ministério da Fazenda, Senado, Tribunal de Contas, Companhia Melhoramentos etc.;
5. *gênero, espécie e seus representantes*: artista, escultor, madeira, cedro, fruta, laranja, peixe, lambari, animal, cavalo, roedor, rato etc.;
6. *ações, estados, qualidades e noções*: corrida, viagem, doença, alegria, beleza, generosidade, grandeza, largura etc.

Pertencem à classe do substantivo todas as palavras que possam ser precedidas de um *determinante* (artigo, pronome possessivo, pronome demonstrativo, pronome indefinido e numeral):

artigo	**pronome possessivo**
o livro	*meu* carro
uma carteira	*minha* viagem
os ônibus	*nossos* amigos

pronome demonstrativo	**pronome indefinido**
este jornal	*todo* ano
aquele peixe	*cada* aluno
aquelas frutas	*algumas* pessoas

numeral

dois quilos

cinco turistas

terceiro capítulo

O processo de permutação do substantivo em uma estrutura linguística é outra maneira pela qual podemos identificá-lo, pois o substantivo ocupa determinadas posições na oração:

a) O ____________________ já chegou.

advogado

barco

garoto

livro

b) Os ____________________ já chegaram.

advogados

barcos

garotos

livros

c) ________________ não é tudo.

Dinheiro

Sucesso

Riqueza

Poder

d) A secretária trouxe o ____________.

documento

cheque

café

filho

Em (a), o substantivo é precedido de um determinante, representado pelo artigo definido, havendo concordância nominal e verbal. Em (b), percebe-se outro aspecto não detectado anteriormente, isto é, a flexão do substantivo e do determinante, bem como a concordância verbal. Em (c), observa-se que o substantivo comum pode ocorrer como sujeito da oração, sem nenhum tipo de determinante, embora sua ocorrência seja mais frequente como núcleo do sujeito. Na oração (d) fica evidente que o substantivo é parte integrante do objeto direto, do qual é núcleo.

Conforme Macambira (1974), pertencem à classe dos substantivos todas as palavras variáveis que admitem os sufixos *-inho* ou *-zinho*, *-ão* ou *-zão*, correspondentes a pequeno e grande, respectivamente:

livro	livrinho = livro pequeno
pé	pezinho = pé pequeno
cavalo	cavalão = cavalo grande
nó	nozão = nó grande

O autor esclarece que outras classes de palavras (adjetivos e advérbios) também admitem tais sufixos, porém não correspondem a *pequeno* e *grande*:

bonita	bonitinha
alto	altinho
certo	certinho
agora	agorinha

Se utilizarmos *pequeno* e *grande* antes de bonita, alto, certo e agora, teremos ocorrências agramaticais, sem nenhum significado.

Devemos salientar que qualquer classe de palavra pode passar pelo processo de substantivação, isto é, pode ser empregada como substantivo, desde que seja precedida de um determinante:

o amanhã	*teu* cedo
aquele sim	*meu* não
o meditar	*nosso* renascer

Classificação dos substantivos

Classificam-se os substantivos em: *concretos*, *abstratos*, *comuns*, *próprios*, *simples*, *compostos*, *primitivos*, *derivados* e *coletivos*.

1. Substantivos concretos e abstratos

Substantivo concreto é aquele que designa o ser propriamente dito, animado ou inanimado, material ou espiritual, real ou imaginário: *João*, *Maria*, *homem*, *mulher*, *árvore*, *bicho*, *caneta*, *dinheiro*, *Deus*, *saci* etc.

Substantivo abstrato é aquele que designa ação, estado, qualidade, sensação e noção, considerados separados dos seres a que pertencem: *viagem*, *corrida*, *depressão*, *otimismo*, *pureza*, *serenidade*, *bondade*, *raiva*, *largura*, *grandeza* etc.

NOTA

O substantivo *franqueza*, por exemplo, não existe por si mesmo, mas está atrelado à pessoa que tem essa qualidade, que é *franca*.

2. Substantivos comuns e próprios

O substantivo é comum quando denota os seres de uma mesma espécie: *homem*, *continente*, *carro*, *cidade*, *montanha*, *desejo*, *calor* etc.

O substantivo é próprio quando denota um ser específico entre todos os de uma espécie: *Maria*, *Carlos*, *Europa*, *Porto Alegre*, *Ipanema* etc.

Observe que os substantivos *homem, continente* e *cidade* são comuns, uma vez que são empregados para nomear todos os seres e todas as coisas das classes correspondentes. Por outro lado, *Carlos, Europa* e *Porto Alegre* são substantivos próprios, porque se aplicam a um determinado homem, a um continente específico, a uma certa cidade.

Passagem de nome próprio a comum

O nome próprio pode passar a comum desde que passe a designar muitos indivíduos da mesma espécie. Esse processo ocorre quando o nome próprio do produtor, do inventor ou do lugar onde o produto é feito se aplica ao objeto em si. Assim temos: Ford (ford), Gillete (gilete), Guillotin* (guilhotina), Mac Adam (macadame), Stradivario (estradivário), Cambray (cambraia), Champagne (champanhe), Havana (havana), Jersey (jérsei), Panamá (panamá) etc. Exemplos:

Aquele *ford* vermelho é o mais antigo da exposição.
(= carro)

Antônio cortou-se com uma *gilete*.
(= lâmina de barbear)

Os traidores foram todos enviados à *guilhotina*.
(= instrumento de decapitação)

Para a pavimentação desta área, eles optaram pelo *macadame*.
(= sistema de empedramento de ruas e estradas)

Todo violinista gostaria de possuir um *estradivário*.
(= violino com excepcional qualidade de som)

---

* A guilhotina deve seu nome a Guillotin, que propôs a substituição das torturas pela decapitação.

Joana estava usando uma blusa de *cambraia* azul.
(= tecido de algodão ou linho, muito fino)

A festa estava muito animada. O *champanhe* corria solto pelo salão.
(= vinho espumante branco ou rosado)

Pedro pigarreou e continuou a fumar tranquilamente o seu *havana*.
(= charuto fabricado em Havana)

Carlota usava um vestido de *jérsei* colado ao corpo.
(= tecido de tricô muito fino, feito a máquina)

Luísa exibia um elegante *panamá* enfeitado com flores do campo.
(= chapéu de palha de copa e aba flexíveis)

Vários personagens famosos, como Maquiavel, Messalina, Cristo, Judas, Mecenas, Tartufo etc., ligados ao mundo político, religioso, artístico, literário etc., por suas características marcantes, tiveram seus nomes convertidos em substantivos comuns, a fim de evidenciar nas pessoas comuns os mesmos traços peculiares que lhes deram fama. Exemplos:

O *maquiavel* do nosso grupo acaba de chegar.
(= o astuto, o ardiloso)

Descobrimos que ela é uma verdadeira *messalina*.
(= mulher devassa)

Estou cansado de bancar o *cristo*.
(= o sofredor)

Cuidado com aquele homem. Ele é um *judas*.
(= traidor, amigo falso)

O nome do nosso *mecenas* deve permanecer no mais absoluto sigilo.
(= protetor de artistas)

Os *tartufos* são sempre amáveis e bajuladores.
(= hipócritas)

3. Substantivos simples e compostos

Substantivo simples é aquele formado por um único elemento lexical: *couve*, *cabeça*, *chuva*, *pé*, *sol* etc.

Substantivo composto é aquele formado por dois ou mais elementos lexicais: *couve-flor, quebra-cabeça, guarda-chuva, pontapé, cor-de-rosa, girassol* etc.

4. Substantivos primitivos e derivados

Substantivo primitivo é aquele que não deriva de outra palavra, isto é, se resume ao radical, com terminação ou desinência: *livro, café, laranja, mão, pedra* etc.

Substantivo derivado é aquele que deriva de outra palavra. É formado pelo processo de prefixação ou sufixação: *livraria, cafezal, laranjada, demão, pedreiro* etc.

5. Substantivos coletivos

Coletivo é o substantivo que, mesmo no singular, designa várias pessoas, animais ou coisas da mesma espécie. Os coletivos mais comuns são:

alcateia (de lobos)

armada (de navios de guerra)

arquipélago (de ilhas)

banca (de examinadores)

banda (de músicos)

bando (de aves, de ciganos, de bandidos etc.)

batalhão (de soldados, de pessoas)

cacho (de bananas, de uvas)

cambada (de coisas enfiadas ou penduradas, de ladrões, de chaves)

cancioneiro (coleção de canções, de poesias líricas)

caravana (de viajantes)

cardume (de peixes)

choldra (de assassinos, de bandidos)

colmeia (de abelhas)

constelação (de estrelas)

corja (de vadios, de ladrões, de vigaristas)

coro (de cantores, de anjos)

elenco (de atores, de profissionais)

enxame (de abelhas)

esquadrilha (de aviões)

exército (de soldados)

falange (de soldados, de anjos)

feixe (de lenha, de capim)

frota (de navios mercantes, de veículos)

horda (de bárbaros, de bandidos, de desordeiros)

junta (de bois, de médicos)

legião (de soldados, de demônios, de pessoas)

manada (de bois, de búfalos, de elefantes)

matilha (de cães de caça)

molho (de chaves, de verdura)

multidão (de pessoas)

ninhada (de pintos)

nuvem (de insetos)

penca (de bananas, de chaves)

plateia (de espectadores)

plêiade (de artistas, de poetas)

quadrilha (de ladrões, de salteadores)

ramalhete (de flores)

rebanho (de carneiros, de cabras, de gado para corte)

réstia (de cebolas, de alhos)

roda (de pessoas)

romanceiro (coleção de obras narrativas em prosa ou em verso)

tripulação (de pessoas ocupadas numa embarcação ou aeronave)

tropa (de soldados, de pessoas, de animais)

turma (de estudantes, de amigos, de turistas)

vara (de porcos)

NOTAS

1. Alguns coletivos indicam um número exato de coisas: *dezena* (dez), *dúzia* (doze), *grosa* (doze dúzias), *resma* (quinhentas folhas de papel).

2. O coletivo específico dispensa a nomeação do elemento em questão: A *multidão* enfurecida invadiu o recinto.

3. Quando a significação não é específica, nomeia-se o elemento ao qual se refere: Eles possuem uma *frota de cinquenta ônibus*.

4. Excluem-se da categoria de coletivos as palavras que indicam um conjunto de pessoas de determinada função: concílio, conclave, congregação, Congresso, Senado etc.

Flexão dos substantivos

Os substantivos podem variar em *número*, *gênero* e *grau*.

Número

Quanto à flexão de número, os substantivos podem estar (a) no *singular*, quando indicam um ser único ou um conjunto de seres (*banana*, *árvore*, *homem*, *elenco*, *batalhão*) ou (b) no *plural*, quando indicam mais de um ser ou mais de um conjunto de seres (*bananas*, *árvores*, *homens*, *elencos*, *batalhões*).

Formação do plural

A - Substantivos simples

1. *Regra geral*: Acrescenta-se **s** ao singular nos substantivos terminados em vogal ou em ditongo:

fábrica	fábricas
pé	pés
livro	livros
rei	reis
chapéu	chapéus
herói	heróis

2. Os substantivos terminados em **ão** formam o plural de diferentes maneiras:

a) **ão** ⟶ **ões**

ação	ações
caução	cauções

eleição	eleições
melão	melões
nação	nações
opinião	opiniões
tubarão	tubarões
vulcão	vulcões

b) **ão** ⟶ **ães**

alemão	alemães
cão	cães
capelão	capelães
capitão	capitães
charlatão	charlatães
escrivão	escrivães
pão	pães
tabelião	tabeliães

c) **ão** ⟶ **ãos**

(alguns oxítonos e todos os paroxítonos)

chão	chãos
cidadão	cidadãos
cortesão	cortesãos
cristão	cristãos

pagão	pagãos
irmão	irmãos
bênção	bênçãos
órfão	órfãos
órgão	órgãos
sótão	sótãos

NOTA

Incluem-se no grupo (a) todos os aumentativos:

bobalhão	bobalhões
casarão	casarões
rapagão	rapagões
vozeirão	vozeirões

Alguns substantivos em **ão** admitem mais de um plural. Nota-se, entretanto, a preferência pela terminação **ões**:

aldeão — aldeões / aldeães / aldeãos

anão — anões / anães / anãos

ancião	anciões anciães anciãos
corrimão	corrimões corrimãos
ermitão	ermitões ermitães ermitãos
refrão	refrões refrãos
sultão	sultões sultães sultãos
verão	verões verãos

3. Os substantivos terminados em **r**, **z** e **n** formam o plural acrescentando-se **es** ao singular:

flor	flores
mar	mares
cruz	cruzes

rapaz	rapazes
abdômen	abdômenes
cânon	cânones

4. Os substantivos oxítonos em **s** formam o plural acrescentando-se **es** ao singular:

ananás	ananases
país	países
retrós	retroses

5. Os substantivos paroxítonos em **s** são invariáveis:

o atlas	os atlas
o lápis	os lápis
o ânus	os ânus
o pires	os pires

6. Os substantivos terminados em **x** não variam no plural:

o fênix	os fênix
o látex	os látex
o ônix	os ônix
o tórax	os tórax

7. Nos substantivos terminados em **al**, **el**, **ol** e **ul**, substitui-se o **l** por **is**:

animal	animais
canal	canais
hotel	hotéis
papel	papéis
anzol	anzóis
lençol	lençóis
paul	pauis
taful	tafuis

8. Os substantivos oxítonos terminados em **il** mudam o **l** para **s**:

anil	anis
barril	barris
covil	covis
funil	funis

9. Nos substantivos paroxítonos terminados em **il**, muda-se esta terminação para **eis**:

fóssil	fósseis
projétil	projéteis
réptil	répteis

10. Nos substantivos diminutivos formados com os sufixos **-zinho** e **-zito**, os dois elementos formadores do diminutivo são pluralizados, porém desaparece o **s** do plural do substantivo primitivo:

balãozinho	balõezinhos
papelzinho	papeizinhos
cãozito	cãezitos
melãozito	melõezitos

11. Vários substantivos são usados apenas no plural:

os anais	os confins
os arredores	copas (naipe do baralho)
as calendas	as efemérides
as cãs	as endoenças
as condolências	espadas (naipe do baralho)
as férias	as núpcias
as fezes	ouros (naipe do baralho)
os óculos	os pêsames
as olheiras	as primícias
as sevícias	os víveres

12. Vários substantivos mudam de sentido quando usados no plural:

cobre (metal)	cobres (dinheiro)

ferro (metal)	ferros (ferramentas, aparelhos, grilhões)
bem (virtude)	bens (patrimônio)
costa (litoral)	costas (dorso, lombo)
ouro (metal)	ouros (naipe do baralho)

13. Muitos substantivos sofrem mudança na pronúncia da vogal tônica, passando o **o** fechado da penúltima sílaba para **o** aberto. Trata-se do plural com metafonia (ou plural metafônico):

[o]	[ɔ]	[o]	[ɔ]
abrolho	abrolhos	olho	olhos
caroço	caroços	osso	ossos
coro	coros	ovo	ovos
corno	cornos	poço	poços
corpo	corpos	porco	porcos
despojo	despojos	porto	portos
destroço	destroços	posto	postos
esforço	esforços	povo	povos
fogo	fogos	reforço	reforços
forno	fornos	socorro	socorros
imposto	impostos	tijolo	tijolos
jogo	jogos	torno	tornos
miolo	miolos	tremoço	tremoços

14. Forma-se o plural dos nomes de letras conforme as regras dos substantivos apresentadas anteriormente: os *ás*, os *is*, os *gês*. Na linguagem escrita, o plural dos nomes de letras pode também ser indicado da seguinte maneira: os *aa*, os *ii*, os *dd*, os *gg*.

15. Os nomes próprios, quando nos referimos a indivíduos que têm o mesmo nome, são pluralizados como os substantivos comuns: os *Antônios*, os *Ricardos*, os *Renatos*.

16. Com nomes próprios, quando nos referimos a todos os membros da família, apenas o artigo recebe a marca do plural. Observe que nesse caso ocorre a elipse de elementos da frase. Assim, os membros da família Fonseca reduz-se a *os* Fonseca. Exemplos:

    Na verdade, os Giannotti são descendentes de italianos de São Carlos, no interior paulista.

    (*Veja*)

    Os Mayrink Veiga ainda lutam para não acabar seus dias como o novo-pobre Jorginho Guinle, que *torrou* sua herança e hoje dá *calote* até em táxi.

    (*Veja*)

17. Algumas siglas são também pluralizadas como os substantivos comuns:

    os OVNIs (os objetos voadores não identificados)

    as ONGs (as organizações não governamentais)

    as UFIRs (as unidades fiscais de referência)

B - Substantivos compostos

Há duas categorias de substantivos compostos: aqueles ligados por hífen e aqueles que se escrevem ligadamente:

guarda-chuva	aguardente
para-raios	girassol
porta-bandeira	vanguarda

1. Os compostos que se escrevem ligadamente fazem o plural como se fossem substantivos simples:

aguardente	aguardentes
claraboia	claraboias
ferrovia	ferrovias
lobisomem	lobisomens
madrepérola	madrepérolas
malmequer	malmequeres
passatempo	passatempos
planalto	planaltos

2. Nos compostos ligados por hífen, vão para o plural somente os termos variáveis (substantivo, adjetivo, numeral e pronome adjetivo):

amor-perfeito	amores-perfeitos
ave-maria	ave-marias
bel-prazer	bel-prazeres

couve-flor	couves-flores
grão-mestre	grão-mestres
obra-prima	obras-primas
salvo-conduto	salvos-condutos
terça-feira	terças-feiras

3. Nos compostos ligados por hífen cujo primeiro elemento é um verbo ou palavra invariável e o segundo um nome (substantivo ou adjetivo), só o segundo termo vai para o plural:

abaixo-assinado	abaixo-assinados
bate-boca	bate-bocas
beija-flor	beija-flores
busca-pé	busca-pés
quebra-mar	quebra-mares
sempre-viva	sempre-vivas
vice-governador	vice-governadores

4. Nos compostos formados por dois substantivos, ou um substantivo e um adjetivo, ambos os elementos vão para o plural:

água-marinha	águas-marinhas
carta-bomba	cartas-bombas
chave-mestra	chaves-mestras

cirurgião-dentista	cirurgiões-dentistas
gentil-dona	gentis-donas
mestre-cuca	mestres-cucas
rico-homem	ricos-homens
rosa-rubra	rosas-rubras

5. Nos compostos cujos elementos são ligados por preposição só o primeiro toma a forma do plural:

chapéu-de-sol	chapéus-de-sol
estrela-do-mar	estrelas-do-mar
grama-da-terra	gramas-da-terra
joão-de-barro	joões-de-barro
macaco-de-cheiro	macacos-de-cheiro
olho-de-boi	olhos-de-boi
pau-de-pilão	paus-de-pilão

6. Nos compostos que apresentam um substantivo que funciona como modificador (determinante específico), somente o primeiro elemento vai para o plural:

banana-ouro	bananas-ouro
caneta-tinteiro	canetas-tinteiro
manga-rosa	mangas-rosa
navio-escola	navios-escola

pombo-correio	pombos-correio
salário-família	salários-família

7. Nos compostos formados por palavras repetidas ou onomatopeicas, somente o último elemento vai para o plural:

bem-te-vi	bem-te-vis
corre-corre	corre-corres
lero-lero	lero-leros
lufa-lufa	lufa-lufas
quebra-quebra	quebra-quebras
quero-quero	quero-queros
pisca-pisca	pisca-piscas
reco-reco	reco-recos
tico-tico	tico-ticos
tique-taque	tique-taques

Gênero

Existem dois gêneros na língua portuguesa: o *masculino* e o *feminino*.

Pertencem ao gênero masculino todos os substantivos que admitem o artigo **o**: o *homem*, o *cavalo*, o *romance*.

Pertencem ao gênero feminino todos os substantivos que admitem o artigo **a**: a *mulher*, a *égua*, a *novela*.

Deve-se observar que a ideia de gênero é meramente gramatical, algo estabelecido por uma convenção, por pura arbitrariedade. O gênero de um substantivo nem sempre se conhece pela sua *significação* ou *terminação*.

Quanto à significação, em geral são masculinos:

1. os nomes de homens ou de ocupações por eles exercidas: *Júlio*, *escritor*, *frade*, *pedreiro*;
2. os nomes de animais do sexo masculino: *leão*, *cavalo*, *pato*, *pavão*;
3. muitos nomes de árvores, de árvores frutíferas e de flores: o *carvalho*, o *eucalipto*; o *pinheiro*, o *limoeiro*, o *abacateiro*, o *pessegueiro*; o *cravo*, o *lírio*, o *crisântemo*;
4. os nomes das letras do alfabeto: o *a*, o *i*, o *f*, o *z*;
5. os nomes dos meses: *dezembro* próximo, *março* passado, *outubro* vindouro;
6. os nomes dos pontos cardeais: o *Norte*, o *Sul*, o *Oeste*, o *Leste*;
7. os nomes dos oceanos, rios, lagos, montes e ventos, quando estes estiverem subentendidos: o *Atlântico* (= o oceano Atlântico), o *Tietê* (= o rio Tietê), o *Ontário* (= o lago Ontário), o *Pascoal* (= o monte Pascoal), o *Noroeste* (= o vento Noroeste).

Quanto à significação, são geralmente femininos:

1. os nomes de mulheres ou de ocupações por elas exercidas: *Ana*, *escritora*, *freira*, *costureira*;

2. os nomes de animais do sexo feminino: *leoa*, *égua*, *pata*, *pavoa*;
3. a maioria dos nomes de árvores frutíferas e de flores: a *mangueira*, a *laranjeira*, a *jabuticabeira*; a *rosa*, a *petúnia*, a *orquídea*, a *violeta*;
4. os nomes de cidades e ilhas nos quais as palavras *cidade* e *ilha* estão subentendidas: a velha *São Paulo* (= a velha cidade de São Paulo), a antiga *Parati* (= a antiga cidade de Parati), a *Sardenha* (= a ilha de Sardenha), as *Canárias* (= as ilhas Canárias).

NOTA

Alguns nomes de cidade, como *Rio de Janeiro*, *Cairo*, *Porto* etc., são do gênero masculino, porque se formaram a partir de substantivos comuns.

Quanto à terminação:

1. são masculinos os nomes terminados em **-o** átono: o *menino*, o *caderno*, o *gato*;
2. são, em geral, femininos os nomes terminados em **-a** átono: a *menina*, a *bola*, a *gata;*

NOTA

São exceções os substantivos *clima*, *dia*, *fantasma*, *planeta* e muitos outros.

3. entre os substantivos terminados em **-ão**, os concretos são geralmente masculinos e os abstratos são femininos: o *agrião*, o *feijão*, o *balcão*, o *sabão*; a *contaminação*, a *opinião*, a *sensação*, a *solução*.

NOTA

Há alguns substantivos concretos que são femininos: a *loção*, a *mão*, a *poção*, a *relação* (= lista).

Formação do feminino

Os substantivos que designam pessoas e animais se flexionam em gênero e apresentam, em geral, duas formas diferentes: uma para indicar os seres do sexo masculino e outra para indicar os do sexo feminino:

homem	mulher
filho	filha
irmão	irmã
rei	rainha
cavalo	égua
carneiro	ovelha

Observe que, entre os exemplos anteriores, a forma do feminino pode ser completamente diferente da do masculino. Isso ocorre porque as duas formas – masculino e feminino – provêm de radicais diferentes:

homem (do latim *homine*)	mulher (do latim *muliere*)
rei (do latim *rege*)	rainha (do latim *regina*)
cavalo (do latim *caballu*)	égua (do latim *equa*)

A - Substantivos biformes

1. Substantivos que formam o feminino com radicais diferentes:

masculino	**feminino**
bode	cabra
boi	vaca
cão	cadela
carneiro	ovelha
cavaleiro	amazona
cavalheiro	dama
cavalo	égua
compadre	comadre
frei	sóror
galo	galinha
genro	nora
homem	mulher
macho	fêmea
marido	mulher
padrasto	madrasta

padrinho	madrinha
pai	mãe
veado	corça
zangão	abelha

2. Substantivos que formam o feminino de radicais do masculino:

a) nos substantivos terminados em **o**, troca-se a desinência **o** por **a**:

masculino	feminino
garoto	garota
aluno	aluna
gato	gata
lobo	loba

b) os substantivos terminados em consoantes formam o feminino acrescentando-se **a** ao masculino:

masculino	feminino
camponês	camponesa
freguês	freguesa
cantor	cantora
lavrador	lavradora
juiz	juíza
oficial	oficiala

NOTAS

1. São exceções os substantivos *ator/atriz, imperador/imperatriz, cantador/cantadeira, cerzidor/cerzideira.*

2. O substantivo *embaixador* tem duas formas para o feminino: *embaixadora* (representante diplomática) e *embaixatriz* (esposa de embaixador).

c) os substantivos terminados em **ão** formam o feminino de três maneiras:

ão em **oa**:

masculino	feminino
ermitão	ermitoa
hortelão	horteloa
leitão	leitoa
patrão	patroa
pavão	pavoa
tabelião	tabelioa

ão em **ã**:

masculino	feminino
aldeão	aldeã
anão	anã

ancião	anciã
anfitrião	anfitriã
campeão	campeã
castelão	castelã
cidadão	cidadã
cirurgião	cirurgiã
cortesão	cortesã
escrivão	escrivã
irmão	irmã

ão em **ona**:

masculino	**feminino**
chorão	chorona
comilão	comilona
espertalhão	espertalhona
figurão	figurona
folião	foliona
mocetão	mocetona
moleirão	moleirona
sabichão	sabichona
solteirão	solteirona
valentão	valentona

NOTAS

1. Os substantivos terminados em *ão* que fazem o feminino em *ona* são todos aumentativos.
2. Alguns substantivos fazem o feminino de modo irregular: *barão/baronesa, ladrão/ladra, lebrão/lebre, perdigão/perdiz, sultão/sultana.*

d) os substantivos terminados em **e** fazem o feminino trocando-se o **e** por **a**:

masculino	**feminino**
alfaiate	alfaiata
elefante	elefanta
gigante	giganta
governante	governanta
infante	infanta
mestre	mestra
parente	parenta
presidente	presidenta

e) alguns substantivos que indicam títulos de nobreza, membros de ordem religiosa e dignidades fazem o feminino com as terminações **esa**, **essa**, **isa**:

masculino	feminino
abade	abadessa
barão	baronesa
conde	condessa
cônego	canonisa
cônsul	consulesa
diácono	diaconisa
duque	duquesa
jogral	jogralesa
papa	papisa
píton	pitonisa
poeta	poetisa
príncipe	princesa
prior	prioresa
profeta	profetisa
sacerdote	sacerdotisa
visconde	viscondessa

f) substantivos que formam o feminino de maneira especial:

masculino	feminino
ateu	ateia
avô	avó
capiau	capioa

czar	czarina
Dom	Dona
europeu	europeia
frade	freira
grou	grua
guri	guria
hebreu	hebreia
herói	heroína
judeu	judia
marajá	marani
mandarim	mandarina
maestro	maestrina
peru	perua
pigmeu	pigmeia
rapaz	rapariga
réu	ré
sultão	sultana
tabaréu	tabaroa

B - Substantivos uniformes

Os substantivos uniformes dividem-se em *epicenos*, *sobrecomuns* e *comuns de dois gêneros*.

1. Substantivos epicenos

Chamam-se epicenos os substantivos que apresentam um só gênero gramatical, masculino ou feminino, para designar a espécie de um animal. Exemplos:

a águia	o besouro
a andorinha	o condor
a aranha	o crocodilo
a baleia	o gavião
a barata	o jacaré
a borboleta	o mosquito
a cobra	o pernilongo
a girafa	o polvo
a onça	o rouxinol
a minhoca	o tamanduá
a mosca	o tatu
a pulga	o tigre

NOTA

Quando há necessidade de especificar o sexo do animal, empregam-se as palavras *macho* e *fêmea*: onça *macho*, jacaré *fêmea* etc.

2. Substantivos sobrecomuns

Denominam-se sobrecomuns os substantivos que possuem um único gênero gramatical para designar o masculino e o feminino. Exemplos:

o algoz	a criança
o apóstolo	a criatura
o carrasco	a pessoa
o cônjuge	a testemunha
o ente	a vítima
o indivíduo	
o ser	
o verdugo	

NOTA

Quando há necessidade de especificar o sexo, empregam-se as palavras *masculino/feminino* ou *do sexo masculino/do sexo feminino*: o ente *masculino*, uma criança *do sexo feminino*.

3. Substantivos comuns de dois

Alguns substantivos apresentam uma forma única para os dois gêneros. Deve-se usar o artigo para distinguir o masculino do feminino. Exemplos:

o acrobata	a acrobata

o agente	a agente
o artista	a artista
o camarada	a camarada
o colega	a colega
o colegial	a colegial
o cliente	a cliente
o comerciante	a comerciante
o compatriota	a compatriota
o consorte	a consorte
o democrata	a democrata
o dentista	a dentista
o estudante	a estudante
o gerente	a gerente
o herege	a herege
o hóspede	a hóspede
o imigrante	a imigrante
o indígena	a indígena
o intérprete	a intérprete
o jovem	a jovem
o jornalista	a jornalista
o mártir	a mártir
o paciente	a paciente

o pianista	a pianista
o regente	a regente
o selvagem	a selvagem
o servente	a servente
o suicida	a suicida

NOTA

Os substantivos que se referem às pessoas que tocam instrumentos musicais são normalmente *comuns de dois: o/a* clarinetista, *o/a* saxofonista, *o/a* trompetista etc.

Substantivos de gênero oscilante

Há alguns substantivos que podem ser usados no masculino ou no feminino. Diante da incidência do uso, indicamos abaixo a preferência de gênero. Exemplos:

a) masculino

avestruz

antílope

clã

coma

contralto

diabetes

gambá

gengibre

lança-perfume

preá

sabiá

soprano

b) feminino

alface

aluvião

cólera

entorse

juriti

laringe

omoplata

ordenança

personagem

sentinela

víspora

Substantivos com mudança de sentido na mudança de gênero

masculino	feminino
o araponga (detetive particular)	a araponga (pássaro)
o cabeça (chefe, líder)	a cabeça (parte do corpo)
o capital (dinheiro, bens)	a capital (cidade onde se concentra a administração de um país ou de um estado)
o cisma (separação)	a cisma (desconfiança)
o corneta (corneteiro)	a corneta (instrumento musical de sopro)
o cura (padre)	a cura (restabelecimento da saúde)
o grama (unidade de medida)	a grama (tipo de capim)
o guarda (vigia, soldado)	a guarda (vigilância, corporação)
o guia (orientador; pessoa que acompanha turistas; livro de instruções)	a guia (formulário; meio-fio)

o lente (professor)	a lente (vidro de aumento)
o moral (conjunto de nossas faculdades morais; ânimo, coragem, brio)	a moral (conjunto de regras de conduta)
o rádio (aparelho de rádio; elemento químico)	a rádio (estação de rádio)

Grau

Os substantivos podem apresentar-se com significação *normal* – barco –, com significação exagerada *(aumentativo)* – barcaça – ou com significação reduzida *(diminutivo)* – barquinho.

A flexão gradual do substantivo se realiza por meio de dois processos: o *sintético* e o *analítico*.

1. sintético

forma normal	aumentativo	diminutivo
homem	homenzarrão	homenzinho
gato	gatão	gatinho
casa	casarão	casinha

Observe que as formas do *aumentativo* e do *diminutivo* são constituídas mediante o processo de sufixação.

Os sufixos mais comuns para a formação do aumentativo sintético são:

-aça	barcaça, colheraça, mulheraça
-aço	balaço, poetaço, volumaço
-alha	fornalha, gentalha, muralha
-ão (e variantes)	garrafão, dramalhão, toleirão, avegão, canzarrão, vagalhão, pezão
-arra	bocarra, naviarra
-ázio	balázio, copázio, pratázio
-ona	bruxona, garotona, mulherona
-orra	beiçorra, cabeçorra, manzorra

NOTA

O sufixo *-uça* só se combina com o substantivo *dente:* dentuça.

Os sufixos mais comuns para a formação do diminutivo sintético são:

-acho	corvacho, fogacho, riacho
-eco/a	hoteleco, jornaleco, lojeca
-ejo	animalejo, lugarejo, vilarejo
-eta	estatueta, maleta, sineta
-ete	corpete, filete, vagonete

-ico	burrico, namorico, veranico
-im	camarim, cornetim, flautim
-inho/a	dedinho, gatinho, casinha
-zinho/a	irmãozinho, anelzinho, mulherzinha
-isco	chuvisco, pedrisco, lambisco
-ito/a	cabrito, mosquito, senhorita
-ola	bandeirola, portinhola, rapazola
-ote	caixote, malote, serrote

NOTA

O sufixo *-ebre* só se combina com o substantivo *casa:* casebre.

Diminutivos sintéticos eruditos

normal	**diminutivo**
asa	álula
corpo	corpúsculo
eixo	axículo
feixe	fascículo
fração	fraciúncula
gota	gotícula
grão	grânulo

homem	homúnculo
nó	nódulo
obra	opúsculo
orelha	aurícula
osso	ossículo
ovo	óvulo
parte	partícula
pele	película
porção	porciúncula
questão	questiúncula
raiz	radícula
rede	retículo
semente	semícula
verso	versículo

As formas aumentativas e diminutivas sintéticas nem sempre indicam aumento ou diminuição do tamanho de um ser. É comum apresentarem um valor pejorativo ou depreciativo, especialmente as formas aumentativas. Exemplos:

O homem do *narigão* já chegou?

Eta *mulherzinha* chata!

2. analítico

As noções de aumentativo e diminutivo são expressas pelos adjetivos *grande*, *enorme*, *imenso* e *pequeno*, *pequenino*, *minúsculo*, que modificam o substantivo. Exemplos: cachorro *grande*, cachorro *enorme*, cachorro *imenso*; cachorro *pequeno*, cachorro *pequenino*, cachorro *minúsculo*.

Funções sintáticas do substantivo

1. Sujeito

Carlos partiu para o Canadá há duas semanas.

Policiais perseguiram os assaltantes por longas horas.

2. Núcleo do sujeito

As crianças *menores* vão ao zoológico.

Policiais *armados* perseguiram os assaltantes por longas horas.

3. Predicativo do sujeito

Ingrid ainda é *secretária*.

Ricardo tornou-se *deputado*.

4. Núcleo do predicativo do sujeito

Ingrid é *uma* secretária *eficiente*.

Ricardo tornou-se deputado *federal*.

5. Predicativo do objeto

Na capital do país, declararam-no *presidente.*

Sentiam-se orgulhosos ao chamá-la *patroa.*

6. Núcleo do predicativo do objeto

Na aldeia toda, aclamaram-no líder *valente.*

Não se sentiam constrangidos ao chamá-lo pastor *safado.*

7. Objeto direto

Exigiram-lhe *competência* no trabalho.

O ladrão disse que queria *dinheiro.*

8. Núcleo do objeto direto

Por favor, diga-me *a* verdade.

Ela ganhou *uma* boneca *linda.*

9. Objeto indireto

Eles sempre desobedecem *ao regulamento.*

As crianças gostam *de frutas cítricas.*

10. Núcleo do objeto indireto

Precisamos de *um* administrador *competente.*

Todos duvidavam *da sua* inocência.

11. Núcleo do complemento nominal

O pior mesmo é a angústia *da* espera.

Ele está bastante confiante *na* vitória.

12. Núcleo do adjunto adverbial

Fui ao cinema *com meus* amigos.

Eles moram *em* Campinas.

13. Núcleo do adjunto adnominal

Beatriz ganhou uma caixa *de* chocolate.

Ele é uma pessoa *sem* escrúpulos.

14. Núcleo do agente da passiva

Os turistas italianos foram assaltados *por dois* garotos.

A aldeia foi cercada *pelos* soldados *inimigos*.

15. Aposto

Minha tia *Júlia* continua morando em Curitiba.

Visitei apenas uma cidade de Goiás, isto é, *Catalão*.

16. Núcleo do aposto

Robert Frost, poeta *americano contemporâneo*, visitou São Paulo na década de 1960.

Túlio, *o* instrutor *de judô*, sofreu um acidente de carro.

17. Vocativo

Ricardo, venha até aqui, por favor.

Fique quieta, *menina*!

V - ARTIGO

O artigo é uma palavra variável que precede o substantivo, indicando-lhe o gênero e o número. Há dois tipos de artigo: o *definido (o, a, os, as)* e o *indefinido (um, uma, uns, umas)*. É definido o artigo que se aplica a um ser determinado dentre outros da mesma espécie. Exemplo: *O leão fugiu do zoológico ontem.* Observe que nesta oração *o leão* é determinado e conhecido. É indefinido o artigo que se refere a um ser qualquer dentre outros da mesma espécie. Exemplo: *Um leão fugiu do zoológico ontem.* Nesta oração, *um leão* é indeterminado e desconhecido.

NOTA

Em *O ser humano deveria ser mais solidário,* o artigo definido estende o significado do substantivo ao ser humano em geral, isto é, *todo ser humano deveria ser mais solidário.*

Formas simples do artigo

	Definido		**Indefinido**	
gênero	singular	plural	singular	plural
masc.	o	os	um	uns
fem.	a	as	uma	umas

Contração do artigo com preposições

Os artigos definidos podem contrair-se com as preposições *a, de, em, por (per)*. Observe o quadro abaixo:

Preposições	Artigos definidos				Formas contraídas			
a	o	a	os	as	ao	à	aos	às
de	o	a	os	as	do	da	dos	das
em	o	a	os	as	no	na	nos	nas
por (per)	o	a	os	as	pelo	pela	pelos	pelas

OBSERVAÇÃO

A combinação do artigo *a* com a preposição *a* promove a *crase (à)*, que é representada na escrita por um acento grave sobre a vogal. Exemplo: *Vou à casa de Maria.* Esse assunto será apresentado no Apêndice desta obra, à página 567.

Os artigos indefinidos podem contrair-se com as preposições *em* e *de*. Veja o quadro seguinte:

Preposições	Artigos indefinidos				Formas contraídas			
em	um	uma	uns	umas	num	numa	nuns	numas
de	um	uma	uns	umas	dum	duma	duns	dumas

Emprego do artigo definido

O artigo definido é usado principalmente:

1. antes de substantivos comuns: *o* livro, *a* caneta, *o* campo, *a* cidade etc.;

2. antes de nomes de continentes, países, regiões, oceanos, rios, lagos, montanhas, vulcões e constelações: *a* Europa, *a* África, *o* Brasil, *a* Itália, *o* Sul, *a* Lapônia, *o* Atlântico, *o* Índico, *o* Amazonas, *o* Nilo, *o* Titicaca, *o* Himalaia, *os* Alpes, *o* Vesúvio, *o* Fuji, *a* Via Láctea, *a* Ursa Maior etc.;

NOTA

Alguns nomes de países e regiões dispensam o uso do artigo: Portugal, Moçambique, Angola, São Salvador, Israel, Aragão, Cabo Verde, Castela, Leão etc.

3. antes de nomes de cidades, quando acompanhados de modificadores: *a* Paris dos anos 1920, *a* Chicago dos velhos gângsteres, *a* São Paulo dos lampiões de gás, *o* Rio dos antigos carnavais etc.;

4. antes de nomes de trabalhos artísticos: a *Mona Lisa,* o *Pensador,* a *Divina Comédia,* os *Lusíadas,* o *Guarani,* a *Traviata* etc.;

5. antes de nomes próprios, quando nos referimos a toda a família: *os* Cardoso, *os* Azevedo, *os* Montini etc.;

6. antes de nomes de escolas, clubes e associações culturais: *a* USP, *o* Mackenzie, *a* Cultura Inglesa, *o* Palmeiras, *a* Portuguesa, *o* Salgueiro, *a* Mocidade Alegre, *a* Academia Paulista de Letras etc.;

7. antes de nomes de letras ou de notas musicais: *o* a, *os* pês, *os* is, *o* ré, *o* mi, *o* sol etc.;

8. antes dos substantivos considerados como entidades únicas: *a* Terra, *o* Universo, *o* Sol, *a* Lua, *o* céu etc.;

9. antes de nomes de jornais e revistas: a *Folha de S. Paulo,* o *Jornal da Tarde,* a *Veja,* a *Época* etc.;

10. antes de nomes de edifícios: *o* Edifício Itália, *o* Louvre, *o* Palácio dos Bandeirantes etc.;

11. antes de nomes de cinemas, teatros, hotéis, restaurantes, clubes noturnos, bibliotecas e galerias: *o* Metro, *o* Teatro Municipal de São Paulo, *o* Hotel Continental, *a* Lagosta Voadora, *a* Boate Chão de Estrelas, *o* Museu de Arte Contemporânea, *a* Biblioteca Nacional, *a* Galeria São Luís etc.;

12. com os superlativos:

    Joana é *a* pessoa *mais* irritante que conheço.

    São Paulo é *a maior* cidade da América do Sul.

13. com a maioria dos nomes dos estados brasileiros: *o* Amazonas, *o* Pará, *a* Bahia, *o* Ceará, *o* Paraná, *o* Rio Grande do Sul etc.;

NOTA

Não se usa artigo com Alagoas, Goiás, Mato Grosso, Minas Gerais, Pernambuco, Rondônia, Santa Catarina, São Paulo, Sergipe e Tocantins. Às vezes, diz-se *as* Alagoas e *as* Minas Gerais.

14. com títulos de nobreza ou designação de cargos políticos: *a* rainha da Inglaterra, *o* conde de Florença, *o* príncipe de Gales, *o* presidente do Brasil, *o* governador do Rio de Janeiro, *o* prefeito de Belo Horizonte etc.;

15. antes de numerais ordinais e fracionários: *o* primeiro, *a* quinta, *a* terça parte, *a* oitava parte;

16. antes dos nomes das estações do ano: *a* primavera, *o* verão, *o* outono, *o* inverno;

NOTA

Os nomes das estações dispensam artigo quando são precedidos da preposição *de*: cheiro *de* primavera, chuvas *de* verão, manhãs *de* inverno, vento *de* outono.

17. depois das palavras todos(as) e ambos(as): todos *os* alunos, ambas *as* enfermeiras etc.;

18. antes de apostos, antonomásias, epítetos e apelidos: Catarina, *a* Grande; *o* Rei Sol (Luís XIV); *a* Messalina da nossa rua; Virgulino Ferreira, *o* Lampião etc.;

19. antes de nomes de embarcações e aeronaves: o *Eugenio C* (navio), o *Titanic* (navio), a *Santa Cruz* (fragata), o *Graf Zeppelin* (dirigível), o *Spirit of Saint Louis* (avião de Lindbergh) etc.;

20. com locuções que tenham a palavra todo(a):

a todo *o* custo	a toda *a* hora
em todo *o* caso	por toda *a* parte

Uso optativo do artigo definido

1. antes de adjetivos possessivos: meu pai/*o* meu pai, nossos amigos/*os* nossos amigos, tua casa/*a* tua casa etc.;

2. antes de nomes de pessoas:

   Antônio vai chegar mais tarde hoje.

   O Antônio vai chegar mais tarde hoje.

NOTA

Em alguns falares regionais, o emprego do artigo antes dos nomes das pessoas revela intimidade entre o interlocutor e a pessoa mencionada.

Omissões do artigo definido

O artigo definido é omitido:

1. antes de nomes de celebridades ou de personagens famosos da literatura:

   Camões é o maior poeta lusitano de todos os tempos.

   Ana Karenina é uma criação brilhante de Tolstoi.

2. antes de nomes completos de pessoas:

   Maria Carolina Fonseca de Albuquerque sempre foi uma mulher valente.

   Pedro Antônio Barroso de Castro denunciou a fraude toda.

3. antes de nomes de cidades e ilhas (por exemplo, São Paulo, Nova York, Itaparica, Marajó), a não ser que sejam seguidas de modificadores. Exemplos:

   São Paulo é uma metrópole pujante.

   A São Paulo da década de 1950 tinha um toque europeu.

   Itaparica já foi uma ilha paradisíaca.

   Admito que a Itaparica dos hotéis de luxo não me agrada muito.

EXCEÇÕES

Alguns nomes de cidades e ilhas admitem o artigo: *o* Cairo, *o* Havre, *o* Porto, *o* Recife, *o* Rio de Janeiro, *a* Córsega, *a* Sardenha, *a* Sicília etc.

4. antes de substantivos que fazem parte de uma enumeração:

   Comprei tudo de que precisamos: carne, leite, café, pão, biscoitos e frutas.

5. antes de palavras que indicam disciplinas acadêmicas, utilizadas com os verbos aprender, ensinar, cursar e estudar:

   Aprendi <u>inglês</u> nos Estados Unidos.

   Ela *ensina* <u>biologia</u> numa escola pública.

   João *cursa* <u>medicina</u> no Rio de Janeiro.

   Eles *estudam* <u>italiano</u> com Piera Di Marco.

6. antes da palavra casa quando indica residência, lar:

   As crianças não estão em *casa*.

   Estava frio. Fui a *casa* apanhar um casaco.

7. antes das palavras ânimo, fôlego, força, motivo, permissão, tempo, valor etc. (para algo), quando são complementos dos verbos dar, haver, pedir, ter:

   Ela não *teve* <u>ânimo</u> para sair hoje.

   Não *há* <u>motivo</u> para tanto estardalhaço.

   Mário não *deu* <u>valor</u> ao emprego que tinha.

8. antes de pronomes de tratamento e formas de tratamento usadas para nobres e religiosos:

   Vossa Excelência deseja retirar-se?

Dom Carlos de Resende nos receberá em audiência.

Frei Henrique da Mata partiu para Lisboa ontem.

Sóror Catarina de Jesus está numa missão no Congo.

9. antes dos nomes dos planetas (Júpiter, Marte, Mercúrio, Netuno, Plutão, Saturno, Urano, Vênus):

   Circundado por anéis, *Saturno* distingue-se dos demais planetas do sistema solar.

   Vênus é o mais brilhante dos planetas.

EXCEÇÃO

Terra: A Terra é o terceiro planeta do sistema solar, por ordem de afastamento do Sol.

10. antes dos nomes dos meses:

    Rodrigo reassumirá seu posto na empresa em *janeiro*.

    Maio é o mês das noivas.

NOTA

Quando houver um modificador, utiliza-se o artigo:
Você se lembra d*o* fatídico março de 1964?

11. após os pronomes relativos cujo, cuja, cujos, cujas:

    Maria, *cujo* pai mora em Parati, decidiu comprar o meu barco.

    Trata-se de um gás altamente tóxico a *cujas* exalações ninguém resiste.

Emprego do artigo indefinido

O artigo indefinido é usado principalmente:

1. antes de substantivos comuns: *um* pedido, *uma* tradição europeia, *uns* brincos longos, *umas* mulheres estranhas etc.;

2. antes dos numerais cardinais, indicando distância:

   Ela mora a *uns* <u>cinco</u> quarteirões do centro da cidade.

   São Roque fica a *umas* <u>doze</u> léguas daqui.

3. com expressões fracionárias, em indicação de tempo:

   Esperamos a chegada do ônibus por *um* bom <u>quarto de hora</u>.

   Ficamos ao sol durante *uma* <u>meia hora</u>.

4. para realçar características de pessoas e objetos:

   É *uma* beleza de cidade!

   João é *um* anjo de bondade!

   Ela foi *uma* cobra de maldade!

5. antes das partes do corpo que se apresentam aos pares, para reforçar qualidade ou defeito:

   Alessandra tem *uns* olhos azuis belíssimos.

   Antes da cirurgia plástica, ele ostentava *umas* orelhas de abano horríveis.

6. para indicar semelhanças de traços com personagens célebres:

   Pietro era *um* Mussolini dissimulado.

   Ela tem fama de ser *uma* Messalina.

   André é *um* Einstein em miniatura.

7. em metonímias, para designar o autor pela obra:

   Marisa comprou *um* Armani elegantíssimo.

   Roubaram *um* Picasso do Museu Nacional.

Uso optativo do artigo indefinido

1. quando há, anteposto ao substantivo, os indefinidos certo e outro:

   Um certo vereador vai propor o impedimento do prefeito.

   Certo vereador vai propor o impedimento do prefeito.

   Em *um* outro momento, aquilo não me afetaria.

   Em outro momento, aquilo não me afetaria.

2. com certas frases negativas, usando-se nunca ou jamais:

Nunca ouvimos *uma* coisa igual.

Nunca ouvimos coisa igual.

Jamais se viu *um* descaramento semelhante.

Jamais se viu descaramento semelhante.

NOTA

Nos dois casos anteriores, alguns autores recomendam a omissão do artigo. Seu emprego, embora frequente, constitui galicismo.

3. nos apostos:

Rosa, *uma* pessoa de boa índole, jamais faria tal malvadeza.

Rosa, pessoa de boa índole, jamais faria tal malvadeza.

Marcelo, *um* primo de Irene que mora em Roma, conseguiu os documentos de que precisamos.

Marcelo, primo de Irene que mora em Roma, conseguiu os documentos de que precisamos.

Omissões do artigo indefinido

O artigo indefinido é omitido:

1. em expressões de quantidade indeterminada:

   Creio que há comida *suficiente* para todos.

   Devemos reservar *boa parte* do suprimento para o inverno.

   Não encontramos *grande número* de profissionais qualificados para integrar o projeto.

2. com o numeral fracionário meio/meia:

   Joana comprou *meio* litro de leite e dois pãezinhos.

   Após o jantar, Rodrigo sorveu *meia* dose de vinho do Porto e acendeu um charuto.

Diferença entre o artigo indefinido e o numeral

O artigo indefinido expressa uma ideia vaga, imprecisa, enquanto o numeral indica uma quantidade exata, precisa. Em *Um cão é sempre um grande amigo do homem*, o artigo indefinido é empregado no sentido genérico, isto é, *todo cão*, *qualquer cão*. No entanto, quando alguém diz *Nesta caixinha cabe apenas um brinquedo*, entende-se que há referência de número ou de quantidade, isto é, *um só brinquedo*.

Outro ponto de distinção entre as duas classes de palavras é a possibilidade de pluralização. O artigo tem plural (*um/uns*, *uma/umas*), e o numeral não, usando-se, em seu lugar, *dois/duas, três, quatro* etc.

Às vezes, quando uma frase aparece deslocada de um contexto, torna-se difícil estabelecer se estamos diante de artigo ou de numeral. Exemplo: Comi *um* doce delicioso.

Função sintática do artigo

Sintaticamente, o artigo, definido ou indefinido, exerce a função de *adjunto adnominal*. Exemplos:

Uma gaivota enorme sobrevoava *a* praia repleta de peixes mortos.

Dona Rafaela sentiu *uma* dor imensa com *a* perda do filho.

VI - ADJETIVO

O adjetivo é uma classe de palavras usada para modificar um substantivo. Isso significa que um adjetivo confere algum atributo ou qualidade a uma pessoa, a um animal ou a uma coisa. Assim, o adjetivo caracteriza os seres, pois imprime uma marca especial ao substantivo. Exemplos:

a) qualidade ou defeito

aluna *inteligente*

moleque *malvado*

b) dimensão ou volume

terreno *enorme*

pacote *grande*

c) aspecto ou aparência

terreno *plano*

mulher *elegante*

d) estado

dia *chuvoso*

pessoa *nervosa*

e) cor

brincos *vermelhos*

tecido *azul*

f) características especiais

parada *cardíaca*

ataque *aéreo*

carne *bovina*

armamento *atômico*

Substantivação do adjetivo

Precedidos pelo artigo, muitos adjetivos são empregados como verdadeiros substantivos. A esse processo de passagem de adjetivos para substantivos dá-se o nome de *substantivação*. Exemplos:

(a) Os homens *mansos* herdarão o reino de Deus.

(b) Os *mansos* herdarão o reino de Deus.

(c) O lenço *verde* simboliza a esperança.

(d) O *verde* simboliza a esperança.

Nas frases (a) e (c), *mansos* e *verde* são adjetivos, nas frases (b) e (d), são substantivos.

Locuções adjetivas

Locuções adjetivas são expressões formadas de preposição + substantivo que equivalem a adjetivos. Exemplos:

dores *no abdômen*	= dores *abdominais*
aspecto *do campo*	= aspecto *agreste*
olhar *de anjo*	= olhar *angelical*
nariz *de águia*	= nariz *aquilino*
material *de guerra*	= material *bélico*
carne *de boi*	= carne *bovina*
higiene *da boca*	= higiene *bucal*
pessoa *de coragem*	= pessoa *corajosa*
ação *do diabo*	= ação *diabólica*
via feita *de ferro*	= via *férrea*
água *do rio*	= água *fluvial*
amor *de filho*	= amor *filial*
problema *do estômago*	= problema *gástrico*
era *de gelo*	= era *glacial*
complicação *do fígado*	= complicação *hepática*
teoria *da literatura*	= teoria *literária*
influência *da lua*	= influência *lunar*
navegação *no mar*	= navegação *marítima*
obstrução *do nariz*	= obstrução *nasal*

globo *do olho*	= globo *ocular*
zelo *de pai*	= zelo *paternal*
doenças *dos pulmões*	= doenças *pulmonares*
insuficiência *dos rins*	= insuficiência *renal*
eclipse *do Sol*	= eclipse *solar*
carne *de porco*	= carne *suína*
sessão *da tarde*	= sessão *vespertina*
língua *de cobra*	= língua *viperina*
cordão *do umbigo*	= cordão *umbilical*

Classificação dos adjetivos

Os adjetivos podem ser *primitivos, derivados, simples, compostos* e *pátrios.*

1. Adjetivos primitivos

Adjetivos primitivos são aqueles que não derivam de outras palavras. São poucos os adjetivos primitivos, visto que a maioria deles deriva de substantivos ou verbos. Exemplos: *bom, claro, grande, limpo, livre, azul, branco, verde* etc.

2. Adjetivos derivados

Adjetivos derivados são aqueles que derivam de substantivos ou verbos, com os quais mantêm um vínculo semântico. Exemplos: *adorável, amado, cansado, famoso, elegante, inteligente, pesado, valoroso* etc.

3. Adjetivos simples

Adjetivos simples são aqueles que são formados por um único elemento. Exemplos: *brasileiro, claro, azul, cultural* etc.

4. Adjetivos compostos

Adjetivos compostos são aqueles que são formados por mais de um elemento. Exemplos: *afro-brasileiro, verde-claro, azul-marinho, sociocultural* etc.

5. Adjetivos pátrios

Adjetivos pátrios são aqueles que se referem a continentes, países, regiões, estados, províncias, cidades e vilas.

a) Pátrios brasileiros

Localidade	Adjetivo pátrio
Brasil	brasileiro
Acre	acriano
Alagoas	alagoano
Amapá	amapaense
Amazonas	amazonense
Bahia	baiano
Brasília	brasiliense
Ceará	cearense
Espírito Santo	espírito-santense (capixaba)
Goiás	goiano

Localidade	Adjetivo pátrio
Maranhão	maranhense
Mato Grosso	mato-grossense
Mato Grosso do Sul	mato-grossense do sul (sul-mato-grossense)
Minas Gerais	mineiro
Pará	paraense
Paraíba	paraibano
Paraná	paranaense
Pernambuco	pernambucano
Piauí	piauiense
Rio de Janeiro (estado)	fluminense
Rio Grande do Norte	norte-rio-grandense (rio-grandense-do-norte, potiguar)
Rio Grande do Sul	sul-rio-grandense (rio-grandense-do-sul, gaúcho)
Rondônia	rondoniense
Roraima	roraimense
Santa Catarina	catarinense (barriga-verde)
São Paulo (estado)	paulista
Sergipe	sergipano
Tocantins	tocantinense
Aracaju	aracajuense

Localidade	Adjetivo pátrio
Belém	belenense
Belo Horizonte	belo-horizontino
Boa Vista	boa-vistense
Cabo Frio	cabo-friense
Campinas	campineiro
Cuiabá	cuiabano
Curitiba	curitibano
Fernando de Noronha	noronhense
Florianópolis	florianopolitano
Fortaleza	fortalezense
Goiânia	goianense
João Pessoa	pessoense
Juiz de Fora	juiz-forano (juiz-forense)
Macapá	macapaense
Maceió	maceioense
Manaus	manauense
Marajó	marajoara
Natal	natalense
Niterói	niteroiense
Petrópolis	petropolitano
Porto Alegre	porto-alegrense

Localidade	Adjetivo pátrio
Porto Velho	porto-velhense
Recife	recifense
Ribeirão Preto	ribeirão-pretano
Rio de Janeiro (cidade)	carioca
Rio Branco	rio-branquense
Salvador	salvadorense (soteropolitano)
Santarém	santarense
Santos	santista
São Luís	são-luisense
São Paulo (cidade)	paulistano
Teresina	teresinense
Vitória	vitoriense

b) Pátrios estrangeiros

Continente	Adjetivo pátrio
África	africano
América do Norte	norte-americano
América Central	centro-americano
América do Sul	sul-americano
Ásia	asiático
Europa	europeu
Oceania	oceânico

País	Adjetivo pátrio
Afeganistão	afegane
África do Sul	sul-africano
Albânia	albanês
Alemanha	alemão
Andorra	andorrano
Angola	angolano
Argélia	argelino
Argentina	argentino
Armênia	armênio
Austrália	australiano
Áustria	austríaco
Bahamas	bahamense
Bangladesh	bengali
Bélgica	belga
Bielo-Rússia (ou Belarus)	bielo-russo
Bolívia	boliviano
Bósnia-Herzegovina	bósnio
Bulgária	búlgaro
Cabo Verde	cabo-verdiano
Camboja	cambojano
Camarões	camaronês

País	**Adjetivo pátrio**
Canadá	canadense
Chile	chileno
China	chinês
Chipre	cipriota
Colômbia	colombiano
Congo	congolês
Coreia do Norte	norte-coreano
Coreia do Sul	sul-coreano
Costa do Marfim	marfinense (ebúrneo)
Costa Rica	costarriquenho
Croácia	croata
Cuba	cubano
Dinamarca	dinamarquês
Egito	egípcio
El Salvador	salvadorenho
Escócia	escocês
Equador	equatoriano
Eslováquia	eslovaco
Eslovênia	esloveno
Espanha	espanhol

País	**Adjetivo pátrio**
Estados Unidos	americano (estadunidense, norte-americano, americano--do-norte)
Estônia	estoniano
Etiópia	etíope
Filipinas	filipino
Finlândia	finlandês
Formosa	formosino
França	francês
Geórgia	georgiano
Grécia	grego
Groenlândia	groenlandês
Guatemala	guatemalteco
Guiana	guianense
Guiné	guineano
Guiné-Bissau	guineense
Haiti	haitiano
Holanda	holandês
Honduras	hondurenho
Hungria	húngaro
Iêmen	iemenita
Índia	indiano

País	Adjetivo pátrio
Indonésia	indonésio
Inglaterra	inglês
Irã	iraniano
Iraque	iraquiano
Irlanda	irlandês
Irlanda do Norte	norte-irlandês
Islândia	islandês
Israel	israelense
Itália	italiano
Jamaica	jamaicano
Japão	japonês
Java	javanês
Jordânia	jordaniano
Letônia	letão
Líbano	libanês
Líbia	líbio
Lituânia	lituano
Luxemburgo	luxemburguês
Macedônia	macedônio
Malásia	malásio
Malta	maltês

País	Adjetivo pátrio
Marrocos	marroquino
Mauritânia	mauritano
México	mexicano
Moçambique	moçambicano
Moldávia	moldavo
Mônaco	monegasco
Montenegro	montenegrino
Nepal	nepalês
Nicarágua	nicaraguense
Nigéria	nigeriano
Noruega	norueguês
Nova Zelândia	neozelandês
País de Gales	galês
Panamá	panamenho
Paquistão	paquistanês
Paraguai	paraguaio
Peru	peruano
Polônia	polonês
Porto Rico	porto-riquenho
Portugal	português
Quênia	queniano

País	Adjetivo pátrio
República Democrática do Congo	congolês
República Dominicana	dominicano
República Tcheca	tcheco
Romênia	romeno
Ruanda	ruandês
Rússia	russo
San Marino	san-marinense (san-marinês)
São Tome e Príncipe	são-tomense
Senegal	senegalês
Serra Leoa	leonês
Sérvia	sérvio
Singapura	singapuriano
Síria	sírio
Somália	somali
Sri Lanka	cingalês
Suazilândia	suazi
Sudão	sudanês
Suécia	sueco
Suíça	suíço
Suriname	surinamês
Tailândia	tailandês

País	Adjetivo pátrio
Tanzânia	tanzaniano
Timor	timorense
Tunísia	tunisiano
Turquia	turco
Ucrânia	ucraniano
Uganda	ugandense
Uruguai	uruguaio
Venezuela	venezuelano
Vietnã	vietnamita
Zâmbia	zâmbio

Região, estado, cidade	Adjetivo pátrio
Andaluzia	andaluz
Atenas	ateniense
Barcelona	barcelonês (barcelonense)
Belém	belemita
Belgrado	belgradino
Bogotá	bogotano
Bucareste	bucarestino
Budapeste	budapestense
Buenos Aires	portenho
Cairo	cairota
Califórnia	californiano

Região, estado, cidade	Adjetivo pátrio
Canárias	canarino
Cantão	cantonense
Caracas	caraquenho
Catalunha	catalão
Coimbra	coimbrão
Córsega	corso
Creta	cretense
Damasco	damasceno
Estocolmo	estocolmenho
Florença	florentino
Galiza	galego
Genebra	genebrino
Gibraltar	gibraltino
Granada	granadino
Havaí	havaiano
Havana	havanês
Jerusalém	hierosolimita
La Paz	pacenho
Lapônia	lapão
Lima	limenho
Lisboa	lisboeta

Região, estado, cidade	Adjetivo pátrio
Lombardia	lombardo
Londres	londrino
Macau	macaísta
Madri	madrileno
Málaga	malaguenho
Malvinas	malvinense
Manchúria	manchu
Mongólia	mongol
Montevidéu	montevideano
Moscou	moscovita
Nápoles	napolitano
Normandia	normando
Nova York	nova-iorquino
Paris	parisiense
Patagônia	patagão
Pequim	pequinês
Porto	portuense
Provença	provençal
Santiago	santiaguense
Sevilha	sevilhano
Taiti	taitiano

Região, estado, cidade	Adjetivo pátrio
Terra do Fogo	fueguino
Tibete	tibetano
Trás-os-Montes	trasmontano
Varsóvia	varsoviano
Veneza	veneziano

c) Pátrios compostos

É comum termos que nos referir a algo (ou a alguma pessoa) que envolva mais de um adjetivo pátrio. Por exemplo: o acordo comercial *nipo-brasileiro* (entre o Japão e o Brasil). Observe que ao procedermos à união dos dois adjetivos o primeiro é latinizado e reduzido. Exemplos:

afro (africano)	afro-brasileiro
anglo (inglês)	anglo-americano
ásio (asiático)	ásio-europeu
austro (austríaco)	austro-húngaro
dano (dinamarquês)	dano-sueco
euro (europeu)	euro-africano
fino (finlandês)	fino-russo
franco (francês)	franco-italiano
galaico (galego)	galaico-português
greco (grego)	greco-romano

hispano (espanhol)	hispano-americano
indo (indiano)	indo-europeu
ítalo (italiano)	ítalo-austríaco
luso (português)	luso-brasileiro
nipo (japonês)	nipo-americano
sino (chinês)	sino-canadense
teuto (alemão)	teuto-holandês

Flexão dos adjetivos

Os adjetivos flexionam-se em *número, gênero* e *grau.*

Número

O adjetivo toma a forma do singular ou do plural, concordando com o substantivo que modifica:

costume islâmico	costumes islâmicos
criança malvada	crianças malvadas
turista italiano	turistas italianos

Formação do plural

Para a formação do plural dos adjetivos simples, usamos as mesmas regras que foram apresentadas para os substantivos (ver página 178).

Plural dos adjetivos compostos

Nos adjetivos compostos, somente o último elemento recebe a marca do plural:

acordo anglo-americano	acordos anglo-americanos
cabelo castanho-claro	cabelos castanho-claros

EXCEÇÕES

1. *Surdo-mudo, surda-muda* fazem o plural *surdos-mudos, surdas-mudas.*
2. Os adjetivos que se referem a cores e têm um substantivo como segundo elemento da composição são invariáveis:

jaqueta *verde-oliva*	jaquetas *verde-oliva*
carro *amarelo-canário*	carros *amarelo-canário*

Gênero

Adjetivos uniformes e biformes

O adjetivo é uniforme quando possui uma forma única para os dois gêneros. Exemplos:

aluno inteligente	aluna inteligente
gato ágil	gata ágil

leão feroz	leoa feroz
homem sensual	mulher sensual

O adjetivo é denominado biforme quando possui duas formas: uma para o gênero masculino e outra para o gênero feminino. Exemplos:

aluno aplicado	aluna aplicada
gato bonito	gata bonita
leão adestrado	leoa adestrada
homem simpático	mulher simpática

Formação do feminino

Os adjetivos são, na maioria, biformes. Exemplos:

masculino	**feminino**
cru	crua
cristão	cristã
mau	má
plebeu	plebeia

O processo de formação do feminino dos adjetivos biformes é o mesmo aplicado aos substantivos. Dessa forma:

a) os adjetivos terminados em **-o** átono formam o feminino trocando-se o **o** por **a**:

masculino	**feminino**
alto	alta
claro	clara
rico	rica
solitário	solitária

b) os adjetivos terminados em **-u, -ês** e **-or** formam o feminino acrescentando-se **-a** ao masculino:

masculino	**feminino**
nu	nua
cru	crua
burguês	burguesa
inglês	inglesa
amador	amadora
encantador	encantadora

c) os adjetivos terminados em **-ão** formam o feminino em **-ã** ou **-ona**:

masculino	**feminino**
professor alemão	professora alemã
homem cristão	mulher cristã
garoto chorão	garota chorona
vendedor espertalhão	vendedora espertalhona

EXCEÇÕES

São *invariáveis*:

1. *hindu* e *zulu* (homem *hindu*/mulher *hindu*, guerreiro *zulu*/ guerreira *zulu*);
2. *cortês, descortês, montês* e *pedrês* (garoto *cortês*/garota *cortês*, cabrito *montês/cabrita montês, bezerro pedrês/ bezerra pedrês*);
3. *incolor*, *multicor* e *multicolor* (batom *incolor*/resina *incolor*, desenho *multicor*/caneta *multicor*);
4. *maior, menor, melhor* e *pior* (armário *maior*/mesa *maior*, gato *menor*/gata *menor*, romance *melhor*/novela *melhor*, resfriado *pior*/gripe *pior*);
5. *anterior/posterior, superior/inferior, exterior/interior* (encontro *anterior*/audiência *anterior*, cargo *superior*/ função *superior*, aspecto *exterior*/aparência *exterior*).

São *variáveis*:

1. adjetivos em *-tor* e *-dor* fazem o feminino em *-triz*:

masculino	*feminino*
altor	altriz
motor	motriz
gerador	geratriz

2. o adjetivo *trabalhador*: homem *trabalhador*/mulher *trabalhadeira*.

d) os adjetivos terminados em **-eu** formam o feminino em **-eia**:

masculino	**feminino**
moço ateu	moça ateia
país europeu	comunidade europeia
povo hebreu	cultura hebreia
guerreiro pigmeu	guerreira pigmeia
homem plebeu	mulher plebeia

EXCEÇÕES

Os adjetivos *judeu* e *sandeu* são exceções. Suas formas do feminino são, respectivamente, *judia* e *sandia*.

e) os adjetivos terminados em **-éu** formam o feminino em **-oa**:

masculino	**feminino**
ilhéu	ilhoa
tabaréu	tabaroa

EXCEÇÃO

O feminino de *réu* é *ré*.

Feminino dos adjetivos compostos

Nos adjetivos compostos, apenas o último elemento recebe a marca do feminino:

a amizade lus*o*-brasileir*a*

a guerra sin*o*-japones*a*

a poesia galaic*o*-portugues*a*

Grau

São dois os graus do adjetivo: o *comparativo* e o *superlativo.*

Comparativo

O comparativo é geralmente resultante da comparação de uma qualidade entre dois ou mais elementos. A comparação indica que a qualidade de um pode ser igual, superior ou inferior àquela de outro ou outros seres ou que num mesmo ser certa qualidade pode ser igual, superior ou inferior a uma outra qualidade que possui.

a) Comparativo de igualdade

João é *tão* inteligente *quanto* Maria.

Este livro custou *tão* caro *como* os outros.

Elisa é *tão* bela *quão* bondosa.

Observe que o segundo elemento da comparação pode ser introduzido por *quanto, como* ou *quão.*

b) Comparativo de superioridade

Pedro é *mais* sensível *do que* Júlio.

Luísa é *mais* inteligente *que* bonita.

Ele parece ser *mais* esforçado *do que* competente.

Alguns adjetivos possuem formas sintéticas para o comparativo de superioridade:

bom	*melhor*	pequeno	*menor*
mau	*pior*	alto	*superior*
grande	*maior*	baixo	*inferior*

Exemplos:

João é menor *do que* Ricardo.

A redação de Maria está melhor *que* a de Carlos.

c) Comparativo de inferioridade

Teresa é *menos* alta *do que* Cristina.

Paulo é *menos* esforçado *que* Bruno.

Ela é *menos* simpática *que* bonita.

Superlativo

Semanticamente, o superlativo indica que um ser apresenta determinada qualidade em elevado grau. Exemplos:

Marta é *belíssima*.
Marta é *muito bela*.

Indica também que um ser, em comparação com um grupo de seres que possuem a mesma qualidade, se distingue dos demais por apresentá-la em grau maior ou menor. Exemplos:

Marta é *a* garota *mais* bonita da nossa rua.

Susana é *a* garota *menos* bonita da nossa rua.

Há dois tipos de superlativo: *absoluto* e *relativo*.

a) Superlativo absoluto

O superlativo absoluto pode ser:

- *sintético*, expresso por uma só palavra, isto é, adjetivo + sufixo. Exemplos:

Ela é uma mulher elegant*íssima*.

O filme foi interessant*íssimo*.

Este creme está dulc*íssimo*.

- *analítico,* quando é formado com o auxílio de intensificadores (advérbios), como *muito*, *extremamente*, *exageradamente*. Exemplos:

Ela é *muito* elegante.

O filme foi *extremamente* interessante.

Este creme está *exageradamente* doce.

NOTA

Quanto à significação, o *superlativo sintético* é mais enfático do que o *analítico.*

Formação do superlativo absoluto sintético

Forma-se o superlativo absoluto sintético por meio do processo de sufixação:

1. acrescenta-se o sufixo *-íssimo* ao adjetivo:

ágil	agil*íssimo*
normal	normal*íssimo*
irregular	irregular*íssimo*
popular	popular*íssimo*

2. se o adjetivo terminar em vogal (*a, e, o*), esta será eliminada ao se acrescentar o sufixo:

bela	bel*íssima*
cuidadosa	cuidados*íssima*
elegante	elegant*íssima*
triste	trist*íssima*
caridoso	caridos*íssimo*
bondoso	bondos*íssimo*

3. os adjetivos terminados em *z* mudam a consoante final para *c*, antes do acréscimo do sufixo:

capaz	capac*íssimo*
feliz	felic*íssimo*
feroz	feroc*íssimo*

4. os adjetivos terminados em *vel* mudam esta terminação para *bil*, antes do acréscimo do sufixo:

adorável	adorabil*íssimo*
solúvel	solubil*íssimo*
volúvel	volubil*íssimo*

5. os adjetivos terminados em sons nasais (vogal simples ou ditongo) desdobram a terminação em vogal pura seguida de *n*:

bom	bon*íssimo*
comum	comun*íssimo*
pagão	pagan*íssimo*

Há também os superlativos eruditos, derivados do latim. Os mais comuns são:

- em *-íssimo*

Grau normal	Superlativo absoluto sintético
agudo	acutíssimo
amargo	amaríssimo
amigo	amicíssimo
antigo	antiquíssimo
benéfico	beneficentíssimo
benévolo	benevolentíssimo
cristão	cristianíssimo
cruel	crudelíssimo

Grau normal	Superlativo absoluto sintético
doce	dulcíssimo
fiel	fidelíssimo
frio	frigidíssimo
geral	generalíssimo
maléfico	maleficentíssimo
malévolo	malevolentíssimo
nobre	nobilíssimo
pessoal	personalíssimo
pródigo	prodigalíssimo
sábio	sapientíssimo
simples	simplicíssimo
soberbo	superbíssimo

- em *-érrimo*

Grau normal	Superlativo absoluto sintético
acre	acérrimo
áspero	aspérrimo
célebre	celebérrimo
íntegro	integérrimo
livre	libérrimo
magro	macérrimo (ou magríssimo, magérrimo)

mísero	misérrimo
negro	nigérrimo (ou negríssimo)
pobre	paupérrimo (ou pobríssimo)
salubre	salubérrimo

Formas alternativas para o superlativo

Pode-se, ainda, formar o superlativo por meio de vários outros recursos linguísticos:

a) pelo processo de prefixação:
*arqui*milionário, *extra*forte, *hiper*-rancoroso, *ultra*ssecreto etc.

b) com a repetição do mesmo adjetivo:
Era uma manhã de primavera, *luminosa, luminosa.*
A roupa ficou *limpinha, limpinha.*
Maria tornou-se *vulnerável, vulnerável.*

c) com certas expressões de origem popular:
Susana é *linda de morrer.* (= *lindíssima*)
Eles são *podres de rico.* (= *riquíssimos*)
Ele é *gordo pra burro.* (= *gordíssimo*)

d) com o emprego do artigo definido, marcado por ênfase entonacional:
Ela é <u>a</u> *sedutora* do clube. (= *a mais sedutora*)
Sérgio é <u>o</u> *sensato* do grupo. (= *o mais sensato*)

b) Superlativo relativo

Há dois tipos de superlativo relativo: de *superioridade* e de *inferioridade*. No superlativo relativo a qualidade do adjetivo apresenta-se num grau de intensidade superior ou inferior, conforme sejam usados o superlativo relativo de superioridade ou de inferioridade. Observe que no superlativo relativo está implícito o resultado de uma espécie de comparação.

Superlativo relativo de superioridade

Forma-se o superlativo relativo de superioridade utilizando-se o artigo definido — *o, a, os, as* — e o adjetivo entre as palavras *mais ... de/que*:

Aquele funcionário é *o mais* produtivo *do* grupo.

Nossa professora de história é *a mais* exigente *da* escola.

João e Luís são *as* pessoas *mais* sensatas *que* conheço.

Superlativo relativo de inferioridade

Forma-se o superlativo relativo de inferioridade utilizando-se o artigo definido — *o, a, os, as* — e o adjetivo entre as palavras *menos ... de/que*:

Aquele funcionário é *o menos* produtivo *do* grupo.

Nossa professora de história é *a menos* exigente *da* escola.

João e Luís são *as* pessoas *menos* sensatas *que* conheço.

Comparativos e superlativos especiais

Há apenas quatro adjetivos que formam o comparativo e o superlativo de maneira especial:

Adjetivo	Comparativo de superioridade	Superlativo	
		Absoluto	Relativo
bom	melhor	ótimo	o melhor
mau	pior	péssimo	o pior
grande	maior	máximo	o maior
pequeno	menor	mínimo	o menor

Adjetivo empregado como advérbio

Alguns adjetivos são usados como verdadeiros advérbios, quando modificam a ação expressa pelo verbo. Observe os exemplos abaixo:

(a) Ele é um garoto *alto*.

(b) Aquele garoto fala *alto*.

(c) João é um homem *rápido*.

(d) João trabalha *rápido*.

Nas frases (a) e (c), *alto* e *rápido* modificam o sujeito e são adjetivos; nas frases (b) e (d), modificam a ação expressa pelos verbos e são, portanto, advérbios.

Posição do adjetivo

Em geral, a língua portuguesa permite certa liberdade quanto à posição do adjetivo no sintagma nominal. Exemplos:

Ele é um *bom* aluno.

Ele é um aluno *excelente*.

Ela vai submeter-se a uma cirurgia *delicada*.

Ela vai submeter-se a uma *pequena* cirurgia.

A posição do adjetivo em português é, muitas vezes, uma questão de estilo, porém nas línguas neolatinas a tendência é colocá-lo depois do substantivo. Exemplos:

colônia *francesa*

estudantes *estrangeiros*

nevoeiro *intenso*

Normalmente, a anteposição ocorre com adjetivos que expressam qualidades físicas ou morais, conferindo-lhes um sentido afetivo. Exemplos:

Paulo é um *bom* menino.

Sueli sempre foi uma *bela* mulher.

Ele tornou-se uma *vil* criatura.

A maioria dos adjetivos não pode ocorrer em anteposição, pois tal posição torna a sentença agramatical. Devemos dizer sempre animal *doméstico*, água *mineral* e casaco *azul*, visto que a ocorrência desses adjetivos em anteposição não é admitida na língua portuguesa.

Com certos adjetivos, a anteposição assinala uma diferença semântica, apresentando um sentido figurado do modificador:

um *grande* homem (grandeza espiritual ou intelectual)	um homem *grande* (grandeza física)
uma *pobre* mulher (mulher infeliz)	uma mulher *pobre* (mulher sem recursos financeiros)
um *velho* amigo (amigo antigo)	um amigo *velho* (amigo com idade avançada)
um *falso* padre (alguém que finge ser padre)	um padre *falso* (padre que não é sincero)

Funções sintáticas do adjetivo

Sintaticamente, o adjetivo pode exercer as seguintes funções:

1. predicativo do sujeito

A candidata parece *nervosa*.

Os garotos voltaram *cansados*.

2. predicativo do objeto direto

O júri considerou-a *inocente* das acusações.

Todos julgaram Ricardo *competente* para o cargo.

3. predicativo do objeto indireto

Rose tomou coragem e chamou-lhe *autoritário.*

Lá em casa, todos me chamam *preguiçoso.*

4. adjunto adnominal

Ele fez observações *lúcidas* a respeito da crise *econômica.*

Os políticos *americanos* farão uma *breve* visita ao presidente da República.

VII - NUMERAL

O numeral é uma classe de palavras que indica uma quantidade exata de seres (pessoas, animais ou coisas) ou o lugar que eles ocupam numa série. Exemplos: *dois, cinco, dobro, quíntuplo, meio, dois quintos, dúzia, centena, segundo, quinto* etc.

Tipos de numeral

Há quatro tipos de numeral: *cardinais, ordinais, multiplicativos* e *fracionários*.

1. Numerais cardinais

Os numerais cardinais indicam uma quantidade em si mesma ou uma quantidade de pessoas, animais ou coisas. Exemplos:

Tudo certo como *dois* e *dois* são *quatro* e não *cinco*, conforme a canção popular.

Havia apenas *três* pessoas na sala de espera.

A gata lá do sítio teve *cinco* gatinhos.

OBSERVAÇÕES

1. *Ambos* (= *os dois*, *um e outro*) e *ambas* (= *as duas*, *uma e outra*), empregados quando os seres já foram mencionados, incluem-se entre os *numerais cardinais*. Exemplo:

Ambos solicitaram asilo político no Canadá.

2. *Zero* (*0*) também é um numeral cardinal. Exemplo:

O termômetro registra *zero* grau.

2. Numerais ordinais

Os numerais ordinais indicam a ordem dos seres numa série. Exemplos:

Alice é muito inteligente e estudiosa. É a *primeira* da classe.

A *Segunda* Guerra Mundial teve início em 1939 e terminou em 1945.

Esta é a *terceira* vez que viajo para Belo Horizonte.

NOTA

As palavras *último, penúltimo, anterior, posterior* etc., embora indiquem determinada série, não pertencem à classe dos numerais; são simples adjetivos.

3. Numerais multiplicativos

Os numerais multiplicativos são os que indicam multiplicação. Exemplos:

O que eles pedem pelo terreno é exatamente o *dobro* do que ele vale.

Antunes está bem de vida. Ele tem o *triplo* do patrimônio que possuía há dois anos.

Em cinco anos, Tadeu lucrou o *sêxtuplo* do que investiu no negócio.

4. Numerais fracionários

Os numerais fracionários designam quantidades fracionárias. Exemplos:

Júlia e Pedro já gastaram *metade* da herança que receberam dos avós.

Ricardo pagou apenas *um terço* da sua dívida com o Sistema Financeiro de Habitação.

O raio da Lua mede 1.738 km, cerca de *um quarto* do da Terra.

NOTA

Alguns numerais indicam um número exato de pessoas, animais ou coisas: *par*, *novena*, *dezena*, *década*, *dúzia*, *lustro*, *centena*, *cento*, *grosa*, *milhar*, *milheiro*. São os *numerais coletivos*.

QUADROS DOS NUMERAIS

1. Numerais cardinais e ordinais

Cardinais			Ordinais
Algarismos			
Romanos	Arábicos		
I	1	(um)	primeiro
II	2	(dois)	segundo
III	3	(três)	terceiro
IV	4	(quatro)	quarto
V	5	(cinco)	quinto
VI	6	(seis)	sexto
VII	7	(sete)	sétimo
VIII	8	(oito)	oitavo
IX	9	(nove)	nono
X	10	(dez)	décimo
XI	11	(onze)	décimo primeiro
XII	12	(doze)	décimo segundo
XIII	13	(treze)	décimo terceiro
XIV	14	(catorze)	décimo quarto
XV	15	(quinze)	décimo quinto
XX	20	(vinte)	vigésimo
XXI	21	(vinte e um)	vigésimo primeiro
XXII	22	(vinte e dois)	vigésimo segundo

XXX	30 (trinta)	trigésimo
XL	40 (quarenta)	quadragésimo
L	50 (cinquenta)	quinquagésimo
LX	60 (sessenta)	sexagésimo
LXX	70 (setenta)	septuagésimo
LXXX	80 (oitenta)	octogésimo
XC	90 (noventa)	nonagésimo
C	100 (cem)	centésimo
CC	200 (duzentos)	ducentésimo
CCC	300 (trezentos)	trecentésimo
CD	400 (quatrocentos)	quadringentésimo
D	500 (quinhentos)	quingentésimo
DC	600 (seiscentos)	seiscentésimo (sexcentésimo)
DCC	700 (setecentos)	setingentésimo
DCCC	800 (oitocentos)	octingentésimo
CM	900 (novecentos)	nongentésimo
$\overline{M}$	1.000 (mil)	milésimo
$\overline{X}$	10.000 (dez mil)	décimo milésimo
$\overline{L}$	50.000 (cinquenta mil)	quinquagésimo milésimo
$\overline{M}$	1.000.000 (um milhão)	milionésimo
$\overline{M}$	1.000.000.000 (um bilhão)	bilionésimo

2. Numerais multiplicativos e fracionários

	Multiplicativos	Fracionários
(2)	duplo, dobro	meio, metade
(3)	triplo, tríplice	terço
(4)	quádruplo	quarto
(5)	quíntuplo	quinto
(6)	sêxtuplo	sexto
(7)	séptuplo	sétimo
(8)	óctuplo	oitavo
(9)	nônuplo	nono
(10)	décuplo	décimo
(11)	undécuplo	onze avos, undécimo
(12)	duodécuplo	doze avos, duodécimo
(100)	cêntuplo	centésimo

Flexão do numeral

1. Numerais cardinais

Os numerais cardinais são invariáveis, com exceção de um, dois e as centenas a partir de duzentos, que apresentam variação em gênero. Exemplos:

um, uma; dois, duas;

duzentos, duzentas; trezentos, trezentas; quatrocentos, quatrocentas; novecentos, novecentas.

Os numerais milhão, bilhão, trilhão, quatrilhão etc. variam em número:

dois milhões, três bilhões, quatro bilhões, cinco trilhões, seis quatrilhões.

2. Numerais ordinais

Os numerais ordinais variam sempre em gênero e número:

primeiro, primeira; primeiros, primeiras; segundo, segunda; segundos, segundas; quinto, quinta; quintos, quintas.

3. Numerais multiplicativos

Os numerais multiplicativos são invariáveis quando correspondem a substantivos:

o dobro, o triplo, o quíntuplo, o cêntuplo.

Quando são empregados como adjetivos, variam em gênero e número:

Ele tomou três doses *duplas* de cachaça logo de manhã.

4. Numerais fracionários

Os numerais fracionários concordam sempre com os cardinais que indicam o número das partes:

Ele já vendeu *três quartos* do estoque de feijão.

NOTA

Os *numerais coletivos* apresentam sempre variação de número: dois *pares*, três *dezenas*, duas *décadas* etc.

Emprego do numeral

1. Na designação de séculos, soberanos (reis e rainhas) e papas usam-se algarismos romanos, lidos como ordinais de *um* a *dez* e como cardinais a partir de *onze*:

   século IV (quarto), século XX (vinte),

   Elisabete II (segunda), Luís XIV (catorze),

   Paulo VI (sexto), João XXIII (vinte e três).

NOTA

Quando o numeral romano aparece anteposto ao substantivo, é sempre lido como ordinal:

XII Exposição Agropecuária (décima segunda),

VIII Bienal do Livro (oitava).

2. Na indicação das divisões de trabalhos literários usa-se normalmente o ordinal:

   no segundo capítulo,

   o terceiro ato,

   no sexto canto.

3. Em textos legais, na numeração de artigos, decretos e portarias, usam-se normalmente os cardinais, lidos como ordinais até *nove* e como cardinais de *dez* em diante:

   no artigo 3.º (terceiro),

   o decreto 9.º (nono),

   o artigo 13 (treze),

   na portaria 21 (vinte e um).

4. Nas referências aos dias do mês, emprega-se o ordinal para o primeiro dia. Para os demais dias usa-se o cardinal:

   no dia *1.º* de maio, no dia *21* de setembro.

5. Nas referências aos anos e às horas, usam-se os cardinais:

   no ano de *mil novecentos e noventa e cinco* da Era Cristã,

   às *cinco* horas da manhã.

6. Na numeração de páginas, folhas, casas, apartamentos, quartos de hotel, cabines de navio ou trem e poltronas em teatro, ônibus ou avião, empregam-se os cardinais:

   página 20 (vinte),

   folha 6 (seis),

   casa 8 (oito),

   apartamento 21 (vinte e um),

   quarto 9 (nove),

   cabine 5 (cinco),

   poltrona 22 (vinte e dois).

7. Na linguagem figurada, emprega-se o numeral cardinal para expressar número indeterminado:

   A atitude irresponsável daquele homem provocou *mil* problemas à empresa.

   A garotada fez *mil e uma* estripulias.

VIII - PRONOME

Pronome é a palavra que substitui ou modifica um nome. Exemplos:

a) *Catarina* chegou de viagem ontem.

b) *Ela* chegou de viagem ontem.

c) *Ela* vai ficar hospedada na casa de *sua* avó.

Observe que na oração (a) usamos um nome próprio (*Catarina*). Na oração (b), *Ela* é um pronome porque substitui um nome (*Catarina*). Em (c), *sua* é pronome porque modifica um nome (*avó*) e, ao mesmo tempo, faz referência a uma das pessoas de quem se fala.

Classificação dos pronomes

Os pronomes dividem-se em duas classes: *pronomes substantivos* e *pronomes adjetivos*.

1. Pronome substantivo

O pronome substantivo substitui um nome e aparece isolado na frase. Recebe esse nome por representar um substantivo.

2. Pronome adjetivo

O pronome adjetivo modifica um nome e vem sempre seguido de um substantivo, com o qual concorda em gênero e número. Recebe esse nome por desempenhar o papel de um verdadeiro adjetivo em relação ao nome que modifica.

Tipos de pronome

Há seis tipos de pronome: *pessoais, possessivos, demonstrativos, indefinidos, interrogativos* e *relativos*.

1. Pronomes pessoais

Pronomes pessoais são aqueles que designam as três pessoas do discurso: 1.ª, a pessoa que fala; 2.ª, a pessoa com quem se fala; 3.ª, a pessoa de quem se fala.

Os pronomes pessoais dividem-se em *retos* e *oblíquos*. Os retos funcionam sempre como sujeito da oração; os oblíquos, como objeto (direto ou indireto).

Os pronomes oblíquos podem ser *átonos* ou *tônicos*. As formas átonas são livres, e as tônicas aparecem sempre presas às preposições.

QUADRO DOS PRONOMES PESSOAIS

Número	Pessoa	Retos	Oblíquos	
			Átonos	Tônicos
Singular	1.ª	eu	me	mim, comigo
	2.ª	tu	te	ti, contigo
	3.ª	ele, ela	se, lhe, o, a	si, consigo, ele, ela
Plural	1.ª	nós	nos	conosco
	2.ª	vós	vos	convosco
	3.ª	eles, elas	se, lhes, os, as	si, consigo, eles, elas

OBSERVAÇÕES

a) Na linguagem coloquial, o pronome *nós* é, muitas vezes, substituído por *a gente*.
Exemplo:

Nós vamos visitar Maria no domingo.

A gente vai visitar Maria no domingo.

b) Os pronomes oblíquos *o, a, os, as* assumem as formas antigas *lo, la, los, las* depois de verbos terminados em *r, s* e *z*:

Eles pretendem *levar* João ao cinema.

Eles pretendem levá-*lo* ao cinema.

Tivemos Mônica como candidata.

Tivemo-*la* como candidata.

O policial *fez* os bandidos voltarem às celas.

O policial fê-*los* voltarem às celas.

c) Os pronomes oblíquos *o, a, os, as* tornam-se *no, na, nos, nas* depois de formas verbais terminadas em nasal (*m, ão, õe*):

Tragam o garoto a minha sala.

Tragam-*no* a minha sala.

OBSERVAÇÕES (continuação)

Eles *dão* o farelo aos porcos.

Eles dão-*no* aos porcos.

Por favor, *põe* as frutas na geladeira.

Por favor, põe-*nas* na geladeira.

d) Os pronomes oblíquos *me, te, lhe, nos, vos, lhes* podem substituir um possessivo:

Dói-*me* muito a cabeça.

A minha cabeça dói muito.

Roubaram-*nos* o dinheiro.

Roubaram o nosso dinheiro.

Pronomes oblíquos reflexivos

Pronome reflexivo é aquele que faz recair a ação verbal sobre o mesmo sujeito que a pratica. Exemplos:

Eu *me* feri com a faca de pão.

Carlos trouxe *consigo* todas as provas documentais.

Eles *se* vestiram com capricho para a cerimônia de casamento de Laura.

NOTA

Os reflexivos têm apenas três formas próprias — *se, si, consigo*. As demais formas — *me, te, nos, vos* — coincidem com as do pronome oblíquo.

Pronomes oblíquos recíprocos

Pronome recíproco é um pronome átono que indica que a ação expressa pelo verbo implica uma relação mútua entre as pessoas envolvidas. Exemplos:

Elas não *se* falam há muito tempo.

Eles *se* abraçaram e choraram de alegria.

Joana e eu *nos* amamos muito.

Pronomes de tratamento

Os pronomes de tratamento são palavras ou locuções que funcionam exatamente como os pronomes pessoais. São formas de reverência utilizadas no trato cortês e cerimonioso. Embora os pronomes de tratamento designem a pessoa com quem se fala (2.ª pessoa), o verbo irá sempre para a 3.ª pessoa. Exemplos:

Vossa Excelência necessita de mais esclarecimentos?

Vossa Majestade poderia conceder clemência ao réu.

Indicamos, no quadro a seguir, os pronomes de tratamento mais comuns.

Pronome de tratamento	Abreviatura	Usado para
Vossa Alteza	V.A.	príncipes, princesas, duques e duquesas
Vossa Eminência	V. Em.ª	cardeais
Vossa Excelência	V. Ex.ª	altas autoridades políticas e militares
Vossa Magnificência	V. Mag.ª	reitores de universidades
Vossa Majestade	V. M.	reis, rainhas e imperadores
Vossa Excelência Reverendíssima	V. Ex.ª Rev.ª	bispos e arcebispos
Vossa Reverendíssima	V. Rev.ª	sacerdotes
Vossa Santidade	V. S.	papa
Vossa Senhoria	V. S.ª	oficiais das forças armadas até coronel, funcionários públicos graduados e pessoas de cerimônia

NOTA

O pronome pessoal *você*, usado no trato familiar ou íntimo, é uma redução do antigo pronome de tratamento *Vossa Mercê*.

Contração dos pronomes retos

Prep. *de* + pron. da 3.ª pessoa	Prep. *em* + pron. da 3.ª pessoa
de + ele = dele	em + ele = nele
de + ela = dela	em + ela = nela
de + eles = deles	em + eles = neles
de + elas = delas	em + elas = nelas

NOTA

A *contração* não deve ocorrer quando esses pronomes exercem a função de sujeito. Exemplo:

Acredito que está na hora *de* ele mudar de vida.

Contração dos pronomes oblíquos

Os pronomes oblíquos *me, te, lhe, nos, vos, lhes* (formas de objeto indireto) podem ser contraídos com os outros oblíquos *o, a, os, as* (formas de objeto direto). Observe abaixo:

me + o = mo	te + o = to	lhe + o = lho
me + a = ma	te + a = ta	lhe + a = lha
me + os = mos	te + os = tos	lhe + os = lhos
me + as = mas	te + as = tas	lhe + as = lhas
nos + o = no-lo	vos + o = vo-lo	lhes + o = lho
nos + a = no-la	vos + a = vo-la	lhes + a = lha
nos + os = no-los	vos + os = vo-los	lhes + os = lhos
nos + as = no-las	vos + as = vo-las	lhes + as = lhas

NOTA

Essas *contrações* são normalmente evitadas no português contemporâneo, na linguagem falada e até mesmo na linguagem literária.

Funções sintáticas dos pronomes retos

a) Sujeito

Ele desesperou-se à toa.

Nós chegamos a Petrópolis domingo de manhã.

b) Predicativo do sujeito

Lembre-se de que eu não sou *ele*.

Acho que Paula já não é mais *ela*. Virou alguém diferente.

c) Objeto direto: *ele(s), ela(s),* em linguagem coloquial

Peguem aquela mulher e levem *ela* para bem longe daqui.

Jamais vi *eles* reclamarem tanto das condições de trabalho lá da usina.

Funções sintáticas dos pronomes oblíquos

Os pronomes *oblíquos tônicos* são sempre acompanhados de preposição. Sintaticamente, podem desempenhar as funções de:

a) **núcleo do complemento nominal**

O meu amor por *ela* é infinito.

Finalmente você vai ficar livre de *mim* por algum tempo.

b) **núcleo do objeto direto**

Desatinado, o pobre homem matou a esposa, a sogra, o papagaio e a *si* mesmo.

Susana continua com sua ideia fixa. Persegue Renato por toda a parte. É só a *ele* que quer como namorado.

c) **núcleo do objeto indireto**

Mateus não declarou a verdade à polícia. Nem a *mim* ele a diria.

Sandra é uma advogada experiente. Creio que posso indicá-la a *ti* naquele processo.

d) **adjunto adverbial**

As crianças vão passear *contigo* logo após o almoço.

Se for possível, levo todos *comigo* para as férias no Caribe.

e) **núcleo do agente da passiva**

Todos os preparativos foram realizados por *ela*.

Felizmente ninguém descobriu que todos os danos foram causados por *mim*.

Os *oblíquos átonos* podem desempenhar as funções de:

a) objeto direto: *o, a, os, as*

Traga-*o* aqui imediatamente.

Devo levá-*las* ao parque de diversões.

b) objeto indireto: *lhe, lhes*

Dou-*lhe* os parabéns pelo sucesso.

O passado dela pareceu-*lhes* algo imperdoável.

Os *demais oblíquos* (*me, te, se, nos, vos*) podem ser objeto direto ou, na maioria dos casos, objeto indireto:

a) objeto direto

Você poderia *me* ouvir um instante?

Todos aqui *te* amam muito.

Lucas recusa-*se* a colaborar para a campanha.

O Fonseca *nos* convidou para um jantar.

Para *vos* consolar, trago vinho e música.

b) objeto indireto

As crianças não *me* obedecem.

Marcos vai *te* agradecer pela gentileza pessoalmente.

Eles atribuem-*se* uma ascendência aristocrática.

Somente um milagre pode *nos* trazer o cachorrinho de volta.

Pergunto-*vos* isso porque é importante sabermos a verdade.

2. Pronomes possessivos

Possessivo é o pronome que se refere às três pessoas do discurso, indicando-lhes especialmente uma relação de posse. Exemplos:

(a) *Meu* carro tem um problema mecânico.

(b) *Meus* pais viajaram em férias.

(c) *Teus* olhos são realmente lindos.

(d) *Nossos* amigos já estão aqui.

(e) *Nosso* voo sai do Aeroporto de Congonhas.

Obviamente a verdadeira relação de posse só é observada na oração (a), visto que nas demais podem-se estabelecer relações outras: (b) de parentesco, (c) de natureza física, (d) de amizade e (e) de meio de transporte.

QUADRO DOS PRONOMES POSSESSIVOS

Pessoa	Singular		Plural	
	Masc.	Fem.	Masc.	Fem.
1.ª	meu	minha	meus	minhas
2.ª	teu	tua	teus	tuas
3.ª	seu	sua	seus	suas
1.ª	nosso	nossa	nossos	nossas
2.ª	vosso	vossa	vossos	vossas
3.ª	seu	sua	seus	suas

NOTA

É comum o uso das expressões *dele, dela, deles, delas* em substituição às formas *seu, sua, seus, suas*, a fim de evitar ambiguidades:

Sônia e *sua* irmã pretendem tirar férias em janeiro.
(= a irmã *dela*)

Arnaldo e *seus* assistentes contestam a decisão dos diretores.
(os assistentes *dele*)

Flexão dos pronomes possessivos

Os pronomes possessivos concordam em **gênero** e **número** com os substantivos a que se referem, relacionando-se com a pessoa gramatical. Exemplos:

Meu pai trabalha para uma empresa multinacional.

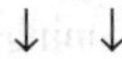

sing. sing.
masc. masc.

Minhas tias ainda não chegaram do passeio.

pl. pl.
fem. fem.

Devo enviar mais esclarecimentos aos *nossos* <u>fornecedores</u>.

↓ pl. masc. ↓ pl. masc.

Emprego dos pronomes possessivos

Além das relações estabelecidas anteriormente, os possessivos podem ser usados com outros valores:

a) como pronome indefinido

Eu tinha lá *meus* hábitos de roceiro, porém Juliana me transformou num lorde.

Eles enfrentaram as *suas* dificuldades durante todos aqueles anos com muita altivez.

b) para indicar número aproximado

Ele é um velhote baixo e gordo de *seus* sessenta anos.

Dizem que eu, com *meus* dois metros de altura, só sirvo para espanar a Lua.

c) para designar uma ação habitual

Camila, sem pensar duas vezes, irrompeu com *sua* costumeira histeria.

Armando sempre tenta seduzir as garotas da escola com *seus* ares de ator mexicano.

OBSERVAÇÃO

Em *O* seu *Francisco ainda não chegou*, a forma *seu* não deve ser confundida com um pronome possessivo. Trata-se de uma variante popular de *senhor*.

3. Pronomes demonstrativos

Os pronomes demonstrativos indicam a pessoa ou coisa designada em relação às três pessoas do discurso. Observe que os demonstrativos situam os seres no espaço ou no tempo. Exemplos:

Este livro aqui é raro.

Naquela segunda-feira, estávamos todos nervosos.

QUADRO DOS PRONOMES DEMONSTRATIVOS

Relação ser x pessoas	Variáveis		Invariáveis
	Masc.	Fem.	
próximo do falante	este, estes	esta, estas	isto
próximo do ouvinte	esse, esses	essa, essas	isso
afastado de ambos	aquele, aqueles	aquela, aquelas	aquilo

As formas *variáveis* (*este*, *essa*, *aqueles* etc.) podem ser pronomes adjetivos (antepostos ao substantivo) ou pronomes substantivos (substituem um substantivo anteriormente mencionado). Exemplos:

Esta moto é dele.
↓ ↓
(pron. adj.) (subst.)

A moto dele é *esta*.
↓ ↓
(subst.) (pron. subst.)

As formas *invariáveis* (*isto*, *isso*, *aquilo*) são sempre pronomes substantivos. Exemplos:

Isso não pode acontecer novamente.

Será que ele quer mesmo *aquilo*?

Contração dos pronomes demonstrativos

Prep. *de* + *este/a, estes/as*
de + este = deste
de + esta = desta
de + estes = destes
de + estas = destas

Prep. *de* + *esse/a, esses/as*
de + esse = desse
de + essa = dessa
de + esses = desses
de + essas = dessas

Prep. *de + aquele/a, aqueles/as*
de + aquele = daquele
de + aquela = daquela
de + aqueles = daqueles
de + aquelas = daquelas

Prep. *de + isto, isso, aquilo*
de + isto = disto
de + isso = disso
de + aquilo = daquilo

Prep. *em + este/a, estes/as*
em + este = neste
em + esta = nesta
em + estes = nestes
em + estas = nestas

Prep. *em + esse/a, esses/as*
em + esse = nesse
em + essa = nessa
em + esses = nesses
em + essas = nessas

Prep. *em + aquele/a, aqueles/as*
em + aquele = naquele
em + aquela = naquela
em + aqueles = naqueles
em + aquelas = naquelas

Prep. *em + isto, isso, aquilo*
em + isto = nisto
em + isso = nisso
em + aquilo = naquilo

NOTA

Os demonstrativos *aquele, aquela, aquilo* podem contrair-se com a preposição *a*: *àquele*, *àquela, àquilo*.

São também demonstrativos os pronomes *o, a, os, as, mesmo, próprio, semelhante* e *tal*.

Às vezes, os demonstrativos *o, a, os, as* confundem-se com os artigos definidos. Exemplos:

Não sei *o* que eles pretendem fazer. (= *aquilo*)

Os olhos de Sandra são mais azuis do que *os* de Sônia. (= *aqueles*)

A pessoa que chora, desabafa. *A* que esconde as emoções se angustia. (= *aquela*)

Nas orações anteriores, *o, os* e *a* podem ser substituídos por um pronome demonstrativo e por isso não são artigos. Como demonstrativos, são sempre precedidos ou seguidos de *que*.

Emprego dos pronomes demonstrativos

Além do uso para localização espacial e temporal, os demonstrativos são também empregados para:

a) colocar em destaque um termo da oração já referido:

A cabrita montês, *essa* corria por todo o quintal sempre em desatino.

Vimos quando o médico, *esse* olhou bem nos olhos de Pedro e comentou a respeito do aspecto fatal de sua enfermidade.

b) fazer referência a tempo mais ou menos longínquo, passado ou futuro:

Foi *naquele* tempo, nos idos de 1920, que eles chegaram da Itália.

Um dia haverá aqui justiça social. Quando chegar *esse* momento, seremos uma grande nação.

c) determinar um aposto:

Todos olharam para seu rosto lindo, *aquele* rosto de linhas perfeitas, quase esculpido por um artista.

Discutiram acaloradamente *A Violência no Campo*, *esse* livro polêmico daquele sociólogo cubano.

d) fazer referência a pessoa ou algo anteriormente citados:

O policial chegou nervoso. *Esse*, sem interrogar ninguém, acusou João do crime.

Sua violência chocou a todos. *Isso* parece coisa do diabo.

Outros empregos dos demonstrativos

a) As formas *esta* e *essa* são utilizadas em expressões fixas da língua:

Mais *esta*, ainda!

Ora *essa*!

Essa é boa!

b) *Nisto* e *nisso* podem ser usados no sentido de *então*:

Nisto a polícia chegou e acabou com o baile.

Nisso o telefone tocou e interrompeu o meu sono.

4. Pronomes indefinidos

Indefinidos são todos aqueles pronomes que se aplicam à terceira pessoa do discurso, designando-a de maneira vaga e imprecisa.

Os pronomes indefinidos podem ser *variáveis* ou *invariáveis*.

VARIÁVEIS

Masculino		Feminino	
Singular	**Plural**	**Singular**	**Plural**
algum	alguns	alguma	algumas
nenhum	nenhuns	nenhuma	nenhumas
outro	outros	outra	outras
todo	todos	toda	todas
tanto	tantos	tanta	tantas
quanto	quantos	quanta	quantas
qualquer	quaisquer	qualquer	quaisquer
muito	muitos	muita	muitas
pouco	poucos	pouca	poucas
certo	certos	certa	certas
vário	vários	vária	várias

INVARIÁVEIS	
alguém	algo
ninguém	cada
outrem	tudo
quem	nada

Os pronomes indefinidos podem ser *substantivos* ou *adjetivos*.

Alguns são sempre pronomes indefinidos substantivos: *alguém*, *ninguém*, *outrem*, *quem*, *algo*, *tudo*, *nada*. Exemplos:

Alguém deseja vê-lo na sala de espera.

Quem dá aos pobres empresta a Deus.

Tudo parece estar em perfeita ordem.

Outros funcionam em geral como adjetivo ou substantivo: *algum*, *nenhum*, *outro*, *todo*, *tanto*, *quanto*, *muito* e *vário*. Exemplos:

Eles precisam de *alguns* homens para a expedição. (adjetivo)

Alguns não se contentam com pouco. (substantivo)

Os *outros* alunos farão a prova na próxima aula. (adjetivo)

Apenas dois soldados chegaram, os *outros* estão a caminho. (substantivo)

Os indefinidos *cada, certo, qualquer* e *todo* (singular) são adjetivos:

Cada ingresso custa dez reais.

Certo vereador denunciou várias irregularidades na Prefeitura.

Qualquer criança sabe fazer isso.

Todo homem é mortal.

NOTA

Nas locuções *cada um* e *cada qual*, a palavra cada tem valor de substantivo: *Cada um* sabe onde lhe aperta o sapato.

Locuções pronominais indefinidas

cada um	o que quer que
cada qual	seja quem for
qualquer um	seja qual for
quem quer	todo aquele que
quem quer que	alguma coisa

Emprego dos pronomes indefinidos

a) Algum

Algum apresenta significação positiva quando aparece anteposto a um substantivo:

Eles compraram *alguns* presentes para Camila.

Você precisa de *alguma* coisa.

Em frases que já apresentam significação negativa, *algum*, posposto ao substantivo, tem valor negativo.

Eles não compraram presente *algum* para Camila.

Você não precisa de coisa *alguma*!

b) Nenhum

Nenhum significa *nem sequer um só* quando aparece anteposto ao substantivo:

Na imensidão do deserto, *nenhum* sinal de água.

Nenhuma pessoa ficou gravemente ferida.

Às vezes aparece posposto ao substantivo, a fim de dar ênfase à negação:

João era pobre, mas não aceitava esmola *nenhuma*.

O delegado percebeu que ele não queria delatar companheiro *nenhum*.

c) Cada

O pronome *cada* só deve ser usado como adjetivo, isto é, seguido de um substantivo:

Ao ver o Papai Noel, *cada* criança revelou sua alegria de maneira diferente.

Cada detalhe de sua obra deve ser analisado.

Seguido de *um* ou *qual*, *cada* é equivalente a um pronome substantivo:

Cada um puxa a brasa para a sua sardinha.

Cada qual deve limpar o seu próprio quarto.

d) Certo

Certo, com valor determinado, é pronome indefinido quando anteposto ao substantivo, esteja ou não precedido do artigo indefinido:

Certo jornalista disse que V. Ex.ª renunciará a sua candidatura ao Senado.

Em *certa* ocasião, Mariana pensou em se recolher a um convento.

e) Nada

Nada pode significar *nenhuma coisa* ou *coisa alguma*:

Joãozinho é preguiçoso. Não estuda *nada*.

Eles não fizeram *nada* para nos ajudar.

OBSERVAÇÃO

Certo é adjetivo, com o significado de *exato*, *verdadeiro*, *preciso* etc., quando está posposto ao substantivo ou, no caso de estar anteposto ao substantivo, em frases que estabelecem comparação:

Seu paradeiro *certo* ninguém conseguiu descobrir.

Gostaríamos de saber a origem *certa* desta palavra.

Ela entrou na sala com *certo* ar de vencedora.

Estamos tão *certos* da vitória como dois e dois são quatro.

Em orações interrogativas negativas, *nada* pode ser equivalente a *alguma coisa* ou *algo*:

Vocês não bebem *nada*?

Ela não pediu *nada* por ter colaborado?

f) Qualquer

Qualquer designa *algo*, *lugar* ou *indivíduo indeterminado*:

Ritinha não é daqui não. Veio de um lugarejo *qualquer*.

Precedido pelo artigo indefinido, pode ser empregado no sentido depreciativo:

Mais respeito, moço! Carolina não é uma *qualquer*.

g) Todo

Todo/a no singular e após o substantivo significa *inteiro/a, a totalidade*:

A polícia vasculhou a fábrica *toda* em busca do suposto contrabando de computadores.

O falso alarme de incêndio provocou pânico no prédio *todo*.

Quando precede o pronome pessoal reto, também se refere à *totalidade*:

Toda ela revelava um arrependimento imenso.

O campo, *todo* ele, estava repleto de gafanhotos gigantes.

Todos e *todas* expressam sempre *totalidade numérica*:

Todos os operários pareciam contentes com a decisão do sindicato.

Todas as novas tabelas de preço já foram enviadas aos clientes.

h) Tudo

Tudo refere-se normalmente a coisas:

A cozinheira preparou *tudo* com esmero: salada russa, peru assado, arroz com ervas e pudim de limão.

Tudo foi realizado de maneira muito discreta.

Às vezes, pode ser usado para referir-se a pessoas:

Antes de se recolher, Cláudia assegurou-se de que *tudo* estava em ordem: as crianças na cama, as portas bem fechadas e o cachorro de prontidão.

Tudo o que existe na face da Terra é criação divina — os homens, as plantas, os animais.

5. Pronomes interrogativos

Os pronomes interrogativos *que*, *quem*, *qual* e *quanto* são empregados em orações interrogativas(interrogação direta) e em orações declarativas afirmativas (interrogação indireta) com valor interrogativo. Exemplos:

Que tipode apartamento você procura?

Eu gostaria de saber *que* tipo de apartamento você procura.

Quem está ao telefone?

Eu quero saber *quem* está ao telefone.

Qual vestido ela escolheu?

Não sei *qual* vestido ela escolheu.

Quantos candidatos foram selecionados?

Preciso descobrir *quantos* candidatos foram selecionados.

NOTA

O *ponto de interrogação* só é usado em interrogativas diretas.

Os interrogativos *que*, *qual* e *quanto* referem-se a pessoas, coisas e animais e podem ser *pronomes adjetivos* ou *pronomes substantivos*. Observe que os primeiros são seguidos de substantivos que aparecem normalmente contíguos. Exemplos:

Que prejuízo ele poderia nos causar?

Que você deseja?

Qual perfume você está usando?

Quantas pessoas foram convidadas para o jantar?

Quanto gastamos ontem?

Quem é sempre pronome substantivo e refere-se a pessoas:

Quem foi que provocou o acidente?

Quem é aquela senhora toda de preto?

NOTAS

1. *Que* e *qual* alternam-se quando indicam seleção de local:

   Em *que* restaurante eles preferem jantar?

   Em *qual* restaurante eles preferem jantar?

2. *Que* (pronome substantivo) pode ser precedido do artigo definido para dar ênfase à pergunta:

   Que foi que ele disse?

   O que foi que ele disse?

Flexão dos pronomes interrogativos

Os pronomes *que* e *quem* são sempre invariáveis. O pronome *qual* apresenta flexão de número: *qual, quais. Quanto* flexiona--se em gênero e número: *quanto*, *quanta*, *quantos*, *quantas*.

Empregos especiais dos interrogativos

a) Em geral os interrogativos podem ser reforçados pela expressão *é que* nos dois tipos de interrogação — direta ou indireta:

   Que a senhora deseja?

   Que é que a senhora deseja?

   Quem pegou a minha caneta?

   Quem é que pegou a minha caneta?

Não sei *qual* você escolheu.

Não sei *qual é que* você escolheu.

Preciso saber *quanto* ele quer pela moto.

Preciso saber *quanto é que* ele quer pela moto.

b) Os pronomes interrogativos são normalmente usados nas frases exclamativas:

Ele está bêbado de novo. *Que* vergonha!

Quem diria! Sandra agora é madame.

Ela é a típica mulher fatal. *Quanta* sensualidade!

Qual nada! Esqueça o que aconteceu e comece uma nova vida.

6. Pronomes relativos

Pronomes relativos são palavras que se referem a um termo anteriormente expresso chamado antecedente. Os relativos são: *que, quem, o qual* (*a qual, os quais, as quais*), *quanto* (*quanta, quantos, quantas*), *cujo* (*cuja, cujos, cujas*), *onde*(= *em que*). Exemplos:

Os fornecedores *que* vão participar da reunião já chegaram.

João é uma pessoa generosa, a *quem* devemos muito.

Esse é um problema sobre *o qual* não discutiremos mais.

Os pêssegos estão doces e sumarentos. Coma *quantos* quiser.

Manuela é uma mulher em *cujo* espírito só há bondade.

O apartamento *onde* moramos é pequeno, porém funcional.

OBSERVAÇÃO

Às vezes, o relativo é empregado sem antecedente expresso, porém implícito:

Quem dá aos pobres empresta a Deus. (= *aquele que*)

Noêmia continua *onde* sempre esteve. (= *no lugar em que*)

Refiro-me a *quantos* que praticaram o bem sem esperar nada em troca. (*todos aqueles*)

Emprego dos pronomes relativos

a) O pronome relativo *que* se refere a pessoas, animais ou coisas efunciona como pronome substantivo:

Os passageiros *que* estão em trânsito devem permanecer na aeronave.

As galinhas *que* foram contaminadas devem ser isoladas.

Há uma moto *que* me agradou muito.

b) *Quem* se refere a pessoas ou a alguma coisa personificada e vem sempre precedido de preposição quando tem o valor de *o qual*:

Renego *quem* nos afrontou de maneira vil.

Cida tinha um panda de pelúcia a *quem* amava muito.

Cuidado! O indivíduo de *quem* falamos acabou de adentrar o recinto.

c) O pronome relativo *o qual* (*a qual, os quais, as quais*), quando regido de preposição, pode substituir o pronome *que*. Normalmente emprega-se *que* depois das preposições *a*, *com*, *de*, *em* e *por*:

Há ocasiões em *que* ela não consegue se controlar e explode como uma granada. (= nas *quais*)

As armas de *que* Pedro dispõe para o duelo são um sabre e uma pistola. (= das *quais*)

Com as demais preposições e/ou locuções prepositivas emprega-se o pronome *o qual*:

Naqueles anos dourados, durante *os quais* moramos no Guarujá, fomos todos muito felizes.

A garota do boliche, aquela sobre *a qual* falamos, foi vítima de um acidente de carro.

Aquela loja de artigos importados, ao lado d*a qual* fica o Centro Esportivo, vende os enfeites de que você precisa.

d) *Quanto* tem sempre por antecedentes os indefinidos *tudo*, *todo*, *todos*, *todas*:

Peço-lhe para ignorar tudo *quanto* ela lhe disse.

Entre todos *quantos* te servem, há apenas um traidor.

e) *Cujo* tem simultaneamente a função de relativo e possessivo. Apresenta função adjetiva e tem o valor de *do qual*, *de quem*, *de que*. Flexiona-se em gênero e número e concorda sempre com a coisa possuída.

A marta é um animal *cuja* pele tem um valor enorme.

Os alunos *cujos* pais ainda não compareceram para falar com o diretor estão aguardando no corredor.

f) *Onde* (= *em que*) refere-se sempre a lugar:

Gosto do bairro *onde* moro.

Ela ainda não decidiu *onde* vai estudar.

Onde combina-se com as preposições *a* (*aonde*) e *de* (*donde*):

O vilarejo *aonde* eles vão morar parece uma aldeia europeia.

Não sei *donde* você tirou essa ideia maluca.

NOTA

No português contemporâneo não se distingue *onde* de *aonde*. São considerados sinônimos.

IX - VERBO

Verbo é uma palavra variável que exprime um processo, quer se trate de ação, estado, mudança de estado ou fenômeno da natureza. Exemplos:

Eles *partiram* logo ao amanhecer.

Joaquim *está* nervoso.

O macaquinho *parece estar* melhor da pneumonia.

Choveu muito lá no pantanal.

É importante notar que o verbo geralmente se refere a um acontecimento representado no tempo, esteja ele expresso ou implícito.

Elas *chegaram* ontem de manhã.

Luísa *sente-se* muito cansada hoje.

As crianças *estão brincando* no jardim.

Os verbos que indicam fenômenos naturais são chamados *verbos impessoais* (chover, ventar, nevar, anoitecer etc.):

Choveu muito no fim do verão.

Está ventando forte.

Nevou demais no último sábado.

Anoitece bem mais cedo no inverno.

Flexão verbal

O verbo é um tipo de palavra com uma variação flexional muito abrangente: *número* (singular ou plural), *pessoa* (1.ª, 2.ª, 3.ª), *modo* (indicativo, subjuntivo ou imperativo), *tempo* (presente, passado ou futuro), *voz* (ativa, passiva ou reflexiva).

1. Número

O número pode ser singular ou plural:

Ele *enviou* a encomenda por via aérea.
(sing.)

Eles *enviaram* a encomenda por via aérea.
(pl.)

2. Pessoa

O verbo possui três pessoas gramaticais que lhe servem de sujeito:

Eu *estou* bem. (1.ª pessoa/aquela que fala)

Tu *estás* bem. (2.ª pessoa/aquela com quem se fala)

Eles *estão* bem. (3.ª pessoa/aquela de quem se fala)

3. Modo

Modos são as diferentes formas que o verbo tem para indicar a atitude do falante em relação ao fato que anuncia. Exemplos:

Ela *dançava* como ninguém quando era jovem.

(*indicativo* — exprime, em geral, um fato real ou certo)

Talvez ele *venha* passar o Natal conosco.

(*subjuntivo* — exprime um fato incerto, duvidoso ou irreal)

Feche a janela, por favor.

(*imperativo* — exprime uma ordem, um comando ou um pedido)

4. Tempo

Tempo é a variação indicativa do momento a que se refere o fato expresso pelo verbo. Exemplos:

As crianças *vão* à escola de ônibus.

(*presente* — exprime atualidade)

As crianças *foram* à escola de ônibus.

(*passado* — exprime uma ação que ocorreu num momento anterior)

As crianças *irão* à escola de ônibus.

(*futuro* — exprime uma ação que deverá ocorrer num momento posterior)

5. Voz

Voz é a forma com que o verbo indica a ação praticada pelo sujeito (*voz ativa*), ou por ele recebida (*voz passiva*), ou praticada e recebida pelo sujeito ao mesmo tempo (*voz reflexiva*). Exemplos:

Marília *acariciou* o cachorro.

(*voz ativa* — ação praticada pelo sujeito)

O cachorro *foi acariciado* por Marília.

(*voz passiva* — ação sofrida pelo sujeito)

Marília *cortou-se* com a tesoura de jardinagem.

(*voz reflexiva* — ação praticada e recebida pelo sujeito)

Classificação dos verbos quanto à flexão

Quanto à flexão, o verbo classifica-se em *regular, irregular, anômalo, defectivo* e *abundante*.

1. Verbos regulares

Verbos regulares são aqueles que se flexionam de acordo com o paradigma de sua conjugação. É importante notar que o radical desses verbos permanece invariável. São regulares os verbos *amar*, *cantar*, *bater*, *vender*, *decidir*, *partir* etc.

2. Verbos irregulares

São irregulares os verbos que, em algumas formas, se afastam do paradigma de sua conjugação, apresentando variações no radical ou na flexão. Exemplos: *dar*, *estar*, *caber*, *fazer*, *pedir*, *sentir* etc.

3. Verbos anômalos

Verbos anômalos são aqueles que se afastam completamente do paradigma de sua conjugação e são extraordinariamente irregulares em sua formação. Exemplos: *haver*, *ser*, *ter*, *ir*, *vir*, *pôr* etc.

4. Verbos defectivos

São defectivos os verbos que não têm todos os tempos, todos os modos ou certas formas. Exemplos: *precaver-se*, *reaver*, *colorir*, *falir* etc.

5. Verbos abundantes

Verbos abundantes são aqueles que têm duas ou mais formas equivalentes. Geralmente são as formas do particípio. Exemplos: *aceitar* (aceitado, aceito, aceite), *matar* (matado, morto), *prender* (prendido, preso), *nascer* (nascido, nato) etc.

Classificação dos verbos quanto à função

Quanto à função, o verbo pode ser *principal* ou *auxiliar*.

1. Verbo principal

Verbo principal é aquele que possui significado completo. Exemplos:

Fomos ao cinema ontem.

Não *virei* à aula amanhã.

Há algum dinheiro na gaveta.

2. Verbo auxiliar

Verbo auxiliar é aquele que se esvazia de sua significação própria e toma parte na formação dos tempos compostos. Os auxiliares de uso mais frequente são: *ser*, *estar*, *ter* e *haver*. Exemplos:

O grupo *é* dirigido por uma mulher dinâmica.

Estou lendo um romance de Guimarães Rosa.

Tenho tido dores de cabeça.

Há de haver alguém que possa me ajudar.

Classificação dos verbos quanto ao sujeito

Quanto à existência ou não do sujeito, o verbo pode ser *pessoal* ou *impessoal*.

1. Verbos pessoais

Verbos pessoais são aqueles que apresentam sujeito claro ou determinado. Exemplos:

Eles *viajaram* de navio. (sujeito claro)

Cheguei da aula ao meio-dia. (sujeito determinado)

2. Verbos impessoais

Verbos impessoais são aqueles que não apresentam sujeito concebível. Os principais verbos impessoais são (a) aqueles que denotam fenômenos da natureza (*chover*, *nevar*, *trovejar*, *amanhecer* etc.); (b) o verbo *haver* no sentido de *existir* ou *acontecer*; (c) o verbo *fazer* nas indicações de tempo ou de fenômenos meteorológicos. Exemplos:

(a) *Choveu* muito ontem de manhã.

No inverno, *amanhece* por volta das sete horas.

(b) *Há* alguns carros atolados na lama.

Houve uma campanha em favor da educação gratuita para todos os níveis.

(c) *Faz* meia hora que estou à espera de Maria.

Fez muito calor no verão passado.

Estrutura do verbo

Toda forma verbal compõe-se de elementos estruturais: *radical* e *terminação*.

1. Radical

O radical do verbo é o seu principal elemento, visto que expressa a sua significação. O radical de uma forma verbal é tudo o que resta ao retirarmos as terminações *-ar, -er* e *-ir* do seu infinitivo. Exemplos:

cant- (radical de *cantar*)

beb- (radical de *beber*)

part- (radical de *partir*)

2. Terminação

A terminação é o elemento do verbo que se presta à flexão. As diversas variações na terminação dos verbos são expressas através da *vogal temática*, da *desinência modo-temporal* e da *desinência número-pessoal*.

a) Vogal temática

É a vogal que indica a conjugação a que pertence o verbo. Exemplos:

cant*a*r — vogal temática *a* (verbo da 1.ª conjugação)

beb*e*r — vogal temática *e* (verbo da 2.ª conjugação)

part*i*r — vogal temática *i* (verbo da 3.ª conjugação)

b) Desinência modo-temporal

É o elemento que indica o modo e o tempo do verbo. Exemplos:

-*va* desinência modo-temporal do imperfeito do indicativo da 1.ª conjugação (cantá*va*mos)

-*a* desinência modo-temporal do imperfeito do indicativo da 2.ª e da 3.ª conjugações (bebi*a* e parti*a*)

-*ria* desinência modo-temporal do futuro do pretérito (canta*ria*, bebe*ria*, parti*ria*)

c) Desinência número-pessoal

É o elemento que indica sempre a pessoa do discurso — 1.ª, 2.ª ou 3.ª — à qual a forma verbal se refere e o número dessa pessoa — singular ou plural. Exemplos:

cant*o*
beb*o*
part*o* } (a desinência -*o* indica que o verbo está na 1.ª pessoa do singular)

cantare*mos*
bebere*mos*
partire*mos*
} (a desinência *-mos* indica que o verbo está na 1.ª pessoa do plural)

Tonicidade dos verbos

1. Formas rizotônicas

Formas verbais rizotônicas são aquelas que apresentam o acento tônico numa das sílabas do radical:

*cant*o, *can*tas, *cant*a, *cant*am

*quer*o, *quer*es, *quer*, *quer*em

2. Formas arrizotônicas

Formas verbais arrizotônicas são aquelas que apresentam o acento tônico fora do radical, isto é, na terminação:

cant*amos*, cant*ais*

quer*emos*, quer*eis*

Classificação dos verbos quanto à conjugação

Conjugação é a propriedade que o verbo tem de indicar, através de suas flexões, as relações de modo, tempo, pessoa, número e voz. Conjugar um verbo é apresentá-lo em todas as suas flexões. A forma representativa do verbo é o infinitivo, que se caracteriza por uma das três terminações: cant*ar*, beb*er,* part*ir*.

Há, portanto, em português *três conjugações*, que são identificadas pelas terminações do infinitivo.

A 1.ª conjugação compreende os verbos terminados em *-ar*: *amar*, *baixar*, *carregar*, *dar*, *falar* etc.

A 2.ª conjugação concentra os verbos terminados em *-er*: *beber*, *ceder*, *escrever*, *ler*, *mexer*, *vender* etc.

A 3.ª conjugação abrange os verbos terminados em *-ir*: *cair*, *dormir*, *mentir*, *partir*, *reunir*, *sentir* etc.

NOTA

O verbo *pôr* e seus compostos (*compor*, *propor*, *supor*, *transpor* etc.) pertencem à 2.ª conjugação, pois a forma antiga do verbo era *poer*, que se contraiu, transformando-se mais tarde em *pôr*.

Tempos do verbo

A categoria de tempo situa a ação em determinado momento ou época, em relação ao momento em que se fala. São três os tempos do verbo:

1. presente (canto, bebo, parto);

2. pretérito
- *imperfeito* (cantava, bebia, partia)
- *perfeito* (cantei, bebi, parti)
- *mais-que-perfeito* (cantara, bebera, partira);

3. futuro
- *do presente* (cantarei, beberei, partirei)
- *do pretérito* (cantaria, beberia, partiria).

Tempos simples e compostos

Quanto à forma, os tempos verbais dividem-se em *simples* e *compostos*. Os tempos simples constituem-se de uma só palavra (forma simples): *canto*, *bebi*, *partirei* etc. Os tempos compostos são formados com verbos auxiliares e apresentam formas compostas: *tenho cantado*, *havia bebido*, *teriam partido* etc.

Tempos primitivos e derivados

Os tempos verbais, quanto à formação, dividem-se em *primitivos* e *derivados*. São tempos primitivos: o *presente do indicativo*, o *pretérito perfeito do indicativo* e o *infinitivo impessoal*. Os demais tempos são todos derivados.

Formação dos tempos simples

1. Derivados do presente do indicativo

a) Pretérito imperfeito do indicativo

É formado do radical do presente do indicativo + as terminações *-ava*, *-avas*, *-ava*, *-ávamos*, *-áveis*, *-avam* para os verbos da 1.ª conjugação e as terminações *-ia*, *-ias*, *-ia*, *-íamos*, *-íeis*, *-iam* para os verbos das demais conjugações. Exemplos:

1.ª conjug.: cantar		2.ª conjug.: beber		3.ª conjug.: partir	
Radical pres. ind.	Termin.	Radical pres. ind.	Termin.	Radical pres. ind.	Termin.
cant-	ava	beb-	ia	part-	ia
cant-	avas	beb-	ias	part-	ias
cant-	ava	beb-	ia	part-	ia
cant-	ávamos	beb-	íamos	part-	íamos
cant-	áveis	beb-	íeis	part-	íeis
cant-	avam	beb-	iam	part-	iam

EXCEÇÕES

Os verbos *ser, ter, vir* e *pôr* são exceções, pois apresentam as formas *era, tinha, vinha* e *punha* no pretérito imperfeito do indicativo.

b) Presente do subjuntivo

É formado do radical da 1.ª pessoa do presente do indicativo + as terminações *-e*, *-es*, *-e, -emos*, *-eis*, *-em* para os verbos da 1.ª conjugação e as terminações *-a*, *-as*, *-a*, *-amos*, *-ais*, *-am* para os verbos das demais conjugações. Exemplos:

1.ª conjug.: cantar		2.ª conjug.: beber		3.ª conjug.: partir	
Radical pres. ind.	Termin.	Radical pres. ind.	Termin.	Radical pres. ind.	Termin.
cant-	e	beb-	a	part-	a
cant-	es	beb-	as	part-	as
cant-	e	beb-	a	part-	a
cant-	emos	beb-	amos	part-	amos
cant-	eis	beb-	ais	part-	ais
cant-	em	beb-	am	part-	am

EXCEÇÕES

Os verbos *ser, estar, dar, haver, ir, querer* e *saber* constituem exceções, pois apresentam as formas *seja, esteja, dê, haja, vá, queira* e *saiba* no presente do subjuntivo.

c) Imperativo

Há dois tipos de imperativo: *afirmativo* e *negativo*. O imperativo afirmativo só possui formas próprias para as segundas pessoas, derivadas das formas correspondentes do presente do indicativo, com a eliminação do *-s* final. Para as demais pessoas, usamos as mesmas formas do presente do subjuntivo.

As formas do imperativo negativo são as mesmas utilizadas para o presente do subjuntivo. Exemplos:

Presente do indicativo	Imperativo afirmativo	Presente do subjuntivo	Imperativo negativo
falas	fala tu	fales	não fales
fala	fale você	fale	não fale
falamos	falemos nós	falemos	não falemos
falais	falai vós	faleis	não faleis
falam	falem vocês	falem	não falem

OBSERVAÇÕES

1. Não se usa o imperativo na 1.ª pessoa do singular.
2. O imperativo afirmativo do verbo *ser* apresenta as formas *sê* tu e *sede* vós.
3. Para fazer o imperativo negativo, usa-se o advérbio de negação *não* antes da forma verbal.

2. Derivados do pretérito perfeito do indicativo

a) Pretérito mais-que-perfeito do indicativo

Forma-se o mais-que-perfeito do indicativo do tema do pretérito perfeito (radical + vogal temática) acrescido das terminações *-ra*, *-ras*, *-ra*, *-ramos*, *-reis*, *-ram*. Exemplos:

1.ª conjug.: cantar		2.ª conjug.: beber		3.ª conjug.: partir	
Tema do perfeito	Termin.	Tema do perfeito	Termin.	Tema do perfeito	Termin.
canta	-ra	bebe	-ra	parti	-ra
canta	-ras	bebe	-ras	parti	-ras
canta	-ra	bebe	-ra	parti	-ra
cantá	-ramos	bebê	-ramos	partí	-ramos
cantá	-reis	bebê	-reis	partí	-reis
canta	-ram	bebe	-ram	parti	-ram

b) Pretérito imperfeito do subjuntivo

O imperfeito do subjuntivo é formado do tema do pretérito perfeito + as terminações *-sse*, *-sses*, *-sse*, *-ssemos*, *-sseis*, *-ssem*. Exemplos:

1.ª conjug.: cantar		2.ª conjug.: beber		3.ª conjug.: partir	
Tema do perfeito	Termin.	Tema do perfeito	Termin.	Tema do perfeito	Termin.
canta	-sse	bebe	-sse	parti	-sse
canta	-sses	bebe	-sses	parti	-sses
canta	-sse	bebe	-sse	parti	-sse
cantá	-ssemos	bebê	-ssemos	partí	-ssemos
cantá	-sseis	bebê	-sseis	partí	-sseis
canta	-ssem	bebe	-ssem	parti	-ssem

c) **Futuro do subjuntivo**

O futuro do subjuntivo é formado do tema do pretérito perfeito + as terminações *-r*, *-res*, *-r*, *-rmos*, *-rdes*, *-rem*. Exemplos:

1.ª conjug.: cantar		**2.ª conjug.: beber**		**3.ª conjug.: partir**	
Tema do perfeito	Termin.	Tema do perfeito	Termin.	Tema do perfeito	Termin.
canta	-r	bebe	-r	parti	-r
canta	-res	bebe	-res	parti	-res
canta	-r	bebe	-r	parti	-r
canta	-rmos	bebe	-rmos	parti	-rmos
canta	-rdes	bebe	-rdes	parti	-rdes
canta	-rem	bebe	-rem	parti	-rem

3. Derivados do infinitivo impessoal

a) **Futuro do presente**

O futuro do presente do indicativo é formado do infinitivo impessoal + as terminações *-ei, -ás, -á, -emos, -eis, -ão.* Exemplos:

1.ª conjug.: cantar		**2.ª conjug.: beber**		**3.ª conjug.: partir**	
Infinitivo impessoal	Termin.	Infinitivo impessoal	Termin.	Infinitivo impessoal	Termin.
cantar	-ei	beber	-ei	partir	-ei
cantar	-ás	beber	-ás	partir	-ás
cantar	-á	beber	-á	partir	-á
cantar	-emos	beber	-emos	partir	-emos
cantar	-eis	beber	-eis	partir	-eis
cantar	-ão	beber	-ão	partir	-ão

EXCEÇÕES

Os verbos *dizer, fazer* e *trazer* apresentam as formas *direi, farei* e *trarei* no futuro do presente.

b) Futuro do pretérito

O futuro do pretérito do indicativo é formado do infinitivo impessoal + as terminações *-ia, -ias, -ia, -íamos, -íeis, -iam.* Exemplos:

1.ª conjug.: cantar		**2.ª conjug.: beber**		**3.ª conjug.: partir**	
Infinitivo impessoal	Termin.	Infinitivo impessoal	Termin.	Infinitivo impessoal	Termin.
cantar	-ia	beber	-ia	partir	-ia
cantar	-ias	beber	-ias	partir	-ias
cantar	-ia	beber	-ia	partir	-ia
cantar	-íamos	beber	-íamos	partir	-íamos
cantar	-íeis	beber	-íeis	partir	-íeis
cantar	-iam	beber	-iam	partir	-iam

EXCEÇÕES

Os verbos *dizer, fazer* e *trazer* apresentam as formas *diria, faria* e *traria* no futuro do pretérito.

c) Infinitivo pessoal

O infinitivo pessoal é formado do infinitivo impessoal + as terminações *-es* (para a 2.ª pessoa do singular), *-mos*, *-des*, *-em* (para a 1.ª, a 2.ª e a 3.ª pessoa do plural, respectivamente). Exemplos:

1.ª conjug.: cantar		**2.ª conjug.: beber**		**3.ª conjug.: partir**	
Infinitivo impessoal	Termin.	Infinitivo impessoal	Termin.	Infinitivo impessoal	Termin.
cantar		beber		partir	
cantar	-es	beber	-es	partir	-es
cantar		beber		partir	
cantar	-mos	beber	-mos	partir	-mos
cantar	-des	beber	-des	partir	-des
cantar	-em	beber	-em	partir	-em

d) Gerúndio

O gerúndio é formado substituindo-se o sufixo *-r* do infinitivo impessoal pelo sufixo *-ndo*. Exemplos:

1.ª conjug.: cantar		**2.ª conjug.: beber**		**3.ª conjug.: partir**	
Infinitivo impessoal – sufixo -r	Sufixo	Infinitivo impessoal – sufixo -r	Sufixo	Infinitivo impessoal – sufixo -r	Sufixo
canta	-ndo	bebe	-ndo	parti	-ndo

e) Particípio

O particípio é formado substituindo-se o sufixo *-r* do infinitivo impessoal pela desinência *-do*. Observe que a vogal temática dos verbos da 2.ª conjugação passa de *e* para *i* antes de receber a desinência. Essa mudança ocorre por influência da vogal temática dos verbos da 3.ª conjugação.

1.ª conjug.: cantar		**2.ª conjug.: beber**		**3.ª conjug.: partir**	
Infinitivo impessoal – sufixo -r	Desin.	Infinitivo impessoal – sufixo -r	Desin.	Infinitivo impessoal – sufixo -r	Desin.
canta	-do	beb~~e~~i	-do	parti	-do

NOTA

Os verbos *dizer, escrever, fazer, ver, abrir, cobrir, vir, pôr* e seus compostos possuem particípios irregulares, a saber: *dito, escrito, feito, visto, aberto, coberto, vindo* e *posto*.

Verbos auxiliares

Como mencionado, verbos auxiliares são aqueles que tomam parte na formação dos tempos compostos. Os auxiliares são: *ser, estar, ter* e *haver*. Devemos salientar que *ir, vir, andar* e *ficar*, normalmente usados como verbos principais, podem também ser empregados como auxiliares. Exemplos:

As crianças *vão* à escola a pé.
(verbo principal)

As crianças *vão* <u>jogar</u> futebol.
(verbo auxiliar)

Maria *vem* ao escritório todos os dias.
(verbo principal)

Maria *vem* <u>chegando</u> atrasada todos os dias.
(verbo auxiliar)

João *anda* muito depressa.
(verbo principal)

João *anda* <u>criticando</u> todos nós.
(verbo auxiliar)

Ela *ficou* em casa ontem.
(verbo principal)

Ela *ficou* <u>trabalhando</u> até tarde.
(verbo auxiliar)

Conjugação dos verbos auxiliares ser, estar, ter, haver

MODO INDICATIVO

Presente

sou	estou	tenho	hei
és	estás	tens	hás
é	está	tem	há
somos	estamos	temos	havemos
sois	estais	tendes	haveis
são	estão	têm	hão

Pretérito imperfeito

era	estava	tinha	havia
eras	estavas	tinhas	havias
era	estava	tinha	havia
éramos	estávamos	tínhamos	havíamos
éreis	estáveis	tínheis	havíeis
eram	estavam	tinham	haviam

Pretérito perfeito

fui	estive	tive	houve
foste	estiveste	tiveste	houveste
foi	esteve	teve	houve
fomos	estivemos	tivemos	houvemos
fostes	estivestes	tivestes	houvestes
foram	estiveram	tiveram	houveram

Pretérito perfeito composto

tenho sido	tenho estado	tenho tido	tenho havido
tens sido	tens estado	tens tido	tens havido
tem sido	tem estado	tem tido	tem havido
temos sido	temos estado	temos tido	temos havido
tendes sido	tendes estado	tendes tido	tendes havido
têm sido	têm estado	têm tido	têm havido

Pretérito mais-que-perfeito

fora	estivera	tivera	houvera
foras	estiveras	tiveras	houveras
fora	estivera	tivera	houvera
fôramos	estivéramos	tivéramos	houvéramos
fôreis	estivéreis	tivéreis	houvéreis
foram	estiveram	tiveram	houveram

Pretérito mais-que-perfeito composto

tinha sido	tinha estado	tinha tido	tinha havido
tinhas sido	tinhas estado	tinhas tido	tinhas havido
tinha sido	tinha estado	tinha tido	tinha havido
tínhamos sido	tínhamos estado	tínhamos tido	tínhamos havido
tínheis sido	tínheis estado	tínheis tido	tínheis havido
tinham sido	tinham estado	tinham tido	tinham havido

Futuro do presente

serei	estarei	terei	haverei
serás	estarás	terás	haverás
será	estará	terá	haverá
seremos	estaremos	teremos	haveremos
sereis	estareis	tereis	havereis
serão	estarão	terão	haverão

Futuro do presente composto

terei sido	terei estado	terei tido	terei havido
terás sido	terás estado	terás tido	terás havido
terá sido	terá estado	terá tido	terá havido
teremos sido	teremos estado	teremos tido	teremos havido
tereis sido	tereis estado	tereis tido	tereis havido
terão sido	terão estado	terão tido	terão havido

Futuro do pretérito

seria	estaria	teria	haveria
serias	estarias	terias	haverias
seria	estaria	teria	haveria
seríamos	estaríamos	teríamos	haveríamos
seríeis	estaríeis	teríeis	haveríeis
seriam	estariam	teriam	haveriam

Futuro do pretérito composto

teria sido	teria estado	teria tido	teria havido
terias sido	terias estado	terias tido	terias havido
teria sido	teria estado	teria tido	teria havido
teríamos sido	teríamos estado	teríamos tido	teríamos havido
teríeis sido	teríeis estado	teríeis tido	teríeis havido
teriam sido	teriam estado	teriam tido	teriam havido

MODO SUBJUNTIVO

Presente

seja	esteja	tenha	haja
sejas	estejas	tenhas	hajas
seja	esteja	tenha	haja
sejamos	estejamos	tenhamos	hajamos
sejais	estejais	tenhais	hajais
sejam	estejam	tenham	hajam

Pretérito imperfeito

fosse	estivesse	tivesse	houvesse
fosses	estivesses	tivesses	houvesses
fosse	estivesse	tivesse	houvesse
fôssemos	estivéssemos	tivéssemos	houvéssemos
fôsseis	estivésseis	tivésseis	houvésseis
fossem	estivessem	tivessem	houvessem

Pretérito perfeito

tenha sido	tenha estado	tenha tido	tenha havido
tenhas sido	tenhas estado	tenhas tido	tenhas havido
tenha sido	tenha estado	tenha tido	tenha havido
tenhamos sido	tenhamos estado	tenhamos tido	tenhamos havido
tenhais sido	tenhais estado	tenhais tido	tenhais havido
tenham sido	tenham estado	tenham tido	tenham havido

Pretérito mais-que-perfeito

tivesse sido	tivesse estado	tivesse tido	tivesse havido
tivesses sido	tivesses estado	tivesses tido	tivesses havido
tivesse sido	tivesse estado	tivesse tido	tivesse havido
tivéssemos sido	tivéssemos estado	tivéssemos tido	tivéssemos havido
tivésseis sido	tivésseis estado	tivésseis tido	tivésseis havido
tivessem sido	tivessem estado	tivessem tido	tivessem havido

Futuro

se eu for	se eu estiver	se eu tiver	se eu houver
se tu fores	se tu estiveres	se tu tiveres	se tu houveres
se ele for	se ele estiver	se ele tiver	se ele houver
se nós formos	se nós estivermos	se nós tivermos	se nós houvermos
se vós fordes	se vós estiverdes	se vós tiverdes	se vós houverdes
se eles forem	se eles estiverem	se eles tiverem	se eles houverem

Futuro composto

tiver sido	tiver estado	tiver tido	tiver havido
tiveres sido	tiveres estado	tiveres tido	tiveres havido
tiver sido	tiver estado	tiver tido	tiver havido
tivermos sido	tivermos estado	tivermos tido	tivermos havido
tiverdes sido	tiverdes estado	tiverdes tido	tiverdes havido
tiverem sido	tiverem estado	tiverem tido	tiverem havido

MODO IMPERATIVO

Afirmativo

sê tu	está tu	tem tu	há tu
seja você	esteja você	tenha você	haja você
sejamos nós	estejamos nós	tenhamos nós	hajamos nós
sede vós	estai vós	tende vós	havei vós
sejam vocês	estejam vocês	tenham vocês	hajam vocês

Negativo

não sejas tu	não estejas tu	não tenhas tu	não hajas tu
não seja você	não esteja você	não tenha você	não haja você
não sejamos nós	não estejamos nós	não tenhamos nós	não hajamos nós
não sejais vós	não estejais vós	não tenhais vós	não hajais vós
não sejam vocês	não estejam vocês	não tenham vocês	não hajam vocês

FORMAS NOMINAIS

Infinitivo pessoal
(flexionado)

Simples:

ser	estar	ter	haver
seres	estares	teres	haveres
ser	estar	ter	haver
sermos	estarmos	termos	havermos
serdes	estardes	terdes	haverdes
serem	estarem	terem	haverem

Composto:

ter sido	ter estado	ter tido	ter havido
teres sido	teres estado	teres tido	teres havido
ter sido	ter estado	ter tido	ter havido
termos sido	termos estado	termos tido	termos havido
terdes sido	terdes estado	terdes tido	terdes havido
terem sido	terem estado	terem tido	terem havido

Gerúndio

Simples:

sendo	estando	tendo	havendo

Composto:

tendo sido	tendo estado	tendo tido	tendo havido

Particípio

sido	estado	tido	havido

Formação dos tempos compostos

Os tempos compostos da voz ativa são formados pelos auxiliares *ter* e *haver*, seguidos do particípio do verbo principal.

1. MODO INDICATIVO

a) Pretérito perfeito composto

O pretérito perfeito composto é formado do presente do indicativo do verbo *ter* + o particípio do verbo principal. Exemplos:

cantar	beber	partir
tenho cantado tens cantado tem cantado temos cantado tendes cantado têm cantado	tenho bebido tens bebido tem bebido temos bebido tendes bebido têm bebido	tenho partido tens partido tem partido temos partido tendes partido têm partido

b) Pretérito mais-que-perfeito composto

O pretérito mais-que-perfeito composto é formado do imperfeito do indicativo do verbo *ter* ou do verbo *haver* + o particípio do verbo principal. Exemplos:

cantar	beber	partir
tinha cantado tinhas cantado tinha cantado tínhamos cantado tínheis cantado tinham cantado	tinha bebido tinhas bebido tinha bebido tínhamos bebido tínheis bebido tinham bebido	tinha partido tinhas partido tinha partido tínhamos partido tínheis partido tinham partido

c) Futuro do presente composto

O futuro do presente composto é formado do futuro do presente simples do verbo *ter* ou do verbo *haver* + o particípio do verbo principal. Exemplos:

cantar	beber	partir
terei cantado terás cantado terá cantado teremos cantado tereis cantado terão cantado	terei bebido terás bebido terá bebido teremos bebido tereis bebido terão bebido	terei partido terás partido terá partido teremos partido tereis partido terão partido

d) Futuro do pretérito composto

O futuro do pretérito composto é formado do futuro do pretérito simples do verbo *ter* ou do verbo *haver* + o particípio do verbo principal. Exemplos:

cantar	beber	partir
teria cantado terias cantado teria cantado teríamos cantado teríeis cantado teriam cantado	teria bebido terias bebido teria bebido teríamos bebido teríeis bebido teriam bebido	teria partido terias partido teria partido teríamos partido teríeis partido teriam partido

2. MODO SUBJUNTIVO

a) Pretérito perfeito composto

O pretérito perfeito é formado do presente do subjuntivo do verbo *ter* ou do verbo *haver* + o particípio do verbo principal. Exemplos:

cantar	beber	partir
tenha cantado tenhas cantado tenha cantado tenhamos cantado tenhais cantado tenham cantado	tenha bebido tenhas bebido tenha bebido tenhamos bebido tenhais bebido tenham bebido	tenha partido tenhas partido tenha partido tenhamos partido tenhais partido tenham partido

b) Pretérito mais-que-perfeito composto

O pretérito mais-que-perfeito é formado do imperfeito do subjuntivo do verbo *ter* ou do verbo *haver* + o particípio do verbo principal. Exemplos:

cantar	beber	partir
tivesse cantado tivesses cantado tivesse cantado tivéssemos cantado tivésseis cantado tivessem cantado	tivesse bebido tivesses bebido tivesse bebido tivéssemos bebido tivésseis bebido tivessem bebido	tivesse partido tivesses partido tivessepartido tivéssemos partido tivésseis partido tivessem partido

c) Futuro composto

O futuro composto é formado do futuro simples do subjuntivo do verbo *ter* ou do verbo *haver* + o particípio do verbo principal. Exemplos:

cantar	beber	partir
tiver cantado tiveres cantado tiver cantado tivermos cantado tiverdes cantado tiverem cantado	tiver bebido tiveres bebido tiver bebido tivermos bebido tiverdes bebido tiverem bebido	tiver partido tiveres partido tiver partido tivermos partido tiverdes partido tiverem partido

3. FORMAS NOMINAIS

a) Infinitivo impessoal composto

O infinitivo impessoal composto é formado do infinitivo impessoal do verbo *ter* ou do verbo *haver* + o particípio do verbo principal. Exemplos:

cantar	beber	partir
ter cantado	ter bebido	ter partido

b) Infinitivo pessoal composto

O infinitivo pessoal composto é formado do infinitivo pessoal do verbo *ter* ou do verbo *haver* + o particípio do verbo principal. Exemplos:

cantar	beber	partir
ter cantado	ter bebido	ter partido
teres cantado	teres bebido	teres partido
ter cantado	ter bebido	ter partido
termos cantado	termos bebido	termos partido
terdes cantado	terdes bebido	terdes partido
terem cantado	terem bebido	terem partido

c) Gerúndio composto

O gerúndio composto é formado do gerúndio do verbo *ter* ou do verbo *haver* + o particípio do verbo principal. Exemplos:

cantar	beber	partir
tendo cantado	tendo bebido	tendo partido

Modos verbais

O modo verbal exprime a atitude do falante em relação ao fato expresso pelo verbo. Os modos são as diferentes formas flexionais dos verbos, que indicam a maneira como se realiza o fato.

A língua portuguesa possui três modos: o *indicativo,* o *subjuntivo* e o *imperativo*. Em geral, os modos expressam algumas atitudes mentais do falante em relação ao conteúdo da ação. Às vezes, a escolha do modo é determinada pelo relacionamento sintático entre uma oração subordinada e a oração principal.

1. O **modo indicativo** traduz uma constatação, uma realidade. O fato verbal é enunciado de maneira positiva e categórica. Exemplos:

   Ela *trabalha* numa agência de turismo.

   Faremos uma viagem de navio.

   Tenho trabalhado muito nos últimos meses.

2. O **modo subjuntivo** indica que o fato é duvidoso, irreal ou hipotético. O fato verbal está condicionado a circunstâncias outras para que se concretize. Exemplos:

   Espero que *chova* nos próximos dias.

   Caso ela *venha* até o escritório, daremos o seu recado.

   Quando eu *for* liberado pelo médico, vou viajar para a praia.

3. O **modo imperativo** exprime uma ordem ou um comando, um pedido ou uma súplica. Em geral, o imperativo expressa o desejo do falante em influenciar o comportamento do seu interlocutor. Exemplos:

   Saia daqui, imediatamente.

   Feche a porta, por favor.

   Não faça isso comigo, pelo amor de Deus.

Formas nominais do verbo

Chamam-se formas nominais do verbo o *infinitivo*, o *gerúndio* e o *particípio*. São formas nominais porque apresentam determinadas categorias que são próprias do substantivo, do adjetivo e, até mesmo, do advérbio.

1. Infinitivo

O infinitivo exprime uma ideia de ação.

Fumar é prejudicial à saúde.

Acho melhor *irmos* a pé.

Há dois tipos de infinitivo: *impessoal* (ou não flexionado) e *pessoal* (ou flexionado).

Empregos mais comuns do infinitivo impessoal
(não flexionado)

O infinitivo permanece invariável, ou seja, não é flexionado, quando:

a) é impessoal, pois não se refere a nenhum sujeito:

Caminhar todos os dias é ótimo para manter a forma.

Guardar segredos não é fácil.

b) tem valor de imperativo:

Está na hora pessoal. *Trabalhar!*

Marchar! Todos muito bem alinhados.

c) é precedido da preposição *de* (funciona como complemento nominal):

São problemas difíceis <u>de</u> *solucionar*.

Gil é uma pessoa fácil <u>de</u> *contentar*.

d) é regido pela preposição *a* (pode ser substituído por um gerúndio):

João está a *tocar* violão.

Paula permanece imóvel a *ler o jornal.*

e) faz parte de uma locução verbal:

No próximo domingo, vamos *fazer* um churrasco na chácara da Célia.

Iremos *visitar* o Museu Nacional na próxima excursão.

f) o sujeito do infinitivo é um pronome oblíquo e o verbo principal depende de um auxiliar:

Mande-a *entrar*.

Deixe-os *consultar* os relatórios.

Empregos mais comuns do infinitivo pessoal
(flexionado)

O infinitivo é flexionado quando:

a) apresenta o sujeito claramente expresso:

Divulgue o calendário de provas antes de os alunos *saírem* para o recreio.

Acho romântico tu *chorares* por amor.

b) se pretende enfatizar a desinência verbal, com um sujeito não expresso:

Seria melhor *irmos* de metrô.

Considero orgulho não *aceitares* a ajuda de Mário.

c) se pretende indeterminar o sujeito (na 3.ª pessoa do plural):

Ouvi *comentarem* que Juliano está envolvido naquela grande confusão.

Margarida escutou *gritarem* por socorro.

2. Gerúndio

O gerúndio apresenta duas formas: *simples* (bebendo, comendo, estudando) e *composto* (tendo ou havendo bebido, tendo ou havendo comido, tendo ou havendo estudado).

A forma simples expressa uma ação em progresso, que pode ser anterior, posterior ou concomitante àquela do verbo principal. Exemplos:

Gritando com todos, iniciou um quebra-quebra geral.

Vovô ficou vários dias de cama, *tossindo* e *escarrando* muito.

O gerúndio composto indica uma ação concluída anteriormente àquela que exprime o verbo da oração principal. Exemplos:

Não *tendo dormido* direito, ela cochilou durante quase toda a conferência.

Havendo dito tudo o que era necessário, Maurício retirou-se apressadamente.

3. Particípio

O particípio pode acompanhar um verbo auxiliar ou ser empregado isoladamente. Exemplos:

Tínhamos *preparado* uma recepção especial para os visitantes estrangeiros.

João havia *quebrado* a vidraça da vizinha.

Concluída a tarefa, foram todos tomar uma cervejinha.

Terminada a cirurgia, a família suspirou aliviada.

Posposto a um substantivo, o particípio desempenha o papel de um adjetivo.

As roupas *manchadas* vão para a lavanderia.

O chaveiro *encontrado* no jardim é de Madalena.

Vozes do verbo

Voz é a flexão verbal caracterizada pelo papel do sujeito em relação à ação expressa. As vozes dos verbos são: *ativa, passiva* e *reflexiva*.

1. Voz ativa

A voz ativa indica que a ação expressa pelo verbo é praticada pelo sujeito. Exemplos:

João *comprará* o dicionário de inglês.

O vento *derrubou* a palmeira.

Observe que João e O vento são sujeitos agentes e o dicionário de inglês e a palmeira são objetos.

2. Voz passiva

A voz passiva indica que o sujeito sofre a ação expressa pelo verbo. Exemplos:

O dicionário de inglês *será comprado* por João.

A palmeira *foi derrubada* pelo vento.

Na voz passiva o sujeito é sempre paciente, pois sofre a ação indicada pelo verbo. João e O vento são agentes da passiva.

É importante esclarecer que somente os verbos transitivos diretos admitem a voz passiva.

A estrutura mais comum da passiva consiste no verbo auxiliar *ser* + o particípio do verbo principal. Exemplos:

Ativa: O cachorro da vizinha *mordeu* Adão.
Passiva: Adão *foi mordido* pelo cachorro da vizinha.

Ativa: *Roubaram* minhas malas.
Passiva: Minhas malas *foram roubadas*.

Observe que o objeto na voz ativa será sempre o sujeito na voz passiva e o agente da passiva (sujeito da oração ativa) é introduzido pela preposição *por:*

As crianças *foram atropeladas* por um caminhão.

As encomendas *foram feitas* pelos clientes do exterior.

NOTA

O agente da passiva é omitido quando é desconhecido ou quando sua identidade é clara através do contexto. Exemplos:

Minhas malas *foram roubadas*.
Fumar *é proibido*.

Há dois tipos de passiva: *analítica* e *pronominal*.

A passiva analítica é formada com o verbo auxiliar *ser* + o particípio do verbo que se quer conjugar. Exemplos:

O prédio *foi destruído* pelo fogo.

Os embaixadores africanos *foram recebidos* pelo presidente da República.

A passiva pronominal é formada com uma forma verbal na terceira pessoa, singular ou plural, acompanhada do pronome oblíquo *se*. Exemplos:

Não *se faz* (= *é feito*) filme como antigamente.

Não *se fazem* (= *são feitos*) filmes como antigamente.

O pronome *se*, utilizado na passiva pronominal, é chamado de *agente apassivador*.

OBSERVAÇÕES

1. Somente os verbos transitivos diretos admitem o uso da voz passiva.

2. Na passiva pronominal o verbo estará sempre na 3.ª pessoa (singular ou plural), em concordância com o sujeito.

3. A passiva pronominal dispensa o uso do agente da passiva.

Emprego da voz passiva

a) Quando o agente da ação não é conhecido:

Tony *foi assassinado* há duas semanas.

Seus documentos *foram queimados.*

b) Quando se pretende enfatizar a ação em si:

O assassino *foi preso.*

O carro de Sandra *foi esmagado* por um caminhão.

3. Voz reflexiva

A voz reflexiva indica que o sujeito é, ao mesmo tempo, agente e paciente da ação verbal. É formada de um verbo acompanhado do pronome oblíquo, cuja forma determina a pessoa do verbo. Exemplos:

Eu *me levanto* às sete em ponto.

Ele *se feriu* com uma faca.

Nós *nos perdemos* na serra.

No plural, a voz reflexiva normalmente indica o sentido de reciprocidade.

Renato e Mariana *se odeiam* como gato e cachorro.

Os políticos *se insultaram* em pleno programa de televisão.

Eles *se amam* muito.

Voz passiva e passividade

A diferença entre uma oração na voz passiva e outra que denota passividade é estrutural. Observe os exemplos:

a) Carolina *será atendida* pelo dr. Fonseca.

b) Rodrigo *levou* uma surra de uma gangue.

Em (a) existe voz passiva, visto que temos um sujeito que sofrerá a ação expressa pelo verbo e um agente da passiva. Em (b) há apenas uma indicação de passividade, pois o sujeito, embora considerado agente, sofre as consequências da ação. A oração está na voz ativa, porém há, implicitamente, uma carga semântica passiva expressa pelo verbo.

Locuções verbais

Locução verbal é a reunião de formas de um verbo auxiliar com o infinitivo, gerúndio ou particípio de um verbo principal. Exemplos:

Vamos sair para comer uma pizza?

As crianças *estão estudando.*

O cachorro de Lili *foi atropelado.*

O infinitivo pode ser antecedido de preposição, geralmente *de, a, para* e *por:*

Temos de *sair* agora.

O ônibus *acabou* de *partir.*

O bebê *continua* a *chorar.*

Ela *voltou* a *comentar* aquele incidente.

O filme *está* por *acabar.*

O filme *está* para *acabar.*

CONJUGAÇÃO DE VERBOS REGULARES

1.ª conjugação	**2.ª conjugação**	**3.ª conjugação**
Cantar	**Beber**	**Partir**

MODO INDICATIVO

Presente

canto	bebo	parto
cantas	bebes	partes
canta	bebe	parte
cantamos	bebemos	partimos
cantais	bebeis	partis
cantam	bebem	partem

1.ª conjugação	2.ª conjugação	3.ª conjugação
Cantar	**Beber**	**Partir**

Pretérito imperfeito

cantava	bebia	partia
cantavas	bebias	partias
cantava	bebia	partia
cantávamos	bebíamos	partíamos
cantáveis	bebíeis	partíeis
cantavam	bebiam	partiam

Pretérito perfeito

cantei	bebi	parti
cantaste	bebeste	partiste
cantou	bebeu	partiu
cantamos	bebemos	partimos
cantastes	bebestes	partistes
cantaram	beberam	partiram

Pretérito perfeito composto

tenho cantado	tenho bebido	tenho partido
tens cantado	tens bebido	tens partido
tem cantado	tem bebido	tem partido
temos cantado	temos bebido	temos partido
tendes cantado	tendes bebido	tendes partido
têm cantado	têm bebido	têm partido

1.ª conjugação	2.ª conjugação	3.ª conjugação
Cantar	**Beber**	**Partir**

Pretérito mais-que-perfeito

cantara	bebera	partira
cantaras	beberas	partiras
cantara	bebera	partira
cantáramos	bebêramos	partíramos
cantáreis	bebêreis	partíreis
cantaram	beberam	partiram

Pretérito mais-que-perfeito composto

tinha cantado	tinha bebido	tinha partido
tinhas cantado	tinhas bebido	tinhas partido
tinha cantado	tinha bebido	tinha partido
tínhamos cantado	tínhamos bebido	tínhamos partido
tínheis cantado	tínheis bebido	tínheis partido
tinham cantado	tinham bebido	tinham partido

Futuro do presente

cantarei	beberei	partirei
cantarás	beberás	partirás
cantará	beberá	partirá
cantaremos	beberemos	partiremos
cantareis	bebereis	partireis
cantarão	beberão	partirão

1.ª conjugação	2.ª conjugação	3.ª conjugação
Cantar	**Beber**	**Partir**

Futuro do presente composto

terei cantado	terei bebido	terei partido
terás cantado	terás bebido	terás partido
terá cantado	terá bebido	terá partido
teremos cantado	teremos bebido	teremos partido
tereis cantado	tereis bebido	tereis partido
terão cantado	terão bebido	terão partido

Futuro do pretérito

cantaria	beberia	partiria
cantarias	beberias	partirias
cantaria	beberia	partiria
cantaríamos	beberíamos	partiríamos
cantaríeis	beberíeis	partiríeis
cantariam	beberiam	partiriam

Futuro do pretérito composto

teria cantado	teria bebido	teria partido
terias cantado	terias bebido	terias partido
teria cantado	teria bebido	teria partido
teríamos cantado	teríamos bebido	teríamos partido
teríeis cantado	teríeis bebido	teríeis partido
teriam cantado	teriam bebido	teriam partido

MODO SUBJUNTIVO

1.ª conjugação	2.ª conjugação	3.ª conjugação
Cantar	**Beber**	**Partir**

Presente

cante	beba	parta
cantes	bebas	partas
cante	beba	parta
cantemos	bebamos	partamos
canteis	bebais	partais
cantem	bebam	partam

Pretérito imperfeito

cantasse	bebesse	partisse
cantasses	bebesses	partisses
cantasse	bebesse	partisse
cantássemos	bebêssemos	partíssemos
cantásseis	bebêsseis	partísseis
cantassem	bebessem	partissem

Pretérito perfeito

tenha cantado	tenha bebido	tenha partido
tenhas cantado	tenhas bebido	tenhas partido
tenha cantado	tenha bebido	tenha partido
tenhamos cantado	tenhamos bebido	tenhamos partido
tenhais cantado	tenhais bebido	tenhais partido
tenham cantado	tenham bebido	tenham partido

1.ª conjugação	2.ª conjugação	3.ª conjugação
Cantar	**Beber**	**Partir**

Pretérito mais-que-perfeito

tivesse cantado	tivesse bebido	tivesse partido
tivesses cantado	tivesses bebido	tivesses partido
tivesse cantado	tivesse bebido	tivesse partido
tivéssemos cantado	tivéssemos bebido	tivéssemos partido
tivésseis cantado	tivésseis bebido	tivésseis partido
tivessem cantado	tivessem bebido	tivessem partido

Futuro

cantar	beber	partir
cantares	beberes	partires
cantar	beber	partir
cantarmos	bebermos	partirmos
cantardes	beberdes	partirdes
cantarem	beberem	partirem

Futuro composto

tiver cantado	tiver bebido	tiver partido
tiveres cantado	tiveres bebido	tiveres partido
tiver cantado	tiver bebido	tiver partido
tivermos cantado	tivermos bebido	tivermos partido
tiverdes cantado	tiverdes bebido	tiverdes partido
tiverem cantado	tiverem bebido	tiverem partido

MODO IMPERATIVO

1.ª conjugação	2.ª conjugação	3.ª conjugação
Cantar	**Beber**	**Partir**

Afirmativo

canta tu	bebe tu	parte tu
cante você	beba você	parta você
cantemos nós	bebamos nós	partamos nós
cantai vós	bebei vós	parti vós
cantem vocês	bebam vocês	partam vocês

Negativo

não cantes tu	não bebas tu	não partas tu
não cante você	não beba você	não parta você
não cantemos nós	não bebamos nós	não partamos nós
não canteis vós	não bebais vós	não partais vós
não cantem vocês	não bebam vocês	não partam vocês

FORMAS NOMINAIS

Infinitivo impessoal
(não flexionado)

cantar	beber	partir

1.ª conjugação	2.ª conjugação	3.ª conjugação
Cantar	**Beber**	**Partir**

Infinitivo pessoal
(flexionado)

cantar	beber	partir
cantares	beberes	partires
cantar	beber	partir
cantarmos	bebermos	partirmos
cantardes	beberdes	partirdes
cantarem	beberem	partirem

Gerúndio

cantando	bebendo	partindo

Particípio

cantado	bebido	partido

Conjugação do verbo *pôr*

MODO INDICATIVO

Presente	Pretérito imperfeito
ponho	punha
pões	punhas
põe	punha
pomos	púnhamos
pondes	púnheis
põem	punham

Pretérito perfeito	**Pretérito perfeito composto**
pus	tenho posto
puseste	tens posto
pôs	tem posto
pusemos	temos posto
pusestes	tendes posto
puseram	têm posto

Pretérito mais-que-perfeito	**Pretérito mais-que-perfeito composto**
pusera	tinha posto
puseras	tinhas posto
pusera	tinha posto
puséramos	tínhamos posto
puséreis	tínheis posto
puseram	tinham posto

Futuro do presente	**Futuro do presente composto**
porei	terei posto
porás	terás posto
porá	terá posto
poremos	teremos posto
poreis	tereis posto
porão	terão posto

Futuro do pretérito	Futuro do pretérito composto
poria	teria posto
porias	terias posto
poria	teria posto
poríamos	teríamos posto
poríeis	teríeis posto
poriam	teriam posto

MODO SUBJUNTIVO

Presente	Pretérito imperfeito
ponha	pusesse
ponhas	pusesses
ponha	pusesse
ponhamos	puséssemos
ponhais	pusésseis
ponham	pusessem

Pretérito perfeito	Pretérito mais-que-perfeito
tenha posto	tivesse posto
tenhas posto	tivesses posto
tenha posto	tivesse posto
tenhamos posto	tivéssemos posto
tenhais posto	tivésseis posto
tenham posto	tivessem posto

Futuro

puser
puseres
puser
pusermos
puserdes
puserem

Futuro composto

tiver posto
tiveres posto
tiver posto
tivermos posto
tiverdes posto
tiverem posto

IMPERATIVO

Afirmativo

põe tu
ponha você
ponhamos nós
ponde vós
ponham vocês

Negativo

não ponhas tu
não ponha você
não ponhamos nós
não ponhais vós
não ponham vocês

FORMAS NOMINAIS

Infinitivo impessoal
(não flexionado)

pôr

Infinitivo pessoal
(flexionado)

pôr
pores
pôr
pormos
pordes
porem

Gerúndio

pondo

Particípio

posto

NOTA

O verbo pôr pertence à 2.ª conjugação, pois originalmente era *poer*. É o único verbo que apresenta o infinitivo irregular. Seus compostos são *repor, dispor, transpor* etc.

Conjugação do verbo reflexivo *lembrar-se*

INDICATIVO

Presente

lembro-me
lembras-te
lembra-se
lembramo-nos
lembrais-vos
lembram-se

Pretérito imperfeito

lembrava-me
lembravas-te
lembrava-se
lembrávamo-nos
lembráveis-vos
lembravam-se

Pretérito perfeito

lembrei-me
lembraste-te
lembrou-se
lembramo-nos
lembrastes-vos
lembraram-se

Pretérito perfeito composto

tenho-me lembrado
tens-te lembrado
tem-se lembrado
temo-nos lembrado
tendes-vos lembrado
têm-se lembrado

Pretérito mais-que-perfeito

lembrara-me
lembraras-te
lembrara-se
lembráramo-nos
lembráreis-vos
lembraram-se

Pretérito mais-que-perfeito composto

tinha-me lembrado
tinhas-te lembrado
tinha-se lembrado
tínhamo-nos lembrado
tínheis-vos lembrado
tinham-se lembrado

Futuro do presente

lembrar-me-ei
lembrar-te-ás
lembrar-se-á
lembrar-nos-emos
lembrar-vos-eis
lembrar-se-ão

Futuro do presente composto

ter-me-ei lembrado
ter-te-ás lembrado
ter-se-á lembrado
ter-nos-emos lembrado
ter-vos-eis lembrado
ter-se-ão lembrado

Futuro do pretérito

lembrar-me-ia
lembrar-te-ias
lembrar-se-ia
lembrar-nos-íamos
lembrar-vos-íeis
lembrar-se-iam

Futuro do pretérito composto

ter-me-ia lembrado
ter-te-ias lembrado
ter-se-ia lembrado
ter-nos-íamos lembrado
ter-vos-íeis lembrado
ter-se-iam lembrado

MODO SUBJUNTIVO

Presente

lembre-me
lembres-te
lembre-se
lembremo-nos
lembreis-vos
lembrem-se

Pretérito imperfeito

lembrasse-me
lembrasses-te
lembrasse-se
lembrássemo-nos
lembrásseis-vos
lembrassem-se

Pretérito perfeito

que me tenha lembrado
que te tenhas lembrado
que se tenha lembrado
que nos tenhamos lembrado
que vos tenhais lembrado
que se tenham lembrado

Pretérito mais-que-perfeito

tivesse-me lembrado
tivesses-te lembrado
tivesse-se lembrado
tivéssemo-nos lembrado
tivésseis-vos lembrado
tivessem-se lembrado

Futuro

se me lembrar
se te lembrares
se se lembrar
se nos lembrarmos
se vos lembrardes
se se lembrarem

Futuro composto

se me tiver lembrado
se te tiveres lembrado
se se tiver lembrado
se nos tivermos lembrado
se vos tiverdes lembrado
se se tiverem lembrado

IMPERATIVO

Afirmativo	**Negativo**
lembra-te	não te lembres
lembre-se	não se lembre
lembremo-nos	não nos lembremos
lembrai-vos	não vos lembreis
lembrem-se	não se lembrem

FORMAS NOMINAIS

Infinitivo impessoal (não flexionado)	**Infinitivo pessoal** (flexionado)
lembrar-se	lembrar-me
	lembrares-te
	lembrar-se
	lembrarmo-nos
	lembrardes-vos
	lembrarem-se

Gerúndio	**Gerúndio composto**
lembrando-se	tendo-se lembrado

Particípio

Não existe a forma pronominal.

VERBOS IRREGULARES*

1.ª conjugação

1. AGUAR

Presente do indicativo: águo, águas, água, aguamos, aguais, águam

Presente do subjuntivo: água, águes, água, aguemos, agueis, águem

Imperativo afirmativo: água (tu), águe (você), aguemos (nós), aguai (vós), águem (vocês)

Imperativo negativo: não águes (tu), não águe (você), não aguemos (nós), não agueis (vós), não águem (vocês)

Os demais tempos são regulares.

2. APAZIGUAR

Presente do indicativo: apaziguo, apaziguas, apazigua, apaziguamos, apaziguais, apaziguam

Presente do subjuntivo: apazigúe, apazigúes, apazigúe, apaziguemos, apazigueis, apazigúem

* O verbos do tipo de *aguar*, *apaniguar*, *apaziguar*, *apropinquar*, *averiguar*, *desaguar*, *enxaguar*, *obliquar*, *delinquir* e afins, por oferecerem dois paradigmas, ou têm as formas rizotônicas igualmente acentuadas no *u* mas sem marca gráfica (a exemplo de averiguo, averiguas, averigua, averiguam; averigue, averigues, averigue, averiguem; enxaguo, enxaguas, enxagua, enxaguam; enxague, enxagues, enxague, enxaguem etc.; delinquo, delinquis, delinqui, delinquem; mas delinquimos, delinquis) ou têm as formas rizotônicas acentuadas fônica e graficamente nas vogais *a* ou *i* radicais (a exemplo de averíguo, averíguas, averígua, averíguam; averígue, averígues, averígue, averíguem; enxáguo, enxáguas, enxágua, enxáguam; enxágue, enxágues, enxágue, enxáguem; delínquo, delínques, delínque, delínquem; delínqua, delínquas, delínqua, delínquam).

Imperativo afirmativo: apazigua (tu), apazigúe (você), apaziguemos (nós), apaziguai (vós), apazigúem (vocês)

Imperativo negativo: não apazigúes (tu), não apazigúe (você), não apaziguemos (nós), não apazigueis (vós), não apazigúem (vocês)

Os demais tempos são regulares.

3. AVERIGUAR

Presente do indicativo: averiguo, averiguas, averigua, averiguamos, averiguais, averiguam

Pretérito perfeito: averiguei, averiguaste, averiguou, averiguamos, averiguastes, averiguaram

Presente do subjuntivo: averigúe, averigúes, averigúe, averiguemos, averigueis, averigúem

Imperativo afirmativo: averigua (tu), averigúe (você), averiguemos (nós), averiguai (vós), averigúem (vocês)

Imperativo negativo: não averigúes (tu), não averigúe (você), não averiguemos (nós), não averigueis (vós), não averigúem (vocês)

Os demais tempos são regulares.

4. DAR

Indicativo

Presente: dou, dás, dá, damos, dais, dão

Pretérito imperfeito: dava, davas, dava, dávamos, dáveis, davam

Pretérito perfeito: dei, deste, deu, demos, destes, deram

Pretérito mais-que-perfeito: dera, deras, dera, déramos, déreis, deram

Futuro do presente: darei, darás, dará, daremos, dareis, darão

Futuro do pretérito: daria, darias, daria, daríamos, daríeis, dariam

Subjuntivo

Presente: dê, dês, dê, demos, deis, dêem

Pretérito imperfeito: desse, desses, desse, déssemos, désseis, dessem

Futuro: der, deres, der, dermos, derdes, derem

Imperativo

Afirmativo: dá (tu), dê (você), demos (nós), dai (vós), deem (vocês)

Negativo: não dês (tu), não dê (você), não demos (nós), não deis (vós), não deem (vocês)

Formas nominais

Infinitivo impessoal: dar

Infinitivo pessoal: dar, dares, dar, darmos, dardes, darem

Gerúndio: dando

Particípio: dado

5. MAGOAR

Presente do indicativo: magoo, magoas, magoa, magoamos, magoais, magoam

Presente do subjuntivo: magoe, magoes, magoe, magoemos, magoeis, magoem

Os demais tempos são regulares.

6. MOBILIAR

Presente do indicativo: mobílio, mobílias, mobília, mobiliamos, mobiliais, mobíliam

Presente do subjuntivo: mobílie, mobílies, mobílie, mobiliemos, mobilieis, mobíliem

Os demais tempos são regulares.

7. ODIAR

Indicativo

Presente: odeio, odeias, odeia, odiamos, odiais, odeiam

Pretérito imperfeito: odiava, odiavas, odiava, odiávamos, odiáveis, odiavam

Pretérito perfeito: odiei, odiaste, odiou, odiamos, odiastes, odiaram

Pretérito mais-que-perfeito: odiara, odiaras, odiara, odiáramos, odiáreis, odiaram

Futuro do presente: odiarei, odiarás, odiará, odiaremos, odiareis, odiarão

Futuro do pretérito: odiaria, odiarias, odiaria, odiaríamos, odiaríeis, odiariam

Subjuntivo

Presente: odeie, odeies, odeie, odiemos, odieis, odeiem
Pretérito imperfeito: odiasse, odiasses, odiasse, odiássemos, odiásseis, odiassem
Futuro: odiar, odiares, odiar, odiarmos, odiardes, odiarem

Imperativo

Afirmativo: odeia (tu), odeie (você), odiemos (nós), odiai (vós), odeiem (vocês)

Negativo: não odeies (tu), não odeie (você), não odiemos (nós), não odieis (vós), não odeiem (vocês)

Formas nominais

Infinitivo impessoal: odiar

Infinitivo pessoal: odiar, odiares, odiar, odiarmos, odiardes, odiarem

Gerúndio: odiando

Particípio: odiado

Os verbos *ansiar, incendiar, mediar* e *remediar* são conjugados como o verbo *odiar*. Os demais verbos terminados em *-iar* são regulares.

8. PASSEAR

Indicativo

Presente: passeio, passeias, passeia, passeamos, passeais, passeiam

Pretérito imperfeito: passeava, passeavas, passeava, passeávamos, passeáveis, passeavam

Pretérito perfeito: passeei, passeaste, passeou, passeamos, passeastes, passearam

Pretérito mais-que-perfeito: passeara, passearas, passeara, passeáramos, passeáreis, passearam

Futuro do presente: passearei, passearás, passeará, passearemos, passeareis, passearão

Futuro do pretérito: passearia, passearias, passearia, passearíamos, passearíeis, passeariam

Subjuntivo

Presente: passeie, passeies, passeie, passeemos, passeeis, passeiem

Pretérito imperfeito: passeasse, passeasses, passeasse, passeássemos, passeásseis, passeassem

Futuro: passear, passeares, passear, passearmos, passeardes, passearem

Imperativo

Afirmativo: passeia (tu), passeie (você), passeemos (nós), passeai (vós), passeiem (vocês)

Negativo: não passeies (tu), não passeie (você), não passeemos (nós), não passeeis (vós), não passeiem (vocês)

Formas nominais

Infinitivo impessoal: passear

Infinitivo pessoal: passear, passeares, passear, passearmos, passeardes, passearem

Gerúndio: passeando

Particípio: passeado

O verbo *passear* serve de paradigma para os demais verbos terminados em *-ear*, como: *balear*, *barbear*, *chatear*, *delinear*, *encadear*, *frear*, *golpear*, *homenagear*, *manusear*, *massagear*, *recear* etc.

2.ª conjugação

1. CABER

Indicativo

Presente: caibo, cabes, cabe, cabemos, cabeis, cabem

Pretérito imperfeito: cabia, cabias, cabia, cabíamos, cabíeis, cabiam

Pretérito perfeito: coube, coubeste, coube, coubemos, coubestes, couberam

Pretérito mais-que-perfeito: coubera, couberas, coubera, coubéramos, coubéreis, couberam

Futuro do presente: caberei, caberás, caberá, caberemos, cabereis, caberão

Futuro do pretérito: caberia, caberias, caberia, caberíamos, caberíeis, caberiam

Subjuntivo

Presente: caiba, caibas, caiba, caibamos, caibais, caibam

Pretérito imperfeito: coubesse, coubesses, coubesse, coubéssemos, coubésseis, coubessem

Futuro: couber, couberes, couber, coubermos, couberdes, couberem

Imperativo

Não é usado.

Formas nominais

Infinitivo impessoal: caber

Infinitivo pessoal: caber, caberes, caber, cabermos, caberdes, caberem

Gerúndio: cabendo

Particípio: cabido

2. CRER

Presente do indicativo: creio, crês, crê, cremos, credes, creem

Presente do subjuntivo: creia, creias, creia, creiamos, creiais, creiam

Imperativo afirmativo: crê (tu), creia (você), creiamos (nós), crede (vós), creiam (vocês)

Imperativo negativo: não creias (tu), não creia (você), não creiamos (nós), não creiais (vós), não creiam (vocês)

Os demais tempos são regulares.

3. DIZER

Indicativo

Presente: digo, dizes, diz, dizemos, dizeis, dizem

Pretérito imperfeito: dizia, dizias, dizia, dizíamos, dizíeis, diziam

Pretérito perfeito: disse, disseste, disse, dissemos, dissestes, disseram

Pretérito mais-que-perfeito: dissera, disseras, dissera, disséramos, disséreis, disseram

Futuro do presente: direi, dirás, dirá, diremos, direis, dirão

Futuro do pretérito: diria, dirias, diria, diríamos, diríeis, diriam

Subjuntivo

Presente: diga, digas, diga, digamos, digais, digam

Pretérito imperfeito: dissesse, dissesses, dissesse, disséssemos, dissésseis, dissessem

Futuro: disser, disseres, disser, dissermos, disserdes, disserem

Imperativo

Afirmativo: diz/dize (tu), diga (você), digamos (nós), dizei (vós), digam (vocês)

Negativo: não digas (tu), não diga (você), não digamos (nós), não digais (vós), não digam (vocês)

Formas nominais

Infinitivo impessoal: dizer

Infinitivo pessoal: dizer, dizeres, dizer, dizermos, dizerdes, dizerem

Gerúndio: dizendo

Particípio: dito

4. FAZER

Indicativo

Presente: faço, fazes, faz, fazemos, fazeis, fazem

Pretérito imperfeito: fazia, fazias, fazia, fazíamos, fazíeis, faziam

Pretérito perfeito: fiz, fizeste, fez, fizemos, fizestes, fizeram

Pretérito mais-que-perfeito: fizera, fizeras, fizera, fizéramos, fizéreis, fizeram

Futuro do presente: farei, farás, fará, faremos, fareis, farão

Futuro do pretérito: faria, farias, faria, faríamos, faríeis, fariam

Subjuntivo

Presente: faça, faças, faça, façamos, façais, façam

Pretérito imperfeito: fizesse, fizesses, fizesse, fizéssemos, fizésseis, fizessem

Futuro: fizer, fizeres, fizer, fizermos, fizerdes, fizerem

Imperativo

Afirmativo: faz/faze (tu), faça (você), façamos (nós), fazei (vós), façam (vocês)

Negativo: não faças (tu), não faça (você), não façamos (nós), não façais (vós), não façam (vocês)

Formas nominais

Infinitivo impessoal: fazer

Infinitivo pessoal: fazer, fazeres, fazer, fazermos, fazerdes, fazerem

Gerúndio: fazendo

Particípio: feito

5. LER

Presente do indicativo: leio, lês, lê, lemos, ledes, leem.

Presente do subjuntivo: leia, leias, leia, leiamos, leiais, leiam

Imperativo afirmativo: lê (tu), leia (você), leiamos (nós), lede (vós), leiam (vocês)

Imperativo negativo: não leias (tu), não leia (você), não leiamos (nós), não leiais (vós), não leiam (vocês)

Os demais tempos são regulares.

6. PODER

Indicativo

Presente: posso, podes, pode, podemos, podeis, podem

Pretérito imperfeito: podia, podias, podia, podíamos, podíeis, podiam

Pretérito perfeito: pude, pudeste, pôde, pudemos, pudestes, puderam

Pretérito mais-que-perfeito: pudera, puderas, pudera, pudéramos, pudéreis, puderam

Futuro do presente: poderei, poderás, poderá, poderemos, podereis, poderão

Futuro do pretérito: poderia, poderias, poderia, poderíamos, poderíeis, poderiam

Subjuntivo

Presente: possa, possas, possa, possamos, possais, possam

Pretérito imperfeito: pudesse, pudesses, pudesse, pudéssemos, pudésseis, pudessem

Futuro: puder, puderes, puder, pudermos, puderdes, puderem

Imperativo

Não é usado.

Formas nominais

Infinitivo impessoal: poder

Infinitivo pessoal: poder, poderes, poder, podermos, poderdes, poderem

Gerúndio: podendo

Particípio: podido

7. PROVER

Presente do indicativo: provejo, provês, provê, provemos, provedes, proveem

Presente do subjuntivo: proveja, provejas, proveja, provejamos, provejais, provejam

Imperativo afirmativo: provê (tu), proveja (você), provejamos (nós), provede (vós), provejam (vocês)

Imperativo negativo: não provejas (tu), não proveja (você), não provejamos (nós), não provejais (vós), não provejam (vocês)

Os demais tempos são regulares.

8. QUERER

Indicativo

Presente: quero, queres, quer, queremos, quereis, querem

Pretérito imperfeito: queria, querias, queria, queríamos, queríeis, queriam

Pretérito perfeito: quis, quiseste, quis, quisemos, quisestes, quiseram

Pretérito mais-que-perfeito: quisera, quiseras, quisera, quiséramos, quiséreis, quiseram

Futuro do presente: quererei, quererás, quererá, quereremos, querereis, quererão

Futuro do pretérito: quereria, quererias, quereria, quereríamos, quereríeis, quereriam

Subjuntivo

Presente: queira, queiras, queira, queiramos, queirais, queiram

Pretérito imperfeito: quisesse, quisesses, quisesse, quiséssemos, quisésseis, quisessem

Futuro: quiser, quiseres, quiser, quisermos, quiserdes, quiserem

Imperativo

Afirmativo: quere/quer (tu), queira (você), queiramos (nós), querei (vós), queiram (vocês)

Negativo: não queiras (tu), não queira (você), não queiramos (nós), não queirais (vós), não queiram (vocês)

Formas nominais

Infinitivo impessoal: querer

Infinitivo pessoal: querer, quereres, querer, querermos, quererdes, quererem

Gerúndio: querendo

Particípio: querido

9. REQUERER

Presente do indicativo: requeiro, requeres, requer, requeremos, requereis, requerem

Presente do subjuntivo: requeira, requeiras, requeira, requeiramos, requeirais, requeiram

Imperativo afirmativo: requer ou requere (tu), requeira (você), requeiramos (nós), requerei (vós), requeiram (vocês)

Imperativo negativo: não requeiras (tu), não requeira (você), não requeiramos (nós), não requeirais (vós), não requeiram (vocês)

Os demais tempos são regulares.

10. SABER

Indicativo

Presente: sei, sabes, sabe, sabemos, sabeis, sabem

Pretérito imperfeito: sabia, sabias, sabia, sabíamos, sabíeis, sabiam

Pretérito perfeito: soube, soubeste, soube, soubemos, soubestes, souberam

Pretérito mais-que-perfeito: soubera, souberas, soubera, soubéramos, soubéreis, souberam

Futuro do presente: saberei, saberás, saberá, saberemos, sabereis, saberão

Futuro do pretérito: saberia, saberias, saberia, saberíamos, saberíeis, saberiam

Subjuntivo

Presente: saiba, saibas, saiba, saibamos, saibais, saibam

Pretérito imperfeito: soubesse, soubesses, soubesse, soubéssemos, soubésseis, soubessem

Futuro: souber, souberes, souber, soubermos, souberdes, souberem

Imperativo

Afirmativo: sabe (tu), saiba (você), saibamos (nós), sabei (vós), saibam (vocês)

Negativo: não saibas (tu), não saiba (você), não saibamos (nós), não saibais (vós), não saibam (vocês)

Formas nominais

Infinitivo impessoal: saber

Infinitivo pessoal: saber, saberes, saber, sabermos, saberdes, saberem

Gerúndio: sabendo

Particípio: sabido

11. TRAZER

Indicativo

Presente: trago, trazes, traz, trazemos, trazeis, trazem

Pretérito imperfeito: trazia, trazias, trazia, trazíamos, trazíeis, traziam

Pretérito perfeito: trouxe, trouxeste, trouxe, trouxemos, trouxestes, trouxeram

Pretérito mais-que-perfeito: trouxera, trouxeras, trouxera, trouxéramos, trouxéreis, trouxeram

Futuro do presente: trarei, trarás, trará, traremos, trareis, trarão

Futuro do pretérito: traria, trarias, traria, traríamos, traríeis, trariam

Subjuntivo

Presente: traga, tragas, traga, tragamos, tragais, tragam

Pretérito imperfeito: trouxesse, trouxesses, trouxesse, trouxéssemos, trouxésseis, trouxessem

Futuro: trouxer, trouxeres, trouxer, trouxermos, trouxerdes, trouxerem

Imperativo

Afirmativo: traz/traze (tu), traga (você), tragamos (nós), trazei (vós), tragam (vocês)

Negativo: não tragas (tu), não traga (você), não tragamos (nós), não tragais (vós), não tragam (vocês)

Formas nominais

Infinitivo impessoal: trazer

Infinitivo pessoal: trazer, trazeres, trazer, trazermos, trazerdes, trazerem

Gerúndio: trazendo

Particípio: trazido

12. VALER

Presente do indicativo: valho, vales, vale, valemos, valeis, valem

Presente do subjuntivo: valha, valhas, valha, valhamos, valhais, valham

Imperativo afirmativo: vale (tu), valha (você), valhamos (nós), valei (vós), valham (vocês)

Imperativo negativo: não valhas (tu), não valha (você), não valhamos (nós), não valhais (vós), não valham (vocês)

Os demais tempos são regulares.

13. VER

Indicativo

Presente: vejo, vês, vê, vemos, vedes, veem

Pretérito imperfeito: via, vias, via, víamos, víeis, viam

Pretérito perfeito: vi, viste, viu, vimos, vistes, viram

Pretérito mais-que-perfeito: vira, viras, vira, víramos, víreis, viram

Futuro do presente: verei, verás, verá, veremos, vereis, verão

Futuro do pretérito: veria, verias, veria, veríamos, veríeis, veriam

Subjuntivo

Presente: veja, vejas, veja, vejamos, vejais, vejam

Pretérito imperfeito: visse, visses, visse, víssemos, vísseis, vissem

Futuro: vir, vires, vir, virmos, virdes, virem

Imperativo

Afirmativo: vê (tu), veja (você), vejamos (nós), vede (vós), vejam (vocês)

Negativo: não vejas (tu), não veja (você), não vejamos (nós), não vejais (vós), não vejam (vocês)

Formas nominais

Infinitivo impessoal: ver

Infinitivo pessoal: ver, veres, ver, vermos, verdes, verem

Gerúndio: vendo

Particípio: visto

3.ª conjugação

1. AGREDIR

Presente do indicativo: agrido, agrides, agride, agredimos, agredis, agridem

Presente do subjuntivo: agrida, agridas, agrida, agridamos, agridais, agridam

Imperativo afirmativo: agride (tu), agrida (você), agridamos (nós), agredi (vós), agridam (vocês)

Imperativo negativo: não agridas (tu), não agrida (você), não agridamos (nós), não agridais (vós), não agridam (vocês)

Os demais tempos são regulares. Os verbos *denegrir, prevenir, progredir* e *transgredir* conjugam-se como o verbo *agredir*.

2. CAIR

Presente do indicativo: caio, cais, cai, caímos, caís, caem

Presente do subjuntivo: caia, caias, caia, caiamos, caiais, caiam

Os demais tempos são regulares. Seguem esse modelo os verbos em *-air: decair, distrair, recair, sair, subtrair* etc.

3. DIVERGIR

Presente do indicativo: divirjo, diverges, diverge, divergimos, divergis, divergem

Presente do subjuntivo: divirja, divirjas, divirja, divirjamos, divirjais, divirjam

Imperativo afirmativo: diverge (tu), divirja (você), divirjamos (nós), divergi (vós), divirjam (vocês)

Imperativo negativo: não divirjas (tu), não divirja (você), não divirjamos (nós), não divirjais (vós), não divirjam (vocês)

Os demais tempos são regulares.

4. FERIR

Presente do indicativo: firo, feres, fere, ferimos, feris, ferem

Presente do subjuntivo: fira, firas, fira, firamos, firais, firam

Imperativo afirmativo: fere (tu), fira (você), firamos (nós), feri (vós), firam (vocês)

Imperativo negativo: não firas (tu), não fira (você), não firamos (nós), não firais (vós), não firam (vocês)

Os demais tempos são regulares. Os verbos *conferir, digerir, ingerir, inserir, interferir, refletir, ressentir, revestir, sentir, sugerir, transferir* e *vestir* conjugam-se como o verbo *ferir*.

5. FUGIR

Presente do indicativo: fujo, foges, foge, fugimos, fugis, fogem

Presente do subjuntivo: fuja, fujas, fuja, fujamos, fujais, fujam

Imperativo afirmativo: foge (tu), fuja (você), fujamos (nós), fugi (vós), fujam (vocês)

Imperativo negativo: não fujas (tu), não fuja (você), não fujamos (nós), não fujais (vós), não fujam (vocês)

Os demais tempos são regulares. Seguem esse modelo os verbos *acudir, consumir, cuspir, entupir, sacudir, subir, sumir* etc.

6. IR

Indicativo

Presente: vou, vais, vai, vamos, ides, vão

Pretérito imperfeito: ia, ias, ia, íamos, íeis, iam

Pretérito perfeito: fui, foste, foi, fomos, fostes, foram

Pretérito mais-que-perfeito: fora, foras, fora, fôramos, fôreis, foram

Futuro do presente: irei, irás, irá, iremos, ireis, irão

Futuro do pretérito: iria, irias, iria, iríamos, iríeis, iriam

Subjuntivo

Presente: vá, vás, vá, vamos, vades, vão

Pretérito imperfeito: fosse, fosses, fosse, fôssemos, fôsseis, fossem

Futuro: for, fores, for, formos, fordes, forem

Imperativo

Afirmativo: vai (tu), vá (você), vamos (nós), ide (vós), vão (vocês)

Negativo: não vás (tu), não vá (você), não vamos (nós), não vades (vós), não vão (vocês)

Formas nominais

Infinitivo impessoal: ir

Infinitivo pessoal: ir, ires, ir, irmos, irdes, irem

Gerúndio: indo

Particípio: ido

7. MEDIR

Presente do indicativo: meço, medes, mede, medimos, medis, medem

Presente do subjuntivo: meça, meças, meça, meçamos, meçais, meçam

Imperativo afirmativo: mede (tu), meça (você), meçamos (nós), medi (vós), meçam (vocês)

Imperativo negativo: não meças (tu), não meça (você), não meçamos (nós), não meçais (vós), não meçam (vocês)

Os demais tempos são regulares. Seguem esse modelo os verbos *desmedir* e *pedir*.

8. OUVIR

Presente do indicativo: ouço, ouves, ouve, ouvimos, ouvis, ouvem

Presente do subjuntivo: ouça, ouças, ouça, ouçamos, ouçais, ouçam

Imperativo afirmativo: ouve (tu), ouça (você), ouçamos (nós), ouvi (vós), ouçam (vocês)

Imperativo negativo: não ouças (tu), não ouça (você), não ouçamos (nós), não ouçais (vós), não ouçam (vocês)

Os demais tempos são regulares.

9. POSSUIR

Indicativo

Presente: possuo, possuis, possui, possuímos, possuís, possuem

Pretérito imperfeito: possuía, possuías, possuía, possuíamos, possuíeis, possuíam

Pretérito perfeito: possuí, possuíste, possuiu, possuímos, possuístes, possuíram

Pretérito mais-que-perfeito: possuíra, possuíras, possuíra, possuíramos, possuíreis, possuíram

Futuro do presente: possuirei, possuirás, possuirá, possuiremos, possuireis, possuirão

Futuro do pretérito: possuiria, possuirias, possuiria, possuiríamos, possuiríeis, possuiriam

Subjuntivo

Presente: possua, possuas, possua, possuamos, possuais, possuam

Pretérito imperfeito: possuísse, possuísses, possuísse, possuíssemos, possuísseis, possuíssem

Futuro: possuir, possuíres, possuir, possuirmos, possuirdes, possuírem

Imperativo

Afirmativo: possui (tu), possua (você), possuamos (nós), possuí (vós), possuam (vocês)

Negativo: não possuas (tu), não possua (você), não possuamos (nós), não possuais (vós), não possuam (vocês)

Formas nominais

Infinitivo impessoal: possuir

Infinitivo pessoal: possuir, possuíres, possuir, possuirmos, possuirdes, possuírem

Gerúndio: possuindo

Particípio: possuído

Seguem esse modelo os verbos em *-uir: arguir, concluir, destituir, influir, instruir, obstruir, restituir* etc.

10. SAIR

Indicativo

Presente: saio, sais, sai, saímos, saís, saem

Pretérito imperfeito: saía, saías, saía, saíamos, saíeis, saíam

Pretérito perfeito: saí, saíste, saiu, saímos, saístes, saíram

Pretérito mais-que-perfeito: saíra, saíras, saíra, saíramos, saíreis, saíram

Futuro do presente: sairei, sairás, sairá, sairemos, saireis, sairão

Futuro do pretérito: sairia, sairias, sairia, sairíamos, sairíeis, sairiam

Subjuntivo

Presente: saia, saias, saia, saiamos, saiais, saiam

Pretérito imperfeito: saísse, saísses, saísse, saíssemos, saísseis, saíssem

Futuro: sair, saíres, sair, sairmos, sairdes, saírem

Imperativo

Afirmativo: sai (tu), saia (você), saiamos (nós), saí (vós), saiam (vocês)

Negativo: não saias (tu), não saia (você), não saiamos (nós), não saiais (vós), não saiam (vocês)

Formas nominais

Infinitivo impessoal: sair

Infinitivo pessoal: sair, saíres, sair, sairmos, sairdes, saírem

Gerúndio: saindo

Particípio: saído

Seguem esse modelo os verbos em *-air: atrair, cair, contrair, distrair, extrair, subtrair* etc.

11. SEGUIR

Presente do indicativo: sigo, segues, segue, seguimos, seguis, seguem

Presente do subjuntivo: siga, sigas, siga, sigamos, sigais, sigam

Imperativo afirmativo: segue (tu), siga (você), sigamos (nós), segui (vós), sigam (vocês)

Imperativo negativo: não sigas (tu), não siga (você),
não sigamos (nós), não sigais (vós),
não sigam (vocês)

Os demais tempos são regulares. Seguem esse modelo os verbos *conseguir, perseguir, prosseguir* etc.

12. VIR

Indicativo

Presente: venho, vens, vem, vimos, vindes, vêm

Pretérito imperfeito: vinha, vinhas, vinha, vínhamos, vínheis, vinham

Pretérito perfeito: vim, vieste, veio, viemos, viestes, vieram

Pretérito mais-que-perfeito: viera, vieras, viera, viéramos, viéreis, vieram

Futuro do presente: virei, virás, virá, viremos, vireis, virão

Futuro do pretérito: viria, virias, viria, viríamos, viríeis, viriam

Subjuntivo

Presente: venha, venhas, venha, venhamos, venhais, venham

Pretérito imperfeito: viesse, viesses, viesse, viéssemos, viésseis, viessem

Futuro: vier, vieres, vier, viermos, vierdes, vierem

Imperativo

Afirmativo: vem (tu), venha (você), venhamos (nós), vinde (vós), venham (vocês)

Negativo: não venhas (tu), não venha (você), não venhamos (nós), não venhais (vós), não venham (vocês)

Formas nominais

Infinitivo impessoal: vir

Infinitivo pessoal: vir, vires, vir, virmos, virdes, virem

Gerúndio: vindo

Particípio: vindo

VERBOS DEFECTIVOS

Verbos defectivos são aqueles que não possuem conjugação completa. São usados apenas em alguns tempos, modos ou pessoas. Muitas vezes é a própria ideia expressa pelo verbo que determina a sua defectividade. Outras vezes certas formas verbais deixam de ser usadas para evitar a pronúncia desagradável ou a confusão com outros verbos.

1. ADEQUAR

Indicativo

Presente: (nós) adequamos, (vós) adequais

Pretérito imperfeito: adequava, adequavas, adequava, adequávamos, adequáveis, adequavam

Pretérito perfeito: adequei, adequaste, adequou, adequamos, adequastes, adequaram

Pretérito mais-que-perfeito: adequara, adequaras, adequara, adequáramos, adequáreis, adequaram

Futuro do presente: adequarei, adequarás, adequará, adequaremos, adequareis, adequarão

Futuro do pretérito: adequaria, adequarias, adequaria, adequaríamos, adequaríeis, adequariam

Subjuntivo

Presente: Não é usado.

Pretérito imperfeito: adequasse, adequasses, adequasse, adequássemos, adequásseis, adequassem

Futuro: adequar, adequares, adequar, adequarmos, adequardes, adequarem

Imperativo

Afirmativo: adequai (vós)

Negativo: Não é usado.

Formas nominais

Infinitivo impessoal: adequar

Infinitivo pessoal: adequar, adequares, adequar, adequarmos, adequardes, adequarem

Gerúndio: adequando

Particípio: adequado

2. ABOLIR

Presente do indicativo: (tu) aboles, (ele) abole, (nós) abolimos, (vós) abolis, (eles) abolem

Presente do subjuntivo: Não existe.

Imperativo afirmativo: abole (tu), aboli (vós)

Imperativo negativo: Não existe.

Os verbos *aturdir, carpir, colorir, demolir, emergir, exaurir, imergir, retorquir* e *ungir* são conjugados como o verbo *abolir*.

3. FALIR

Presente do indicativo: (nós) falimos, (vós) falis

Presente do subjuntivo: Não é usado.

Imperativo afirmativo: fali (vós)

Imperativo negativo: Não é usado.

Os demais tempos são regulares. Os verbos *combalir, delinquir, empedernir, foragir-se, remir* e outros são conjugados como o verbo *falir*.

São também defectivos os verbos *antiquar, precaver, reaver, soer, transir* e vários outros.

Os verbos que indicam fenômenos da natureza (*chover, nevar, relampejar, ventar* etc.) só são conjugados na 3.ª pessoa do singular.

Os verbos que indicam vozes de animais (*latir, miar, relinchar* etc.) só são conjugados na 3.ª pessoa — singular e plural.

As lacunas que os verbos defectivos deixam podem ser supridas pelo emprego de outras formas verbais ou de construções perifrásticas que apresentam significados equivalentes. Exemplos:

Só Cristo salva e *redime.* (em substituição ao verbo *remir*)

Se a crise econômica continuar, eu *abro falência.* (em substituição ao verbo *falir*)

Emprego dos tempos e dos modos verbais

MODO INDICATIVO

1. Presente

Emprega-se o presente do indicativo para:

a) enunciar um fato da atualidade que ocorre no momento em que se fala:

Silêncio completo. Todos *dormem.*

Chove forte na Baixada Santista.

b) indicar ações habituais ou afirmações gerais:

Todos os sábados, eles *jogam* pôquer conosco.

O socialismo cristão *torna* o mundo menos conturbado.

c) expressar verdades universais ou fatos que sejam relativamente permanentes:

A Lua *gira* em torno da Terra.

Pessoas idosas *precisam* de amor e atenção.

d) marcar ações futuras predeterminadas:

Eles *chegam* a São Paulo no próximo domingo.

A peça *começa* às nove da noite.

2. Pretérito imperfeito

O pretérito imperfeito designa um fato passado não concluído. Expressa uma ideia de continuidade, de duração do processo verbal. É empregado para:

a) indicar que o fato passado já se encerrou, porém apresentou uma ação prolongada:

Naquela época João *comia* e *bebia* muito.

A mentalidade do povo *impedia* o progresso da cidade.

b) marcar a ocorrência de ações simultâneas (uma estava em curso no momento em que ocorreu a outra):

Cantavam e *gritavam* alto e nós todos <u>acordamos</u>.

No momento em que *abria* a porta, o ladrão se <u>aproximou</u> e <u>invadiu</u> a casa.

c) expressar um passado habitual ou uma ação repetitiva no passado:

Ela sempre me *beijava* quando eu saía para o trabalho.

O cachorro *latia, latia* e *tentava*, em vão, abrir o portão.

d) situar algo de maneira vaga no tempo:

Era uma vez um rei que tinha três lindas filhas.

Era uma vez uma rainha malvada que morava num palácio encantado.

e) indicar que um fato seria consequência certa e imediata de outro que não é real:

Se eu fosse rico, *comprava* logo um avião para viajar sempre.

Ela *contestava* tudo o que ele disse, se tivesse um pouco mais de coragem.

NOTA

Nos exemplos de *(e)*, o pretérito imperfeito substitui, na linguagem coloquial, o futuro do pretérito.

f) expressar modéstia ou polidez em pedidos:

Eu *queria* um copo d'água, por favor.

Nós *queríamos* falar com o patrão.

NOTA

Nos exemplos de *(f)*, o pretérito imperfeito é usado em lugar do presente do indicativo.

3. Pretérito perfeito

O pretérito perfeito *simples* indica um fato passado que já foi concluído:

Comprei as frutas para as crianças.

Fiz ginástica pela manhã e me *senti* bem-disposto.

O pretérito perfeito *composto* exprime um fato contínuo ou repetitivo que só se conclui no momento em que se fala:

Eu *tenho trabalhado* muito nos últimos dias.

Temos feito trabalho voluntário numa creche da periferia.

4. Pretérito mais-que-perfeito

O pretérito mais-que-perfeito, seja *simples*, seja *composto*, indica um fato que ocorreu anteriormente a outra ação também passada:

Todos ficaram bastante aliviados, pois o refém *fora* finalmente libertado.

Tínhamos comprado tudo o que ele queria.

O pretérito mais-que-perfeito expressa:

a) um fato vagamente situado no passado:

Crescera, tornara-se homem, *ficara* rico, mas sua vida *fora* sempre marcada pela infelicidade.

Todos *tinham fugido*, pois naqueles tempos os ataques dos bárbaros eram frequentes.

b) certas frases exclamativas:

Quisera eu poder viajar de avião!

Tomara que chova o dia todo!

5. Futuro do presente

Emprega-se o futuro do presente *simples* para:

a) indicar um fato posterior ao momento em que se fala, seja esse certo, seja provável:

Passarei as férias na fazenda de meus avós.

Eles *viajarão* para o Nordeste no final do ano.

b) expressar uma ordem, em substituição ao imperativo:

Tu não *irás* a parte alguma.

Não *darás* falso testemunho contra o teu próximo.

c) exprimir com polidez um fato do presente:

Diremos que ele não se comportou bem.

Pensará o cavalheiro que estou sendo precipitado?

d) expressar dúvida ou incerteza:

Será que ela está a nossa espera?

Serão os deuses astronautas?

Emprega-se o futuro do presente *composto* para:

a) indicar que um fato será concluído antes do outro:

Quando vocês chegarem a Belo Horizonte, certamente já *terá anoitecido*.

Eu *terei conversado* com ele sobre o incidente antes do final do mês.

b) expressar a probabilidade de um fato futuro:

Caso consigamos derrotá-lo, *teremos prestado* um grande bem à humanidade.

Terá sido uma tarefa inútil, se não derem prosseguimento ao projeto.

c) exprimir dúvida ou incerteza:

Como está o tempo? *Terá passado* a tormenta?

O que *terá acontecido* com os prisioneiros ainda não se sabe.

6. Futuro do pretérito

Emprega-se o futuro do pretérito *simples* para:

a) indicar um fato posterior ao momento em que se fala:

Após a realização do concurso interno, João *seria* assistente administrativo.

Você acha que, se descobrissem a verdade, eles se *arrependeriam* do que fizeram?

b) expressar dúvida ou incerteza:

Lúcia anda desaparecida. *Estaria* ela doente?

Não sei quem *cometeria* tal loucura.

c) exprimir com polidez um fato do presente:

O senhor me *deixaria* usar o telefone?

Nós *precisaríamos* de um empréstimo bancário.

d) expressar surpresa, em frases exclamativas e interrogativas:

Seria trágico se não fosse cômico!

Ela agora virou madame. Quem *diria?*

Emprega-se o futuro do pretérito *composto* para:

a) indicar que um fato teria ocorrido no passado, mediante certa condição:

Nós *teríamos chegado* mais cedo se viéssemos de carro.

Se eu fosse rico, *teria comprado* um carro importado.

b) expressar incerteza a respeito de um fato passado, sem estabelecer nenhuma condição:

Imaginei que ele *teria viajado.*

Talento não lhe falta. Ela *teria sido* uma grande pianista.

c) exprimir incerteza sobre um fato passado, sempre em frases interrogativas:

Quem *teria feito* tamanha maldade com o gatinho?

Que coisa *teria acontecido* a eles?

MODO SUBJUNTIVO

O subjuntivo está relacionado às orações subordinadas: substantivas, adjetivas e adverbiais. Às vezes, o subjuntivo em si não apresenta valor próprio, porém esse é determinado pelas conjunções que a ele se relacionam.

1. Presente

Emprega-se o presente para:

a) expressar um fato provável ou duvidoso:

É possível que *estejamos* perdidos.

Talvez ela *cante* mais uma canção.

b) exprimir uma ordem ou proibição:

A lei exige que ele *pague* o que deve imediatamente.

Quero que ela não *dirija* jamais o meu carro.

c) indicar um desejo:

Espero que você *seja* muito feliz.

Desejamos que eles *voltem* logo.

d) expressar indignação (em frases exclamativas):

Macacos me *mordam!*

Que os deuses te *castiguem!*

2. Pretérito imperfeito

Emprega-se o pretérito imperfeito:

a) para indicar um fato hipotético:

Caso ele *revelasse* a verdade, tudo seria diferente.
Chegaríamos mais rápido se *viajássemos* de ônibus.

b) para exprimir uma dúvida:

Temia que ela *morresse* diante de tantos ferimentos.

Todos receavam que eles se *tornassem* bandidos.

c) em orações que expressam um desejo:

Tomara *tivesse* eu toda aquela inteligência!

Oxalá *estivéssemos* na mesma situação que eles!

3. Pretérito perfeito

O pretérito perfeito é empregado para:

a) exprimir um fato passado:

Não acredito que ela *tenha viajado* sem resolver aquelas pendências.

Receio que eles *tenham chegado* atrasados.

b) indicar um fato hipoteticamente concluído em relação a outro fato que será realizado:

Espero que a reforma *tenha acabado* quando retornarmos ao sítio.

Cremos que todos *tenham chegado* antes do anoitecer.

4. Pretérito mais-que-perfeito

Emprega-se o pretérito mais-que-perfeito para exprimir um fato anterior a outro já realizado:

Tudo não teria sido em vão se ao menos *tivéssemos impedido* aquele acidente.

Eu a convenceria a nos ajudar se você não *tivesse sido* tão rude.

5. Futuro

Emprega-se o futuro *simples* em orações adjetivas ou adverbiais que indicam eventualidade:

Entrego o prêmio aos alunos que *responderem* às perguntas corretamente.

Darei a recompensa àquele que me *ajudar*.

Se *desejar*, sirvo o jantar no terraço.

Quando *pudermos*, faremos uma nova viagem ao Sul.

Emprega-se o futuro *composto* para dar um fato futuro como concluído em relação a outro fato também futuro:

Quando *tivermos terminado* esta barragem, seremos transferidos para outra obra.

Assim que ele *for removido* para Brasília, iremos visitá-lo.

MODO IMPERATIVO

Emprega-se o imperativo para indicar:

a) uma ordem ou comando:

Sentem-se e *parem* de falar!

Feche a porta imediatamente!

b) um pedido:

Ligue o ventilador, por favor.

Por gentileza, *avisem* a patroa que o encanador chegou.

c) um conselho:

Tenha sempre muito juízo.

Não *sejas* assim tão ambicioso.

d) um convite:

Venham tomar uma cervejinha conosco.

Apareça lá na loja para um cafezinho.

e) uma súplica:

Por favor, não me *deixem* só!

Poupa a vida da pobrezinha, por Deus!

f) uma proibição:

Jamais *entrem* no meu escritório sem autorização.

Nunca mais *usem* o meu carro.

Emprego das formas nominais do verbo

1. Infinitivo

Emprega-se o infinitivo *impessoal* quando:

a) não se refere a nenhum sujeito:

Viajar é algo fascinante.

Praticar esportes retarda o envelhecimento.

b) apresenta valor de imperativo:

Apontar, fogo!

Avançar até o bosque!

c) tem valor de gerúndio (sempre precedido de *a*):

João está a *tocar* violão no jardim.

As crianças vivem a *brincar* no pomar.

d) serve de complemento nominal a adjetivos (sempre precedido por *de*):

Creio que este seja um caso fácil de *resolver*.

O cadeado da garagem é difícil de *abrir*.

e) faz parte de uma locução verbal:

Nós *vamos passear* na praia no final da tarde.

Pretendo partir bem cedinho.

Emprega-se o infinitivo *pessoal* quando:

a) há um sujeito claramente expresso:

De que adianta nos *esforçarmos* tanto?

Para *comprarem* o apartamento, terão de pedir empréstimo ao banco.

b) existe indeterminação do sujeito na terceira pessoa do plural:

O próprio gerente não deixou *prenderem* o baderneiro.

Será que são só rumores? Ouvi *comentarem* que ela abandonou o marido.

c) há referência a um agente não expresso, identificado pela desinência verbal:

Seria conveniente *ficarmos* juntos.

É melhor *permanecerem* bem quietinhos.

2. Gerúndio

Emprega-se o gerúndio:

a) no início de período, para indicar uma ação concluída anteriormente àquela expressa na oração principal:

Gritando como um louco, ele entrou na cozinha e ameaçou a todos.

Dirigindo em alta velocidade, ela passou por nós sem nos ver.

b) junto do verbo principal, para expressar uma ação realizada simultaneamente:

Regina <u>falava</u> *chorando* como uma criança.

Ele <u>estuda</u> *falando* alto o tempo todo.

c) após a oração principal, para expressar uma ação posterior:

No salão todos dançavam alegremente, *rodopiando* como aleluias ao redor da luz.

O pedreiro trabalhou com afinco, *assentando* fieiras e fieiras de tijolos sem demonstrar cansaço.

d) em locuções verbais, com os auxiliares *andar*, *estar*, *ir* e *vir*:

Maria <u>anda</u> *falando* mal de todos nós.

Quando chegamos, as crianças <u>estavam</u> *dormindo*.

O barulho foi *crescendo* pouco a pouco, até que se tornou insuportável.

Cecília vinha *chegando* do trabalho quando se encontrou com Rafael.

e) para indicar um progresso contínuo, normalmente com a repetição da forma verbal:

Gabriel, *correndo, correndo* como um louco, escorregou e caiu feio.

Comendo e *bebendo* sem parar, eles ficaram aqui até o amanhecer.

3. Particípio

O particípio pode ser empregado com ou sem verbo auxiliar.

Com auxiliar

a) com os auxiliares *ter* e *haver*, para formar os tempos compostos da voz ativa:

Tínhamos trabalhado a noite inteira.

Ela *havia viajado* a negócios.

b) com os auxiliares *ser* e *estar*, para formar os tempos da voz passiva:

Ela *foi acometida* de um acesso de loucura.

Estávamos fascinados pela beleza do lugar.

Sem auxiliar

Sem o auxiliar, o particípio exprime o resultado de uma ação concluída:

Torturado pelo remorso, o marido quase enlouqueceu.

Encontrada a solução para aquela grave crise, todos suspiraram aliviados.

X - ADVÉRBIO

Advérbio é uma classe de palavra invariável que funciona, fundamentalmente, como modificador do verbo. Pode, também, modificar um adjetivo e outro advérbio.

a) modificador do verbo

As crianças *nunca* saem sozinhas.

Paulo lavou o carro *rapidamente*.

b) modificador do adjetivo

Maria é *extremamente* bondosa.

As suas ideias estão *bem* elaboradas.

c) modificador de outro advérbio

Ele fala *muito* depressa.

Ela fez tudo *bem* devagar.

Às vezes, o advérbio pode modificar uma oração inteira ou, até mesmo, um substantivo:

Infelizmente nada pôde ser feito por João.

Somente Paulo se recusou a colaborar.

Os advérbios exprimem circunstâncias de tempo, lugar, modo, dúvida etc. Exemplos:

Fomos ao cinema *ontem*.

Eles moram *aqui*.

Todos caminharam *silenciosamente*.

Talvez eu viaje de avião.

Classificação dos advérbios

Os advérbios classificam-se de acordo com as circunstâncias que expressam. Há, na língua portuguesa, diversos tipos de advérbio:

1. de afirmação

sim, certamente, realmente, efetivamente, deveras, incontestavelmente etc.

2. de dúvida

talvez, quiçá, possivelmente, provavelmente, acaso, porventura etc.

3. de intensidade

bastante, bem, assaz, mais, menos, muito, pouco, demais etc.

4. de lugar

aqui, lá, aí, acolá, abaixo, acima, adiante, além, aquém, atrás, defronte, dentro, fora, perto, longe, onde etc.

5. de modo

bem, mal, assim, depressa, devagar, melhor, pior etc.

NOTA

São também advérbios de modo quase todos os advérbios terminados em -mente: *delicadamente*, *negligentemente*, *rapidamente*, *suavemente* etc.

6. de negação

não, nunca, jamais

7. de tempo

agora, hoje, ontem, anteontem, amanhã, cedo, tarde, jamais, nunca, logo, sempre, outrora, presentemente, raramente etc.

Advérbios interrogativos

Chamam-se interrogativos os advérbios que são empregados nas interrogações diretas e indiretas. Os advérbios interrogativos indicam circunstâncias de:

1. causa: *por que?*

Por que Maria não nos cumprimentou?

Nem imagino *por que* Maria não nos cumprimentou.

2. lugar: *onde?*

Onde estão os meus óculos?

Não sei *onde* estão os meus óculos.

3. modo: *como?*

Como anda o seu projeto de engenharia genética?

Gostaria de saber *como* anda o seu projeto de engenharia genética.

4. tempo: *quando?*

Quando será realizado o congresso?

Preciso saber *quando* será realizado o congresso.

Locuções adverbiais

Locuções adverbiais são duas ou mais palavras que funcionam como advérbio. Em geral, os constituintes de uma locução adverbial são uma preposição + um substantivo, adjetivo ou advérbio. Exemplos:

às claras, às pressas, à toa, a pé, às escondidas, às vezes, de repente, de improviso, de propósito, de vez em quando, em breve, em cima, por atacado, por fora, por um triz, sem dúvida, sem medo etc.

As locuções adverbiais classificam-se como os advérbios. Podem ser de:

1. afirmação

com certeza, de fato, por certo, sem dúvida etc.

2. intensidade

de muito, de pouco, de todo, em excesso, por completo etc.

3. lugar

à direita, à esquerda, ao lado, de longe, de perto, em cima, para dentro, para fora, por dentro, por fora, por perto etc.

4. modo

às claras, à toa, a pé, às escondidas, às pressas, com ódio, em silêncio, por acaso etc.

5. negação

de forma alguma, de forma nenhuma, de jeito algum, de modo algum, de modo nenhum etc.

6. tempo

à noite, à tarde, à tardinha, de dia, de manhã, de vez em quando, em breve, pela manhã etc.

Formação dos advérbios de modo

Os advérbios de modo são formados juntando-se o sufixo *-mente* à forma feminina do adjetivo: calma*mente*, lenta*mente*, louca*mente*, rouca*mente* etc.

Numa sucessão de advérbios de modo, apenas o último registrará o sufixo *-mente*. Exemplos:

Ele discursou *lenta* e *roucamente*.

Todos lutaram *rápida, angustiada* e *ferozmente*.

Por outro lado, quando se quer realçar a expressão, repete-se o sufixo *-mente:*

Ele se aproximou da criança *amigavelmente, suavemente, esperançosamente*.

O pobre mendigo começou a comer *rapidamente, ansiosamente, vorazmente*.

Colocação dos advérbios

1. Os advérbios que modificam um adjetivo ou outro advérbio distribuem-se, em geral, antes desses:

   O candidato está *extremamente* <u>nervoso</u>.

   Você canta *muito* <u>bem</u>.

2. Dentre os advérbios que modificam o verbo ocorrem diferentes distribuições:

   a) os de modo são geralmente colocados após o verbo:

   As crianças <u>corriam</u> *velozmente*.

   Todos se <u>movimentaram</u> *lentamente*.

   No entanto, há ocorrências do advérbio no início da oração:

   Rapidamente ele <u>sacou</u> a arma.

   Delicadamente a bailarina <u>atirou</u> uma rosa para a plateia.

   Devemos salientar que há certa liberdade na distribuição dos advérbios ou das locuções adverbiais de modo. Observe estas frases:

   Cuidadosamente ela <u>limpou</u> todos os cristais.

Ela, *cuidadosamente*, <u>limpou</u> todos os cristais.

Ela <u>limpou</u> todos os cristais *cuidadosamente*.

b) os de tempo são colocados antes ou depois do verbo:

Sábado à tarde, <u>fomos</u> ao cinema.

<u>Fomos</u> ao cinema *sábado à tarde*.

Ontem <u>choveu</u> muito.

<u>Choveu</u> muito *ontem*.

c) os de lugar são normalmente colocados antes ou depois do verbo:

A esta cidade, jamais <u>voltarei</u>.

Jamais <u>voltarei</u> *a esta cidade*.

Aqui fora <u>está</u> frio.

<u>Está</u> frio *aqui fora*.

d) o advérbio de afirmação, usado em respostas, é geralmente colocado em posição inicial, antes do sujeito. Às vezes, aparece após o verbo:

— Você sabe onde ela mora?

— *Sim*, <u>eu</u> sei.

— Eles compraram aquela casa na praia?

— <u>Compraram</u> *sim*.

e) o advérbio de negação, usado em respostas, é normalmente colocado em posição inicial, antes do sujeito:

— Você quer um pedaço de bolo?

— *Não*, eu não quero. Obrigado.

— Vocês gostariam de um cafezinho?

— *Não*, agradecemos muito. Está muito calor.

Em outros contextos, o advérbio de negação antecede sempre o verbo:

Ele *não* sabia o que fazer com tanto dinheiro.

Aqui no Rio de Janeiro, *não* se trabalha durante o Carnaval.

Gradação do advérbio

Embora os advérbios sejam uma classe invariável de palavras, muitos deles, principalmente os de modo, podem apresentar flexão gradual, sendo empregados no *comparativo* e no *superlativo*, a exemplo do que ocorre com os adjetivos:

1. Grau comparativo

O comparativo pode ser de:

a) igualdade

João mora tão *longe* quanto (como) Antônio.

Hoje escureceu tão *cedo* quanto (como) ontem.

b) inferioridade

João mora menos *longe* que (do que) Antônio.

Hoje escureceu menos *cedo* que (do que) ontem.

c) **superioridade**

João mora mais *longe* que (do que) Antônio.

Hoje escureceu mais *cedo* que (do que) ontem.

OBSERVAÇÃO

Melhor e *pior* são comparativos irregulares de *bem* e *mal.*

Rosa está cantando *melhor* do que nunca.

O pestinha do Toninho está cada vez *pior.*

2. Grau superlativo

O superlativo pode ser:

1. **absoluto sintético** — com o acréscimo do sufixo *-íssimo:* muit*íssimo,* pouqu*íssimo,* pert*íssimo,* long*íssimo,* lent*issima*mente, suav*issima*mente etc.

   Ele discursou *muitíssimo* bem.

   Nós moramos *pertíssimo* do Museu da Independência.

   A concertista canadense tocou *suavissimamente.*

NOTA

Com os advérbios em *-mente* o sufixo se pospõe à forma superlativa feminina do adjetivo do qual o advérbio deriva: *lentissimamente, suavissimamente, delicadissimamente* etc.

2. **absoluto analítico** — com o uso de um advérbio de intensidade: muito *perto*, muito *longe*, extremamente *rápido*, bastante *devagar* etc.

O médico disse que os marinheiros com intoxicação alimentar estão muito *mal*.

Ela fez tudo extremamente *rápido*.

Eles vieram de muito *longe* para consultar a tal vidente.

O superlativo apresenta ainda *formas diminutivas* na linguagem coloquial ou afetiva (com os sufixos *-inho* e *-zinho*): *agorinha*, *cedinho*, *depressinha*, *devagarzinho*, *melhorzinho*, *pertinho*, *rapidinho* etc.

PALAVRAS DENOTATIVAS

Certas palavras, por não se enquadrarem entre os advérbios, são denominadas *palavras denotativas*.

São palavras que não devem ser classificadas como advérbios, uma vez que não modificam o verbo, nem o adjetivo, nem outro advérbio.

As palavras denotativas indicam:

1. **inclusão**: *até*, *inclusive*, *mesmo*, *até mesmo*, *também*, *ademais* etc.

Até a vovó decidiu ir ao baile de Carnaval.

Todos estavam presentes à cerimônia, *inclusive* Mariana.

2. exclusão: *apenas*, *salvo*, *senão*, *só*, *somente*, *fora*, *menos* etc.

Dentre todos os associados, *apenas* Aloísio não compareceu para votar.

Todos ficaram felizes com a decisão, *fora* Maria, que protestou furiosamente.

3. designação: *eis*

Sem tê-la nos apresentado, João disse: *eis* minha noiva.

Eis-nos aqui novamente.

4. realce: *cá*, *lá*, *é que*, *só*, *sobretudo* etc.

Conte-me *cá* todo o plano de viagem.

Diga-me *lá* o que foi que aconteceu.

5. retificação: *aliás*, *isto é*, *ou antes*, *ou melhor* etc.

Estou sem dinheiro, *aliás*, já devo um pouquinho ao banco.

Hoje é dia 22 de abril, *ou melhor*, de maio.

6. situação: *afinal*, *então*, *agora*, *mas* etc.

Não estou entendendo. *Afinal* qual é a sua proposta?

João não tinha aparência de camponês. Tinha *mas* era ares de aristocrata.

XI - PREPOSIÇÃO

Preposição é uma palavra invariável que liga e relaciona dois termos de uma oração. Ao ligar os dois termos, ela estabelece entre ambos relações de *lugar*, *posição*, *movimento*, *origem*, *modo*, *tempo* etc.

Os termos ligados pela preposição recebem o nome de *antecedente* e *consequente*. É importante notar que o sentido do antecedente é sempre explicado ou completado pelo consequente. Exemplos:

Antecedente	Preposição	Consequente
Vou	a	São Paulo.
Viajaram	de	carro.
Falei	com	Ricardo.
Trabalha	para	João.

Tipos de preposição

Há dois tipos de preposição: *essenciais* e *acidentais*.

1. Essenciais

Preposições essenciais são palavras que só funcionam como preposições. Exemplos: *a, após, até, com, contra, de, desde, em, entre, para, por, sem, sob, sobre* etc.

2. Acidentais

Preposições acidentais são palavras que pertencem a outras partes do discurso, mas podem funcionar como preposições. Exemplos: *como, conforme, consoante, durante, exceto, fora, mediante, salvo, segundo* etc.

Combinação e contração

As preposições *a, de, em* e *per* ligam-se a outras palavras, formando um vocábulo único.

Ocorre a *combinação* quando a preposição une-se a outra palavra sem sofrer redução de fonema.

A preposição *a* combina-se com o artigo definido *(a + o = ao, a + os = aos)* e com o advérbio *onde (a + onde = aonde).*

Ocorre a *contração* quando a preposição sofre redução ao ligar-se com outra palavra. Exemplos: *a + a = à, de + ele = dele, em + o = no, per + o = pelo.*

As preposições contraem-se com diversas classes de palavras: artigo, pronome demonstrativo, pronome pessoal, pronome indefinido e advérbio. Exemplos:

Preposição a

1. com o artigo definido:

a + a = à   a + as = às*

---

* Esse tipo de contração recebe o nome de **crase**. Ver página 567.

2. com o pronome demonstrativo:

a + aquele(s) = àquele(s)

a + aquela(s) = àquela(s)

a + aquilo = àquilo

Preposição de

1. com o artigo definido:

de + o = do   de + os = dos

de + a = da   de + as = das

2. com o artigo indefinido:

de + um = dum   de + uns = duns

de + uma = duma   de + umas = dumas

3. com o pronome demonstrativo:

de + aquele(s) = daquele(s)

de + aquela(s) = daquela(s)

de + aquilo = daquilo

de + esse(s) = desse(s)

de + essa(s) = dessa(s)

de + este(s) = deste(s)

de + esta(s) = desta(s)

de + isso = disso

de + isto = disto

4. com o pronome pessoal:

de + ele = dele de + eles = deles

de + ela = dela de + elas = delas

5. com o advérbio:

de + aqui = daqui

de + ali = dali

de + aí = daí

6. com o pronome indefinido:

de + outro = doutro de + outros = doutros

de + outra = doutra de + outras = doutras

Preposição em

1. com o artigo definido:

em + o = no em + os = nos

em + a = na em + as = nas

2. com o artigo indefinido:

em + um = num em + uns = nuns

em + uma = numa em + umas = numas

3. com o pronome demonstrativo:

em + aquele(s) = naquele(s)

em + aquela(s) = naquela(s)

em + aquilo = naquilo

em + esse(s) = nesse(s)

em + essa(s) = nessa(s)

em + este(s) = neste(s)

em + esta(s) = nesta(s)

em + isso = nisso

em + isto = nisto

4. com o pronome pessoal:

em + ele = nele　　em + eles = neles

em + ela = nela　　em + elas = nelas

Preposição per

com o artigo definido:

per + o = pelo　　per + os = pelos

per + a = pela　　per + as = pelas

Locuções prepositivas

Locuções prepositivas são duas ou mais palavras com função de preposição. A locução prepositiva termina sempre por uma preposição. Exemplos:

Ela estará aqui logo *depois do* almoço. (loc. prep.)

Ela estará aqui logo *após* o almoço. (prep.)

Não admito incompetência *dentro de* minhas empresas. (loc. prep.)

Não admito incompetência *em* minhas empresas. (prep.)

As locuções prepositivas mais usadas na linguagem são:

abaixo de	apesar de
acima de	a respeito de
a fim de	atrás de
a favor de	através de
além de	de acordo com
antes de	debaixo de
ao lado de	dentro de
ao redor de	depois de
a par de	diante de
embaixo de	em virtude de
em cima de	graças a
em face de	junto a
em frente a	junto de
em frente de	perto de
em lugar de	por causa de
em redor de	por detrás de

em torno de	por trás de
em vez de	sob pena de

Relações estabelecidas pelas preposições

São diversas as relações que se estabelecem entre as palavras ligadas pela preposição. Às vezes, não é possível indicar com clareza qual é o tipo de relação entre o antecedente e o consequente. As relações mais comuns são:

1. lugar/posição

As crianças estão *em* casa.

Eles moram *no* centro da cidade.

Ela usava um cachecol *em volta do* pescoço.

2. direção/movimento

Eles correram *para* o quintal.

Eu sempre quis ir *a* Roma.

Ela olhou *para* o lado e fingiu que não me viu.

3. tempo

O almoço será servido *à* uma em ponto.

Eles vieram ao Brasil *em* 1981.

Faremos uma parada para almoço *dentro de* dez minutos.

4. causa/motivo

Centenas de crianças morrem *de* fome diariamente.

Ela entrou em depressão *por causa da* morte da mãe.

A separação deles ocorreu *em consequência da* interferência de Dona Isabel.

5. origem

O avião *de* Paris acaba de aterrissar.

Essa onda de frio vem *do* Sul.

Eles chegaram *das* bandas de Goiás.

6. modo

Ele pediu bife *à* milanesa.

Ela exige as coisas *conforme* suas vontades.

Fizemos tudo *de acordo com* as instruções.

7. meio

Eles viajaram *de* ônibus.

O relatório foi escrito *à* máquina.

Vimos o jogo de basquete *pela* TV.

8. matéria

Aquele vaso é *de* cristal alemão.

Mamãe fez uma torta *de* amora.

9. assunto

É um livro *de* física nuclear.

A conferência *sobre* cinema russo foi adiada.

Não revele os pormenores *acerca do* nosso acordo.

10. estado/qualidade

Após o terremoto, a cidade ficou *em* ruínas.

Quando a encontramos, ela estava *aos* prantos.

É uma carne *de* primeira.

11. instrumento

Os ladrões arrombaram a janela *com* um pé de cabra.

A vítima foi morta *a* foice.

12. finalidade

Ele parou *para* calibrar os pneus.

Eles fizeram tudo *com a finalidade de* prejudicar nosso novo projeto.

13. posse

O carro *de* Carlos está na garagem.

A fazenda *dos* meus avós fica perto de São Carlos.

14. parentesco

O marido *de* Helena viajou para o Canadá.

Os filhos *da* vizinha quebraram a nossa vidraça.

15. companhia

As crianças viajaram *com* os avós.

Eles chegaram *em companhia dos* colegas de trabalho.

16. oposição

Não adianta lutar *contra* um inimigo poderoso.

Saiu uma grande pancadaria no jogo Flamengo *versus* Grêmio.

17. ausência/privação

Felizmente ele morreu *sem* sentir dor.

Eles estão *sem* o que comer.

XII - CONJUNÇÃO

Conjunção é uma palavra invariável que liga duas orações, indicando as relações existentes entre elas, ou dois termos semelhantes de uma oração. Exemplos:

Este vídeo educa *e* diverte.

Este vídeo é educativo *e* divertido.

Para classificar as conjunções, devemos considerar os dois processos básicos de construção da frase: a *coordenação* e a *subordinação*.

Coordenação

A coordenação é um tipo de construção sintática no qual as orações têm sentido independente e são separadas por vírgula ou ponto e vírgula, ou são relacionadas entre si por conjunções coordenativas. Exemplos:

Joana abriu a porta, entrou sem nos cumprimentar *e* foi diretamente para o seu quarto.

Está relampejando, *portanto* haverá chuva.

Subordinação

A subordinação é um tipo de construção sintática no qual uma ou mais orações, chamadas subordinadas, dependem de outras ou da oração principal. Portanto, na subordinação as orações são dependentes, isto é, uma oração determina ou completa o sentido da outra. Exemplos:

Luciano veste-se bem, *embora* gaste pouco com roupas.

Falarei com Marta *assim que* ela chegar.

Conjunções coordenativas

As conjunções coordenativas ligam orações ou termos de uma mesma oração. Dividem-se em:

1. **aditivas**: *e*, *nem* (= e não)

Eles levaram o armário *e* o sofá-cama.

Ela estava atrasada *e* almoçou em apenas dez minutos.

João não me devolveu o dinheiro, *nem* me deu satisfação a respeito.

OBSERVAÇÃO

As *aditivas* ligam dois termos ou duas orações de função idêntica, estabelecendo uma ideia de adição.

2. **adversativas**: *mas, porém, todavia, contudo, entretanto, no entanto, senão* etc.

Fomos ao shopping, *mas* não compramos nada.

É um lugar lindo, *porém* muito poluído.

OBSERVAÇÃO

As *conjunções adversativas* ligam dois termos ou duas orações de função idêntica, estabelecendo uma ideia de oposição ou contraste.

3. **alternativas**: *ou, ou ... ou, já ... já, quer ... quer, ora ... ora, nem ... nem* etc.

Para não conversar com as demais pessoas, lia o jornal, *ou* fingia lê-lo.

Marina é inconstante: *ora* é dócil, *ora* é grosseira.

OBSERVAÇÃO

As *alternativas* ligam dois termos ou duas orações de sentido diferente, estabelecendo sempre uma relação de alternância.

4. **conclusivas**: *logo, pois, portanto, assim, por isso, por conseguinte* etc.

As luzes estão apagadas, *logo* eles devem ter saído.

Ela viajou a noite toda, *portanto* deve estar cansada.

OBSERVAÇÃO

As *conjunções conclusivas* ligam à oração precedente uma oração que expressa conclusão ou consequência.

5. **explicativas**: *pois* (antes do verbo), *que* (= porque), *porque, porquanto* etc.

Vamos embora, *pois* estou morrendo de sono.

É melhor vocês não partirem agora, *porque* o temporal já começou.

OBSERVAÇÃO

As *explicativas* ligam duas orações, e na segunda oração está contida uma explicação ou justificativa para a ideia expressa na primeira.

Conjunções subordinativas

As conjunções subordinativas ligam orações dependentes, isto é, orações que dependem de outras ou da oração principal para ter sentido completo. Classificam-se em:

1. **causais** (exprimem causa): *porque, pois, como* (= porque), *porquanto, que, visto que, visto como, uma vez que, de modo que, de maneira que, de forma que* etc.

Eles não chegaram ainda *porque* o ônibus atrasou.

Todos ficaram preocupados, *visto que* Ricardo não dava notícias da família.

2. **comparativas** (estabelecem comparações): *como, tão como, assim como, tanto quanto, do que* (esta última após mais, menos, maior, menor, melhor e pior), *qual, que nem* etc.

   Os verdadeiros amigos são *como* diamantes.

   Ele entrou bufando *que nem* um touro bravo.

3. **concessivas** (exprimem contradição): *embora, ainda que, se bem que, posto que, apesar de que, por mais que, por menos que* etc.

   Continuaremos prestigiando nosso prefeito, *embora* nossa confiança nele esteja abalada.

   Ela continua gorda, *por mais que* se envolva com milagrosas dietas.

4. **condicionais** (indicam hipótese ou condição): *se, caso, a não ser que, sem que, contanto que, desde que* etc.

   Se não partirmos agora, pegaremos um grande congestionamento na estrada.

   Assinaremos o contrato, *desde que* haja garantia de lucro.

5. **consecutivas** (exprimem consequências): *que* (precedido de tal, tanto, tão e tamanho), *de sorte que, de modo que, de forma que, de maneira que* etc.

   A onda era <u>tamanha</u> *que* ninguém conseguiu pulá-la.

Analise bem a situação, *de maneira que* tudo seja levado em consideração.

6. **conformativas** (indicam conformidade com um ato ou fato): *conforme, como* (= conforme), *segundo, consoante* etc.

Fizemos tudo *conforme* as instruções do gerente.

Segundo o serviço de meteorologia, choverá muito no próximo fim de semana.

7. **finais** (exprimem a finalidade da oração principal): *porque* (= para que), *para que, a fim de que* etc.

Parem de fazer barulho *para que* eu consiga estudar.

Deixe a chave com a vizinha, *a fim de que* possamos entrar.

8. **proporcionais** (indicam fatos simultâneos): *à medida que, à proporção que, ao passo que, quanto mais ... mais, quanto mais ... menos* etc.

O frio aumenta, *à medida que* avançamos para o sul.

Quanto mais ela estuda, *menos* aprende.

9. **temporais** (exprimem circunstâncias de tempo): *quando, enquanto, logo que, antes que, depois que, apenas, mal* etc.

Enquanto as crianças dormiam, passei toda aquela roupa.

Entrarei em contato com você *logo que* for possível.

10. **integrantes** (introduzem uma oração que completa o sentido de outra): *que* (exprime certeza) e *se* (exprime incerteza ou dúvida)

Tenho certeza de *que* ela já chegou de viagem.

Não sei *se* eles virão hoje ou amanhã.

OBSERVAÇÃO

É importante salientar que as conjunções são expressas por uma só palavra. Sempre que tivermos mais de uma palavra, estaremos diante de uma *locução conjuntiva*.

XIII - INTERJEIÇÃO

Interjeição é uma palavra invariável, geralmente um grito instintivo, com a qual se exprimem emoções súbitas, isto é, sentimentos de alegria, de dor, de admiração e irritação, de aprovação, de surpresa, de alívio etc.

A interjeição geralmente inicia a oração, mas não tem com ela nenhuma relação gramatical. É importante notar que o significado da interjeição depende do contexto no qual é usada e da entonação empregada. Muitas vezes, a mesma interjeição expressa sentimentos diversos. Na linguagem escrita, a interjeição vem normalmente acompanhada do ponto de exclamação.

Classificação das interjeições

de advertência: *Cuidado!, Atenção!, Olha!, Devagar!, Calma!*

de alegria: *Ah!, Oh!, Oba!, Opa!, Olé!*

de alívio: *Ah!, Ufa!, Arre!*

de animação: *Avante!, Força!, Coragem!, Vamos!*

de apelo ou **chamamento**: *Ó!, Olá!, Hei!, Psiu!, Socorro!*

de aplauso: *Bis!, Bravo!, Bem!, Viva!*

de aversão: *Chi!, Ih!, Credo!*

de desejo: *Oh!, Oxalá!, Tomara!*

de dor: *Ai!, Ui!*

de espanto ou **surpresa**: *Ah!, Chi!, Ih!, Puxa!*

de impaciência: *Irra!, Puxa!, Hum!*

de invocação: *Alô!, Olá!, Ô!, Psiu!*

de saudação: *Salve!, Adeus!*

de silêncio: *Psiu!, Silêncio!*

de terror: *Ui!, Uh!, Credo!, Cruzes!*

Locução interjetiva

Locução interjetiva é um grupo de palavras com valor de interjeição: *Ora bolas!, Puxa vida!, Meu Deus!, Que horror!, Minha nossa!, Macacos me mordam!, Quem me dera!* etc.

XIV - FRASE, ORAÇÃO, PERÍODO

1. Frase

Frase é a unidade mínima do discurso. É um enunciado que contém uma ou várias palavras que formam sentido completo. Observe que a frase pode ou não conter uma forma verbal. Exemplos:

Silêncio!

Chega de conversa!

Muito obrigado!

Eles moram em Campinas.

Na linguagem oral, a frase é sempre marcada pela entonação. Na linguagem escrita, a entonação é substituída pelos diversos sinais de pontuação.

Tipos de frase

Há quatro tipos de frase:

a) **declarativa** (encerra um enunciado — afirmativo ou negativo)

Eles viajaram de avião.

Eles não viajaram de avião.

b) **interrogativa** (encerra uma interrogação)

Eles viajaram de avião?

c) **exclamativa** (encerra uma exclamação)

Como estamos exaustos!

d) **imperativa** (encerra uma ordem ou comando, um pedido ou uma proibição)

Saia do carro já.

Abra a porta, por favor.

Nunca mexa nas minhas coisas.

2. Oração

Oração é a frase que se constitui de sujeito e predicado, ou só de predicado.

O calor está insuportável.

↓ ↓

sujeito predicado

Chove forte.

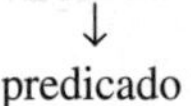

3. Período

Período é a frase constituída de uma ou mais orações. O período pode ser *simples* (formado por uma só oração) ou *composto* (formado por duas ou mais orações). O período pode ser composto por *coordenação* e por *subordinação*. É composto por coordenação quando as orações que se sucedem são independentes. É composto por subordinação quando há uma oração principal, à qual se subordinam outras orações.

Há também o período formado por orações coordenadas e subordinadas. Exemplos:

Aurélia chegou de viagem. (período simples)

As nossas encomendas chegaram, mas não foram liberadas pela alfândega. (período composto por coordenação)

Todos notaram que os Alencar não estavam se sentindo à vontade, porém nada fizeram para amenizar a situação. (período composto por coordenação e subordinação)

O período termina sempre por uma pausa conclusiva que recebe, na linguagem escrita, um sinal de pontuação: ponto, ponto de exclamação, ponto de interrogação, reticências e, em certos casos, dois-pontos.

NOTA

A oração que constitui o período simples é chamada de *oração absoluta*.

XV - TERMOS DA ORAÇÃO

A. TERMOS ESSENCIAIS

Os termos essenciais da oração são o *sujeito* e o *predicado*. O sujeito é o ser sobre o qual se afirma algo. O predicado é tudo aquilo que se declara do sujeito. Exemplo:

João gostaria de estudar medicina.
↓ ↓
sujeito predicado

É importante esclarecer que o sujeito e o predicado nem sempre são expressos da maneira como vimos na oração anterior. Observe o exemplo abaixo:

No sul do país, *a produção de vinhos finos* tem crescido nos últimos anos.

O sujeito *(a produção de vinhos finos)* é introduzido depois do adjunto adverbial de lugar (No sul do país), que é parte integrante do predicado. Assim, o predicado é No sul do país, tem crescido nos últimos anos.

SUJEITO

O sujeito pode ser expresso por:

1. um nome próprio:

   Arnaldo ganhou uma bolsa de estudos.

   Nova York é o centro financeiro do mundo.

2. um substantivo acompanhado de adjuntos:

   Os turistas africanos ainda não chegaram.

   A irmã de Pedro está ao telefone.

3. um pronome (pessoal reto, demonstrativo, interrogativo ou indefinido):

   Ele perdeu a carteira de identidade.

   Isso não me diz respeito.

   Quem pegou o meu dicionário?

   Alguém está à sua espera na recepção.

4. um numeral (acompanhado ou não de adjuntos):

   Os dois tornaram-se militares.

   Ambos merecem o castigo que levaram.

5. uma palavra, ou expressão, substantivada:

   Dirigir me deixa nervoso.

   O pega pra capar começou no coreto e se espalhou por toda a praça.

Núcleo do sujeito

O núcleo do sujeito é a palavra central ou nuclear do sujeito, em torno da qual podem aparecer palavras secundárias, conhecidas como *adjuntos adnominais.* Os elementos do sujeito concordam sempre com o seu núcleo. Exemplos:

A madrinha de Carolina teve um infarto.

sujeito: *A madrinha de Carolina*

núcleo do sujeito: *madrinha*

Os três alunos brigões foram suspensos por três dias.

sujeito: *Os três alunos brigões*

núcleo do sujeito: *alunos*

Tipos de sujeito

O sujeito pode ser *simples, composto, oculto* (ou *determinado*), *indeterminado* e *inexistente* (ou *oração sem sujeito*).

1. **Sujeito simples** (apresenta um só núcleo)

   O ruído era ouvido de longe.

   Ele chegou de Parati.

2. **Sujeito composto** (apresenta mais de um núcleo)

   O ruído, os gritos e as chibatadas eram ouvidos de longe.

   Ele e eu chegamos de Parati.

3. **Sujeito oculto** ou **determinado** (não aparece expresso na oração, mas pode ser identificado)

   Permanece*mos* muito tempo à espera de Ricardo.

Heloísa chegou deslumbrante. Estava vestida como uma princesa. Iria arrebatar corações.

Embora não tenhamos os sujeitos materialmente expressos nos exemplos anteriores, torna-se evidente que o sujeito de *Permanecemos* é *nós*, indicado pela desinência *-mos*, e o sujeito de *Estava* e *Iria* é *Heloísa*, mencionado na primeira oração do período.

4. **Sujeito indeterminado** (não aparece na oração nem pode ser identificado)

Contaram-nos coisas horríveis sobre ele.

Vive-se muito bem na Espanha.

O sujeito indeterminado ocorre quando não sabemos quem é o agente da ação verbal ou quando não há interesse em mencioná-lo. Assinala-se a indeterminação do sujeito usando-se o verbo na 3.ª pessoa do plural ou na 3.ª pessoa do singular, com o pronome *se*.

5. Sujeito inexistente, ou **oração sem sujeito**

Quando o processo verbal de um enunciado não é atribuído a nenhum ser, temos o sujeito inexistente, ou a oração sem sujeito. A inexistência do sujeito ocorre sempre com verbos impessoais usados na 3.ª pessoa do singular.

Os casos principais de inexistência do sujeito ocorrem com:

a) verbos ou expressões que indicam fenômenos da natureza:

Choveu muito ontem à noite.

b) o verbo haver no sentido de "existir":

No céu *havia* nuvens ameaçadoras.

Há algumas mangas maduras no galho de cima.

c) os verbos haver e fazer no sentido temporal:

A empresa foi fundada *há* cinco anos.

Faz dois anos que não vejo Regina.

d) os verbos ser ou passar na indicação de tempo:

Era bem tarde para uma garota sair sozinha.

Passava da meia-noite quando ocorreu a explosão.

PREDICADO

Tipos de predicado

O predicado pode ser *nominal, verbal* ou *verbo-nominal.*

1. Predicado nominal

O predicado nominal contém sempre um verbo de ligação + um predicativo do sujeito:

A Lua <u>é</u> *o satélite natural da Terra.*

O cinema <u>estava</u> *lotado.*

Marisa <u>anda</u> *um pouco deprimida.*

Ele <u>permaneceu</u> *calado por muito tempo.*

2. Predicado verbal

O predicado verbal tem como núcleo um verbo que normalmente expressa ideia de ação:

As crianças *fugiram de medo do macaco.*

O fogo *espalhou-se rapidamente por toda a mata.*

Pedro *vendeu a safra de café por um bom preço.*

3. Predicado verbo-nominal

O predicado verbo-nominal apresenta dois núcleos: um verbo que indica ação e um nome que expressa uma qualidade ou um estado do sujeito ou do objeto:

O cachorro *voltou da rua ferido.*

Irene *sorriu nervosa.*

O diretor *julgou o professor inocente.*

Predicação verbal

Predicação verbal é a maneira pela qual se estabelece a relação entre o sujeito e o verbo e entre os verbos e seus respectivos complementos.

Há verbos que apresentam sentido completo e não exigem complementos, pois apresentam significação completa por natureza. Exemplos:

O meu gatinho *morreu.*

As crianças *dormem.*

O cavalo *disparou.*

Outros verbos exigem certos termos para completar-lhes o sentido. Exemplos:

Vamos *assistir* à missa.

Joana *admira* as pessoas habilidosas.

Gustavo *comprou* uma bicicleta nova.

Observe que, sem os complementos (objetos), as orações acima ficariam sem sentido completo.

Os verbos de predicação completa (não exigem complementos) são chamados *intransitivos*. Aqueles de predicação incompleta (exigem complementos) são *transitivos*. O verbo transitivo pode ser *direto, indireto* ou *direto* e *indireto* ao mesmo tempo, conforme o complemento que exige para completar-lhe o sentido. Exemplos:

O sol *queimou* a plantação.

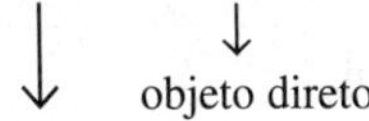

objeto direto

verbo transitivo direto

Nós *precisamos* de um empréstimo.

objeto indireto

verbo transitivo indireto

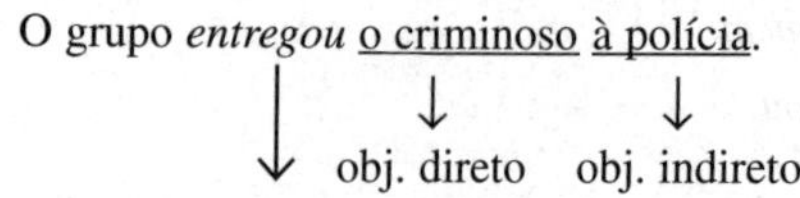

verbo transitivo direto e indireto

Há, também, os *verbos de ligação* (*ser, estar, continuar, ficar, parecer, permanecer, tornar-se*), que não apresentam significação completa e pedem um complemento (*predicativo do sujeito*) para completar-lhes a significação. Os verbos de ligação estabelecem uma estreita relação entre o sujeito e o seu predicativo. Exemplos:

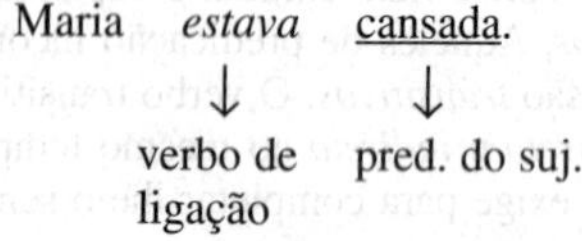

Maria *continua* cansada.

↓ verbo de ligação ↓ pred. do suj.

Maria *parece* cansada.

↓ verbo de ligação ↓ pred. do suj.

NOTA

Os verbos *estar, ficar* e *permanecer* podem, também, ser empregados como *verbos intransitivos*, quando pedem um complemento que indica circunstância de lugar para completar-lhes a significação. Exemplos:

As crianças *estavam* no ônibus.
verbo
intransitivo

As crianças *ficaram* em casa.
verbo
intransitivo

As crianças *permaneceram* no sítio.
verbo
intransitivo

É importante salientar que a transitividade verbal deve ser sempre analisada de acordo com o contexto linguístico e não isoladamente. Observe os exemplos a seguir:

Maria confessou no domingo passado.
(intransitivo – não pede complemento)

Maria confessou a sua culpa.
(transitivo direto – pede objeto direto)

Maria confessou a sua culpa aos pais.
(transitivo direto e indireto – pede objeto direto e indireto)

PREDICATIVO

Predicativo é o termo da oração que completa o significado do verbo e indica uma qualidade atribuída ao sujeito ou ao objeto.

Predicativo do sujeito

O predicativo do sujeito é um termo que expressa uma característica do sujeito e faz parte do predicado nominal e do predicado verbo-nominal. No predicado nominal, o predicativo é sempre introduzido por um verbo de ligação. Exemplos:

Margarida está *triste*.
↓
pred. do sujeito

Margarida tornou-se *amarga*.
↓
pred. do sujeito

No predicado verbo-nominal, a relação que se estabelece com o sujeito é apresentada por meio de um verbo intransitivo ou transitivo. Exemplos:

O cachorro grunhiu *nervoso*.
↓ ↓
verbo intransitivo — pred. do sujeito

Rosinha abriu a caixa *ansiosa*.
↓ ↓
verbo transitivo — pred. do sujeito

Predicativo do objeto

O predicativo do objeto é um termo que indica uma característica que se atribui ao objeto. Às vezes, pode vir regido de preposição. Exemplos:

A comissão de inquérito considerou-o *inocente*.
↓
pred. do objeto

Achamos o espetáculo *excelente*.
↓
pred. do objeto

Julieta chamou-o de *empulhador*.
↓
pred. do objeto

B. TERMOS INTEGRANTES

Os termos integrantes da oração são aqueles que completam a significação de verbos e nomes transitivos. Por essa razão, são indispensáveis à compreensão da mensagem.

Os termos integrantes são os *complementos verbais*, o *complemento nominal* e o *agente da passiva*.

Complementos verbais

Complementos verbais são substantivos ou expressões substantivas que completam a significação de um verbo. Os complementos verbais são o *objeto direto* e o *objeto indireto*.

1. Objeto direto

Objeto direto é o termo da oração que completa o sentido de um verbo transitivo direto. Geralmente o objeto direto vem ligado ao verbo sem preposição. Exemplos:

Joana comprou *um vestido de seda*.

Procurei-*o* por todos os lugares.

O objeto direto pode ser representado por:

a) um substantivo (acompanhado ou não de adjuntos):

O fogo destruiu *o armazém*.

Ele pretende ter *poder e dinheiro*.

b) um pronome substantivo:

O jagunço matou *alguém* lá pelas bandas do cerrado.

A testemunha disse *tudo*.

c) um pronome oblíquo (*o*, *a*, *os*, *as*, *me*, *te*, *se*, *nos*, *vos*):

Procuraram-*no* por toda a cidade.

Ela mirou-*se* ao espelho toda vaidosa.

d) um numeral:

É suficiente. Já tenho *oito*.

Chega! Encontrei *cinco*.

e) uma palavra, ou expressão, substantivada:

Ele tinha *o amanhecer* dourado nas mãos.

Ela tem um *quê* enigmático.

f) uma oração (subordinada substantiva objetiva direta):

Ela acha *que tem poder*.

Não sei *se comprarei a casa de praia*.

Objeto direto preposicionado

O objeto direto deve vir precedido da preposição *a*:

a) para evitar ambiguidade (para que o objeto direto não seja tomado como sujeito):

Ao assassino condenou o juiz.

Mata, enfim, *ao vilão* o herói.

b) quando é expresso por pronome pessoal oblíquo tônico:

Carlos a amava tanto quanto *a ti*.

Eles hostilizaram *a mim* sem motivo.

c) com o pronome relativo quem:

Simone tinha um primo *a quem* odiava.

Finalmente conheci a garota *a quem* amas.

d) com verbos que exprimem sentimentos:

Devemos amar *a Deus* sobre todas as coisas.

Eduardo não odeia *a ninguém*.

Objeto direto pleonástico

Quando se pretende dar ênfase à ideia expressa pelo objeto direto, pode-se repeti-lo na mesma oração, usando-se um pronome pessoal átono. A esse tipo de construção semântica denomina-se objeto direto pleonástico.

As joias, ninguém *as* encontrou.
↓ ↓
obj. direto obj. direto pleonástico

O relatório, terminaram-*no* ontem.
↓ ↓
obj. direto obj. direto pleonástico

A mim, nada *me* deram.
↓ ↓
obj. direto obj. direto pleonástico

2. Objeto indireto

Objeto indireto é o termo da oração que completa o sentido de um verbo transitivo indireto ou transitivo direto e indireto. É um complemento verbal regido de preposição, clara ou implícita. Exemplos:

Preciso *de um dicionário de espanhol.*

Entreguei-*lhe* os livros.

O objeto indireto pode ser representado por:

a) um substantivo:

Não precisamos *de farinha.*

Maria depende *dos pais.*

b) um pronome substantivo:

Eles fizeram *de ti* uma pessoa amarga.

A polícia não suspeitou *de nada.*

c) um numeral:

Que casal feliz! A felicidade pertence *aos dois.*

Ela se queixou *a ambos.*

d) uma palavra substantivada:

Quem teria feito isso *ao coitado*?

Sua generosidade agradou *aos pobres.*

e) uma oração (subordinada substantiva objetiva indireta):

Não me oponho *a que você viaje sozinha.*

Eles me convenceram *de que eu deveria partir.*

Objeto indireto pleonástico

O objeto indireto pleonástico ocorre quando se pretende dar ênfase à ideia expressa pelo objeto indireto. Assim, repete-se o objeto indireto na mesma oração, sendo o segundo pleonástico. Exemplos:

Que *me* importa *a mim* o que você anda fazendo!

↓ ↓

obj. indireto obj. indireto pleonástico

Aos inimigos, dedico-*lhes* minha vitória.

↓ ↓

obj. indireto obj. indireto pleonástico

Complemento nominal

Complemento nominal é o termo (ou expressão) exigido por nomes (substantivos, adjetivos e advérbios) que não apresentam significação completa. O complemento nominal é sempre iniciado por preposição. Esses substantivos, adjetivos e advérbios de sentido incompleto são, normalmente, derivados de verbos transitivos. Exemplos:

A luta *contra as drogas* é prioritária.
↓ ↓
subst. compl. nominal

A compra *do apartamento* parece certa.
↓ ↓
subst. compl. nominal

João está confiante *na vitória*.
↓ ↓
adj. compl. nominal

Ela foi considerada apta *para o trabalho*.
↓ ↓
adj. compl. nominal

O juiz se pronunciou favoravelmente *ao réu*.
↓ ↓
adv. compl. nominal

Independentemente *da sua aprovação*, realizarei o negócio.
↓ ↓
adv. compl. nominal

O complemento nominal poder ser representado por:

a) um substantivo:

O respeito *às tradições* nunca é contestado.

Seu gosto *pela bebida* tornou-se notório.

b) um pronome:

Não tivemos notícia *dela*.

Sua atitude autoritária foi desagradável *a todos*.

c) um numeral:

A decisão foi benéfica *aos três*.

Pobre casal! A aposentadoria era necessária *a ambos*.

d) uma palavra, ou expressão, substantivada:

Estou confiante *no sim* que devo receber do diretor.

O pobre homem, diante do dilema *do certo e do errado*, calou-se assustado.

e) uma oração (subordinada substantiva completiva nominal):

Estamos convencidos *de que Adônis é uma pessoa honesta.*

Chegou-nos a denúncia *de que Teresa fugiu com o bebê.*

Agente da passiva

O agente da passiva é o complemento verbal, na voz passiva, que representa quem pratica a ação indicada pelo verbo. É um termo normalmente iniciado pela preposição *por*, mas, às vezes, ocorre a preposição *de*. Exemplos:

A cabana foi cercada *por um grupo de policiais*.

O texto foi cuidadosamente revisado *por Eduardo*.

Era bastante conhecida *de todos* a sua fama de boêmio.

O agente da passiva pode ser representado por:

a) um substantivo ou termo substantivado:

A tarefa foi realizada *pelo estagiário.*

Este lugar é frequentado *por mansos e malditos.*

b) um pronome:

Tudo foi preparado *por mim.*

A leitura da ata será feita *por ela.*

c) um numeral:

A vidraça foi estilhaçada *pelos três.*

O gesto será repetido *por ambos.*

d) uma oração substantiva:

Aquele bárbaro crime deve ter sido cometido *por quem pratica medicina.*

Joaquim era detestado *por todos que trabalhavam na usina.*

C. TERMOS ACESSÓRIOS

Termos acessórios da oração são aqueles que se juntam a um nome ou a um verbo para acrescentar uma informação nova ao enunciado. Embora acrescentem um dado novo à mensagem, não são termos indispensáveis para o entendimento da oração. São três os termos acessórios da oração: *adjunto adnominal, adjunto adverbial* e *aposto.*

Adjunto adnominal

Adjunto adnominal é o termo da oração que especifica ou delimita o significado de um substantivo. Exemplos:

Meus pais viajaram para Roma.

Ele estava usando *uma* camisa *vermelha.*

Emílio é *um* homem *de palavra.*

O adjunto adnominal é expresso por:

a) um adjetivo ou uma locução adjetiva:

Irene apresentou um trabalho *excelente.*

Ele é um homem *sem escrúpulos.*

b) um artigo (definido ou indefinido):

O romance que você pediu está aqui.

Ela é *uma* mulher de classe.

c) um pronome adjetivo:

Minha tolerância tem limites.

Ela comprou *várias* telas do mesmo pintor.

d) um numeral:

Só há *dois* barbeadores no estoque.

Aqueles garotos são alunos do *terceiro* ano.

e) uma oração subordinada adjetiva:

A filha, *que é bondosa*, sempre a socorre.

O iogurte *que você comprou* está azedo.

Adjunto adverbial

Adjunto adverbial é o termo com valor de advérbio que denota uma circunstância do fato expresso pelo verbo ou intensifica o sentido do verbo, ou de um adjetivo, ou de um advérbio. Exemplos:

Depois da aula, fomos ao cinema.

Eles moram *em São Paulo*.

Ela viajou *com Paulo e Júlia*.

Talvez eu decida estudar.

O adjunto adverbial é expresso por:

a) um advérbio:

Os parentes de Lúcia moram *aqui*.

Ele contou tudo *francamente*.

b) uma locução ou expressão adverbial:

O corpo foi encontrado *no meio do cerrado*.

De repente, as crianças começaram a gritar.

c) uma oração subordinada adverbial:

Quando chegou do trabalho, a mulher já tinha fugido de casa.

Conforme dissemos anteriormente, tudo não passou de um grande equívoco.

Os adjuntos adverbiais expressam circunstâncias várias de modo, lugar, causa, companhia, finalidade, instrumento, intensidade, dúvida, negação, tempo, meio, matéria etc. Exemplos:

Ele pegou suas coisas e partiu *de maneira brusca*.
(adj. adv. de modo)

Nós moramos *perto da agência do correio*.
(adj. adv. de lugar)

Jonas está gritando *de dor*. (adj. adv. de causa)

Viajamos *com Carolina*. (adj. adv. de companhia)

Aquele dinheiro é *para pagar o conserto da geladeira*.
(adj. adv. de finalidade)

O ladrão arrombou a porta *com um pé de cabra*.
(adj. adv. de instrumento)

Aposto

Aposto é o termo da oração de natureza nominal que se junta a um substantivo ou a um pronome com a finalidade de identificá-lo ou resumi-lo. Exemplos:

Arnaldo, *o motorista dos Moreira*, sofreu um acidente.

A cidade *de São Paulo* é completamente louca, porém cheia de fascínio.

Naquela noite aconteceu algo inesperado: *Paula fugiu com Marcelo.*

As duas pirralhas — *Alice e Carminha* — decidiram contestar a minha autoridade.

NOTA

O *aposto* é geralmente isolado dos demais termos da oração por uma pausa, que na linguagem escrita é assinalada por *vírgula, dois-pontos* ou *travessão duplo.* Observe os exemplos anteriores.

O aposto pode vir representado por uma oração subordinada substantiva apositiva:

De uma coisa estamos seguros: *que somos insignificantes diante da grandeza do Universo.*

Corvos sobrevoavam o palácio — *era um claro sinal de conflito iminente*.

Às vezes, o aposto pode preceder o termo a que se refere:

O sogro de Rosana, Paulo Corso pretende candidatar-se a deputado federal.

O instrutor de caratê, Akira Matsuda decidiu retornar ao Japão.

Tipos de aposto

a) **Aposto enumerativo** (marca uma enumeração)

Há coisas que me desagradam muito: *falsidade, incompetência e preguiça.*

O produto do roubo — *uma máquina fotográfica, um celular e uma caixa com joias* — foi encontrado pela polícia.

b) **Aposto recapitulativo** (resume termos antecedentes)

A perda do emprego, a doença da esposa e o roubo do carro, *nada* abalou sua alegria de viver.

Dinheiro, fama e poder, *tudo* o fascinava muito.

OBSERVAÇÃO

O *aposto recapitulativo* é normalmente representado por um pronome indefinido — *nada, tudo, ninguém, qualquer* etc.

c) **Aposto especificativo** (assinala uma especificação na qual um nome próprio ou comum se junta a um nome comum)

A princesa *Gabriela* não pretende mudar-se do Castelo.

O romancista *Graciliano Ramos* é brasileiro.

O mês *de janeiro* é considerado o mais quente em São Paulo.

A serra *do Mar* tem sido constantemente devastada.

NOTA

Não confundir o *aposto especificativo* com construções semelhantes. Compare os exemplos abaixo:

A cidade *de Nova York.*

O imperador *Hiroito.*

O mês *de junho.*

O frio *de Nova York.*

A pompa do *imperador* Hiroito.

As festas *de junho.*

Nos três exemplos iniciais temos *apostos*, porém nas demais ocorrências temos *adjuntos adnominais*, expressões equivalentes a adjetivos, isto é, o frio *nova-iorquino*, a pompa *imperial de* Hiroito, as festas *juninas*.

VOCATIVO

O vocativo é um elemento da oração usado para chamar ou interpelar alguém ou algo.

Ó Deus, quanta miséria neste mundo!

Maria, leve um cafezinho para o dr. Prado.

Verdes mares bravios, levai-me para o outro canto do mundo!

O vocativo pode vir precedido de interjeição e é sempre seguido de uma pausa. Na modalidade escrita é isolado por vírgula ou seguido de ponto de exclamação. Exemplos:

A política, *meu amigos*, é a arte da conciliação.

Meus Deus! O que faremos agora?

Até quando nos perseguirão, *ó insensatos*!

NOTA

O *vocativo* apresenta uma função autônoma na oração, pois não pertence ao sujeito nem ao predicado. Não deve ser classificado como um termo acessório, visto que não tem relação alguma com os demais termos da frase.

XVI - PERÍODO COMPOSTO

O período composto é sempre constituído de duas ou mais orações. O período pode ser composto por *coordenação,* por *subordinação* ou por *coordenação e subordinação.*

1. **Composto por coordenação** é o período no qual as orações que se sucedem apresentam uma relação de independência entre si, isto é, são gramaticalmente independentes. Nesse tipo de período, cada uma das orações é sintaticamente independente, visto que uma não exerce qualquer função sintática em relação à outra ou às outras orações. Exemplo:

   Vou ao cinema com você, mas preciso voltar cedo para casa.

   Temos, acima, um período de duas orações:

   1.ª = Vou ao cinema com você,

   2.ª = mas preciso voltar cedo para casa.

2. **Composto por subordinação** é o período em que existe uma dependência sintática entre duas ou mais orações. Nesse tipo de período, haverá sempre uma oração principal e uma ou mais orações dependentes. As orações dependentes são subordinadas e classificadas de acordo com a função sintática que exercem em relação à oração principal. Exemplo:

   Espero que o ônibus não se atrase, para que possamos almoçar antes da reunião.

   Temos, aqui, um período de três orações:

   1.ª = Espero (oração principal)

2.ª = que o ônibus não se atrase, (oração subordinada)

3.ª = para que possamos almoçar antes da reunião. (oração subordinada)

OBSERVAÇÃO

Oração principal é aquela que pede uma oração dependente (*subordinada*). É importante salientar que a oração principal nem sempre vem antes da oração subordinada. Exemplo:

Porque estava chovendo, apanhei um táxi.
↓ ↓
oração subordinada oração principal

3. **Composto por coordenação e subordinação** simultaneamente é o período em que ocorre a combinação dos dois processos apresentados anteriormente, isto é, em que o período (*misto*) se compõe de orações independentes (*coordenadas*) e orações dependentes (*subordinadas*). Exemplo:

Embora esteja cansado, vou ao cinema com você, mas preciso voltar cedo para casa.

No período acima, temos três orações:

1.ª = Embora esteja cansado, (subordinada)

2.ª = vou ao cinema com você, (principal)

3.ª = mas preciso voltar cedo para casa (coordenada).

COORDENAÇÃO

As orações coordenadas podem ser *sindéticas* (quando são introduzidas por uma conjunção coordenativa) ou *assindéticas* (quando aparecem justapostas, isto é, colocadas uma ao lado da outra, sem o uso de conjunção). Exemplos:

Ele se aproximou lentamente *e* sorriu, *mas* não disse nada.
(orações sindéticas)

Ele se aproximou lentamente, sorriu, não disse nada.
(orações assindéticas)

As orações coordenadas sindéticas se classificam de acordo com as conjunções coordenativas que as iniciam.

Orações coordenadas sindéticas

1. **Aditivas** (expressam adição, sequência de informações)

   Clarice chegou de mansinho e *me deu um beijo.*

   O homem ferido não se mexia nem *falava.*

2. **Adversativas** (estabelecem ideia de contraste, oposição)

   Ele foi claro e objetivo, mas *não convenceu.*

   Havia muita coisa por fazer, todavia *ninguém queria nada com o trabalho.*

3. **Alternativas** (indicam alternância, exclusão)

   Fique quieto ou *vá embora.*

   Gente é tudo igual, quer *seja rico ou pobre.*

4. **Conclusivas** (expressam conclusão ou consequência)

Ele nos enganou, logo *não merece confiança.*

Carolina me ajudou muito, portanto *devo recompensá-la.*

5. **Explicativas** (exprimem uma explicação ou justificativa em relação à ideia contida na primeira oração)

Os prisioneiros fugiram, pois *a cela está vazia.*

Não devemos censurá-la, porque *ela estava cumprindo o seu dever.*

SUBORDINAÇÃO

O período composto por subordinação, como já mencionamos, é formado por uma oração principal e uma ou mais orações subordinadas. As orações subordinadas dependem da principal e funcionam sempre como termos essenciais, integrantes ou acessórios dela.

As orações subordinadas podem desempenhar a função de substantivo, adjetivo ou advérbio, daí a classificação em orações *substantivas, adjetivas* ou *adverbiais.*

Orações subordinadas substantivas

As orações subordinadas substantivas são, geralmente, introduzidas pelas conjunções integrantes *que* ou *se.* Essas orações completam o sentido da oração principal e têm o valor e as funções próprias do substantivo, isto é, sujeito, objeto direto, objeto indireto, predicativo, complemento nominal e aposto.

1. **Subjetivas** (exercem a função de sujeito da oração principal)

   Parece-me *que algo estranho aconteceu.*

   É óbvio *que devemos estudar.*

   Cumpre *que completemos a tarefa.*

2. **Objetivas diretas** (exercem a função de objeto direto da oração principal)

   Espero *que ela nos ajude.*

   Bernardo perguntou *quanto custa a televisão usada.*

   Não sabemos *como eles se feriram.*

OBSERVAÇÃO

As *orações substantivas objetivas diretas* podem, também, ser introduzidas por pronomes indefinidos (*que*, *quem*, *qual*, *quanto*) ou por advérbios (*como*, *onde*, *por que*, *quando*, *quanto*), sempre nas interrogações indiretas.

3. **Objetivas indiretas** (exercem a função de objeto indireto da oração principal)

   Os operários insistiram *para que a greve continuasse.*

   Lembrei-me *de que todas as folgas tinham sido canceladas.*

   Necessitamos *de que ele nos proteja.*

OBSERVAÇÃO

As *orações substantivas objetivas indiretas* são regidas de preposição. Às vezes, ocorre a omissão da preposição. Exemplos:

Lembrei-me *de que todas as folgas tinham sido canceladas.*

Lembrei-me *que todas as folgas tinham sido canceladas.*

4. **Predicativas** (exercem a função de predicativo da oração principal)

   A verdade é *que Maria nada fez pelos pais.*

   Meu desejo era *que ele fosse médico.*

   João foi a pessoa *que mais protestou.*

5. **Completivas nominais** (exercem a função de complemento de um nome — substantivo ou adjetivo — da oração principal)

   Alice tem certeza *de que Paulo a pedirá em casamento.*

   Pedro estava convencido *de que um dia lhe reconheceriam o valor.*

   Sou sempre muito grato *a quem me ajuda.*

6. **Apositivas** (exercem a função de aposto de um termo da oração principal)

   Só quero uma coisa: *que você nos deixe em paz.*

A notícia estarreceu a todos: *iriam invadir o prédio.*

Somente lhe pedimos isto: *pague todas as suas dívidas.*

OBSERVAÇÃO

Dentre as orações substantivas, há aquela que exerce a função de *agente da passiva*. A *Nomenclatura Gramatical Brasileira*, no entanto, não reconhece esse tipo de estrutura linguística. Exemplos:

O prefeito foi vaiado *por quantos estavam na comemoração.*

A tela será restaurada *por quem a pintou.*

Orações subordinadas adjetivas

As orações subordinadas adjetivas são assim chamadas por apresentar valor de um adjetivo. São normalmente introduzidas por um pronome relativo (*que*, *quem*, *o qual*, *a qual*, *os quais*, *as quais*, *onde*, *cujo* etc.) e exercem a função de adjunto adnominal de um antecedente, que pode ser um substantivo ou um pronome.

Classificam-se as subordinadas adjetivas em *restritivas* e *explicativas*.

1. Restritivas

As orações subordinadas adjetivas restritivas restringem ou limitam a significação de um termo antecedente — substantivo ou pronome. Diante disso, são indispensáveis ao sentido da frase e, na linguagem escrita, não se separam da oração principal por vírgula. Exemplos:

Mauro é um homem *que tem o poder da persuasão.*

↓

antecedente

A avareza é uma doença *cujo sintoma é um sórdido apego ao dinheiro.*

↓

antecedente

Gosto muito da casa *onde moro.*

↓

antecedente

Não sabemos *o que vamos fazer agora.*

↓

antecedente

2. Explicativas

As orações subordinadas adjetivas explicativas acrescentam uma informação nova a respeito do antecedente, que pode ser eliminada, visto que não é essencial para o sentido da frase. Na linguagem escrita, é sempre isolada da oração principal por vírgula. Exemplos:

O Balão Azul, *que é um filme iraniano*, ganhou vários prêmios no festival de Berlim.

Carlos, *que é o garoto mais velho do nosso grupo*, pretende fazer Engenharia de Alimentos.

Orações subordinadas adverbiais

As orações subordinadas adverbiais têm a função sintática de adjunto adverbial e são introduzidas pelas conjunções subordinativas, excluindo-se as integrantes. Classificam-se conforme a conjunção (ou locução conjuntiva) que as introduz. Portanto, podem ser:

1. causais

O bebê chorava *porque sentia algum desconforto.*

Use um agasalho pesado, *que está frio lá fora.*

Uma vez que você não o denuncia, nós o denunciaremos.

2. comparativas

A dignidade vale bem mais *do que o dinheiro.*

Luciano corre *como uma lebre.*

Não quero que você se comporte *que nem um bicho do mato.*

NOTA

Normalmente ocorre a omissão do verbo na *oração adverbial comparativa* quando este coincide com a forma verbal da oração principal.

3. concessivas

Por mais que estudasse, ela não obtinha boas notas.

Nós o ajudaremos, *embora ele não mereça qualquer ajuda.*

Mesmo que eu quisesse, não conseguiria esquecê-la.

4. condicionais

Irei ao cinema, *desde que termine o trabalho de literatura.*

Caso ela me peça, farei tudo com prazer.

Se não tivesse chovido, teríamos ido à praia.

5. conformativas

Instalaremos o equipamento *conforme indica o manual.*

Escreveu o relatório *como o delegado determinou.*

Faremos tudo *segundo nos ordenou o rei.*

6. consecutivas

Marina envelheceu tanto *que quase não a reconheci.*

Daniel anda tão estressado *que mal pára em pé.*

Estava tão quente *que dormíamos à beira da piscina.*

7. finais

Fiz-lhe um sinal *que se sentasse.*

Abrimos as janelas *para que o local pudesse ser arejado.*

Retirei-me *a fim de que ela se sentisse à vontade.*

8. proporcionais

À proporção que nos distanciamos do sul, mais calor vamos sentindo.

Quanto mais conheço aquela mulher, mais a evito.

À medida que a chuva aumenta, as pessoas são alertadas sobre a possibilidade de desmoronamento.

9. temporais

Eu compro chocolate para as crianças, *sempre que passo pela Kopenhagen.*

Quando visito Lili, costumo levar-lhe flores.

Mal ouviu o tropel dos cavalos, saiu correndo para o jardim.

OBSERVAÇÃO

Dentre as orações adverbiais há, também, as orações *locativas* e as *modais*. As locativas correspondem a um adjunto adverbial de lugar e são iniciadas por *onde* ou *aonde* (= onde), sem antecedente. Exemplos:

Não pode haver organização *onde prevaleça a indisciplina.*

Aonde fores, irei contigo.

As modais exprimem o modo pelo qual se dá o fato expresso na oração principal. São iniciadas por *sem que*. Exemplos:

O garoto entrou no avião *sem que ninguém o visse.*

O homem do circo comia fogo *sem que se queimasse.*

A *Nomenclatura Gramatical Brasileira* não prevê esses dois tipos de oração, incluindo-as entre as comparativas, conformativas e consecutivas.

Orações reduzidas

Oração reduzida é aquela que tem o seu verbo numa das formas nominais: *infinitivo*, *gerúndio* ou *particípio*. Exemplos:

Marcelo abrirá a porta *para João sair.* (oração subordinada reduzida de infinitivo)

As crianças viram dois homens *arrombando o carro.* (oração subordinada reduzida de gerúndio)

Concluído o trabalho, avaliaremos todas as atividades. (oração subordinada reduzida de particípio)

NOTA

As *orações reduzidas* apresentadas acima podem ser desenvolvidas. Assim, teremos:

Marcelo abrirá a porta *para que João saia.*

As crianças viram dois homens *que arrombavam o carro.*

Assim que concluirmos o trabalho, avaliaremos todas as atividades.

Orações reduzidas de infinitivo

Substantivas

1. Subjetivas

É necessário *chegar bem cedo.*

Foi fácil *encontrá-lo.*

2. Objetivas diretas

Esperamos *chegar lá antes das cinco.*

Os clientes dizem *ter a nova lista de preços.*

3. Objetivas indiretas

Jairo pensa *em mudar de emprego.*

Nada nos impede *de vender a fazenda.*

4. Completivas nominais

Estou motivado *a viajar com Cecília.*

Ela diminuiu o passo *com medo de cair.*

5. Predicativas

O seu intento era *prejudicar a todos nós.*

O mais prudente seria *voltarem para a cabana.*

6. Apositivas

Só me falta algo: *ter mais dinheiro.*

Ele tem dois grandes defeitos: *mentir e beber em excesso.*

Adjetivas

Amália é uma criatura *de se entregar facilmente.*

Paulo não é pessoa *de se intimidar com ameaças.*

Adverbiais

1. Causais

Júlio não compareceu *por se sentir constrangido.*

Levarei os dois, *visto serem de boa qualidade.*

2. Concessivas

Marina fez a prova, *apesar de se sentir insegura.*

Mesmo sem querer, ela nos ofendeu.

3. Condicionais

Nunca entre no depósito *sem pedir autorização.*

Não se ausente *sem antes avisar o seu chefe.*

4. Consecutivas

O filme foi tão violento, *a ponto de causar arrepios.*

O motorista devia estar muito distraído *para não enxergar as crianças.*

5. Finais

Devo economizar dinheiro *a fim de viajar.*

Para conseguir comprar seu carro, Gabriel trabalhou o ano inteiro.

6. Temporais

Chorou muito *antes de partir*.

Depois de testemunhar, saiu pela porta dos fundos.

Orações reduzidas de gerúndio

Adjetivas

Vimos uma garota loira *correndo*.

O policial encontrou o garoto *tremendo de frio*.

Adverbiais

1. Causais

Estando com febre alta, fui até a enfermaria.

Pressentindo que seria exonerado, solicitou demissão.

2. Concessivas

Mesmo sendo tão inteligente, não foi aprovado no vestibular.

Sendo gordo, não conseguiu passar pelo buraco.

3. Condicionais

Analisando melhor, a pesquisa está bem fundamentada.

Permanecendo deitado, você nada conseguirá.

OBSERVAÇÃO

Dentre as orações subordinadas reduzidas de gerúndio há, também, as *adverbiais modais*, que não constam na *Nomenclatura Gramatical Brasileira*. Exemplos:

Os orientais comem *pegando os alimentos com os pauzinhos.*

O carro partiu *cantando os pneus.*

Orações reduzidas de particípio

Adjetivas

As formigas caminhavam sobre a torta *colocada à mesa.*

As sedas e brocados *trazidos da China* ficaram com a bela princesa.

NOTA

É importante saber que os *particípios* nem sempre constituem orações reduzidas. Muitas vezes, são meros *adjetivos* que desempenham a função de *adjuntos adnominais*. Exemplos:

As roupas *usadas* são bem mais baratas.

O frango *assado* está delicioso.

Adverbiais

1. Temporais

Terminada a reunião, fomos ao escritório central.

Aberto o portão, os torcedores entraram rapidamente.

2. Causais

Surpreendido pela polícia, o ladrão começou a atirar para todos os lados.

Desatinado, pretendia destruir a casa.

3. Concessivas

Mesmo acuado, o animalzinho não se intimidava.

Cercados pelos inimigos sanguinários, os pequenos guerreiros continuavam combatendo.

4. Condicionais

Apresentado o ultimato, espero a rendição incontinenti do inimigo.

Aceita a mediação das Nações Unidas, o conflito deve chegar ao fim.

Orações intercaladas

As orações intercaladas são meros elementos complementares ao período que funcionam como esclarecimento ou observação.

Em geral, raramente vêm introduzidas por conjunção e, na linguagem escrita, são isoladas por vírgula, travessão ou parênteses:

Carolina, *perdoe-me a maldade*, é completamente burrinha.

Rogério, *que eu saiba*, nunca estudou na Inglaterra.

Nos meus anos de faculdade — *há muito tempo* — costumávamos jogar vôlei todos os sábados.

Ela não entendeu — *nunca entenderá* — as razões que levaram o marido ao suicídio.

A política (*diga-se de passagem*) é a arte do conchavo.

Fernando (*permita-me um comentário*) foi sempre um grande transgressor das normas sociais.

XVII - CONCORDÂNCIA

Concordância é a harmonização (ou correspondência) de flexão entre termos de uma frase.

Há dois tipos de concordância: *verbal* e *nominal*. Na concordância verbal, o verbo concorda com o seu sujeito em número e pessoa. Exemplos:

Maria *foi* ao cinema com Paulo.

Maria e Luísa *foram* ao cinema com Paulo.

Na concordância nominal, os determinantes (*artigo, pronome, numeral* e *adjetivo*) concordam em gênero e número com o determinado (*substantivo*). Exemplos:

Laura comprou roupas e sapatos *caros*.

Aquelas crianças *pobres* merecem toda a nossa atenção.

A - CONCORDÂNCIA VERBAL

1. Sujeito simples

O verbo concorda com o sujeito (claro ou oculto) em número e pessoa:

Nina *chegou* de mansinho e lhe *deu* um beijo.

Os metalúrgicos *estão* novamente em greve.

Participaram da passeata trabalhadores de vários sindicatos.

2. Sujeito composto

Se o sujeito for composto, o verbo irá para o plural:

Nina e Carol *chegaram* de mansinho e lhe *deram* um beijo.

É importante notar que, quanto à pessoa, o verbo irá:

a) para a 1.ª pessoa do plural, se houver entre os sujeitos um que seja da 1.ª pessoa:

Apenas José e eu *protestamos* contra a injustiça do diretor.

Tu e eu *seremos* os escolhidos.

b) para a 2.ª pessoa do plural, se houver os sujeitos tu e vós e nenhum sujeito da 1.ª pessoa:

Certamente tu e teu marido *tereis* a justiça divina.

Vós e aquela pobre mulher *recebereis* a assistência do nosso médico.

c) para a 3.ª pessoa do plural, sempre que os sujeitos forem da 3.ª pessoa:

Laurinda e as crianças da creche *foram* ao zoológico.

Casos especiais com sujeito simples

1. Com sujeito coletivo no singular/verbo no singular:

A multidão enfurecida *atacou* o palácio com paus e pedras.

A boiada *estourou* em direção ao rio.

2. Com sujeito representado por partitivos (*parte de*, *metade de*, *a maioria de*, *o resto de*, *grande número de* etc.)/verbo no singular ou no plural:

   A maior parte dos produtos não *foi vendida*.

   A maior parte dos produtos não *foram vendidos*.

   A maioria dos grevistas *retornou* ao trabalho.

   A maioria dos grevistas *retornaram* ao trabalho.

3. Quando o sujeito é o relativo *que*/verbo concorda com o antecedente do *que*:

   Fui *eu* que *trouxe* o vinho.
   ↓
   antecedente

   Somos *nós* que *moramos* em Curitiba.
   ↓
   antecedente

4. Quando o sujeito é o relativo *quem*/verbo concorda com o sujeito *quem* (3.ª pessoa do singular) ou com o antecedente do *quem*:

   Foram os alunos quem o *acusou* de negligência.

   Foram os alunos quem o *acusaram* de negligência.

   Sou eu quem *paga* as contas.

   Sou eu quem *pago* as contas.

5. Quando o sujeito é um pronome interrogativo (*quais*?, *quantos*?), demonstrativo (*estes*, *esses*, *aqueles*) ou indefinido plural (*alguns*, *muitos*, *poucos*, *vários* etc.), seguido de *de nós*, *de vós*, *dentre nós* ou *dentre vós*/verbo pode flexionar-se na 3.ª pessoa do plural ou concordar com o pronome pessoal (*nós*/ *vós*):

   Quantos de nós *pagaram* a taxa de inscrição?

   Quantos de nós *pagamos* a taxa de inscrição?

   Estou me referindo àqueles dentre nós que *construíram* esta cidade.

   Estou me referindo àqueles dentre nós que *construímos* esta cidade.

   Alguns de vós *terão* resultados imediatos.

   Alguns de vós *tereis* resultados imediatos.

NOTA

Se o *interrogativo* ou o *indefinido* estiverem no singular, o verbo também deve estar no singular. Exemplos:

Qual de nós *vai* ajudá-lo?

Nenhum dentre vós *merece* nosso respeito.

6. Quando o sujeito é um substantivo próprio no plural (nome de lugar)/*verbo no plural*:

   As Filipinas *foram* colonizadas pelos espanhóis.

   Os Estados Unidos *solicitaram* intervenção na Bósnia.

NOTA

Quando o artigo definido é omitido, o verbo fica no singular. Exemplo:

As Alagoas *merecem* mais atenção por parte de Brasília.

Alagoas *merece* mais atenção por parte de Brasília.

7. Com o sujeito no plural como título de obra artística/verbo no plural ou no singular:

   Os Girassóis de Van Gogh *foram vendidos* por uma fortuna.

   Os Girassóis de Van Gogh *foi vendido* por uma fortuna.

   Os Lusíadas *imortalizaram* Camões.

   Os Lusíadas *imortalizou* Camões.

8. Quando o sujeito contém a expressão *mais de um*(*a*)/verbo no singular:

   Mais de uma pessoa já *reclamou* do atendimento moroso.

   Mais de uma prisioneira *agrediu* o carcereiro.

NOTA

Se a frase exprimir *reciprocidade* ou se a expressão *mais de um(a)* for repetida, o verbo irá para o plural. Exemplos:

Mais de uma garota *se agrediram* fisicamente nesta semana.

Mais de um macaco, mais de um sagui *adoeceram* com a comida estragada.

9. Quando o sujeito é pronome de tratamento/verbo na 3.ª pessoa:

   Vossa Alteza *resolveu* o impasse com prudência.

   Vossas Excelências *fizeram* o possível para aprovar o projeto de lei.

10. Quando o sujeito contém número fracionário ou percentual/ verbo concorda com o numeral:

    O prefeito declarou que 25% da arrecadação *destinam-se* à educação.

    Apenas 1/3 das crianças em idade escolar *recebe* assistência médica e dentária.

NOTA

Atualmente é comum concordar o verbo com o elemento linguístico que acompanha o numeral. Exemplos:

Segundo dados da Secretaria da Saúde, apenas 40% da população do Estado *recebe* assistência médica regular.

A pesquisa revela que 1/3 dos estudantes universitários *estudam* em escolas públicas.

Casos especiais com sujeito composto

1. Quando o sujeito é constituído por termos "sinônimos"/verbo no plural ou no singular:

   A felicidade e a alegria *contagiaram* a família inteira.

   A felicidade e a alegria *contagiou* a família inteira.

   A amplidão e a grandeza do mar me *fascinam.*

   A amplidão e a grandeza do mar me *fascina.*

2. Com sujeito com sequência gradativa (aumento ou diminuição gradual)/verbo no plural ou no singular:

   Alguns dias, vários meses, o ano todo não *seriam suficientes* para cumprir tal tarefa.

   Alguns dias, vários meses, o ano todo não *seria suficiente* para cumprir tal tarefa.

   Um gesto de carinho, um telefonema, um mero olhar já lhe *bastavam.*

Um gesto de carinho, um telefonema, um mero olhar já lhe *bastava*.

3. Com sujeito posposto ao verbo/verbo no plural ou em concordância com o sujeito mais próximo:

   Dançavam ao redor da camélia o beija-flor, a borboleta e a abelha.

   Dançava ao redor da camélia o beija-flor, a borboleta e a abelha.

   Passarão o falso profeta e os modismos religiosos, mas a palavra de Cristo ficará para sempre.

   Passará o falso profeta e os modismos religiosos, mas a palavra de Cristo ficará para sempre.

NOTA

Quando o sujeito é *composto de nomes próprios*, usa-se sempre o verbo no plural:

Foram ao cinema Paulo, Mariana, Cristina e Ronaldo.

4. Com sujeito com uma enumeração resumida por um pronome indefinido (*tudo*, *nada*, *nenhum*, *ninguém* etc.)/verbo no singular:

   Fama, dinheiro, poder, *nada* a *seduz*.

   Médicos, enfermeiros, seguranças, *ninguém* *conseguia* dominar o paciente.

5. Quando os elementos do sujeito são ligados por *ou* e *nem* /

   a) verbo no singular, se há ideia de alternância:

   Caetano *ou* Lúcio o *acompanhará* ao tribunal.

   Nem o frio, *nem* a neve me *impediu* de conhecer Nova York.

   b) verbo no plural, se o fato expresso é atribuído a todos os sujeitos:

   A bondade *ou* o amor *serão* sempre bem-vindos.

   Nem Alice, *nem* Roberta, *nem* Leila *podem* se ausentar sem autorização por escrito.

6. Quando o sujeito é *um ou outro* (indicando alternância)/verbo no singular:

   Creio que um ou outro *poderá* levá-la ao aeroporto.

   Um ou outro *substituirá* você no próximo fim de semana.

7. Com sujeito constituído por infinitivos /

   a) verbo no singular, quando houver omissão do artigo:

   Datilografar e digitar textos *será* sua tarefa principal.

   Caminhar e nadar *é* realmente saudável.

   b) verbo no plural, quando os infinitivos apresentarem ideias contrárias:

   Nascer e morrer *são* as duas grandes realidades da vida.

   Rir e chorar *fazem* parte da tragicomédia.

8. Quando os elementos do sujeito são ligados por *com* /

   a) verbo no plural, quando os dois componentes apresentam o mesmo grau de importância com relação ao fato expresso pelo verbo:

      O dr. Kildare *com* seu jovem assistente *fizeram* uma cirurgia brilhante.

      O diretor de recursos humanos *com* o gerente do departamento pessoal *decidiram* quais são as novas normas para transferência de funcionários para outras unidades.

   b) verbo no singular, quando a intenção é enfatizar o primeiro elemento:

      Alexandre, *com* a secretária a tiracolo, *chegou* para a reunião semanal.

      A ministra, *com* seus assessores inoperantes, *fará* uma série de palestras na Europa.

9. Quando os elementos do sujeito são ligados por conjunção ou locução comparativa (*como*, *assim como*, *tanto quanto*, *do mesmo modo que*)/verbo no singular ou no plural:

   O filme, *como* a peça, *rendeu* milhões de dólares.

   Tanto o filme *quanto* a peça *renderam* milhões de dólares.

   Rodrigo, *assim como* Hartmann, *é* considerado cientista de nível internacional.

   Rodrigo, *assim como* Hartmann, *são* considerados cientistas de nível internacional.

10. Com sujeito de diferentes pessoas gramaticais/verbo no plural em concordância com aquela pessoa que tem precedência na ordem das pessoas gramaticais (a 1.ª sobre a 2.ª e a 2.ª sobre a 3.ª):

    Tu e eu *viajaremos* de avião.

    Tu e Ricardo *viajareis* de avião.

Concordância do verbo SER

1. São vários os casos em que o verbo *ser* poderá concordar com o predicativo:

    a) quando o sujeito for um dos pronomes *isto*, *isso*, *aquilo*, *tudo* ou *o* (= aquilo):

    Isto *são problemas* das grandes cidades.

    Isso *são delírios* de um jovem desatinado.

    Aquilo *eram implicâncias* de gente velha.

    Tudo o que ele disse *eram verdades doloridas*.

    O que me fascina nela *são seus trejeitos brejeiros*.

NOTA

O pronome indefinido *tudo* admite o verbo no singular, mesmo que ocorra um predicativo no plural:

Nem *tudo* *é* flores na juventude.

b) em frases interrogativas iniciadas por *que*, *o que*, *quem*:

Que *são* cinquenta dólares para ele?

O que *é* uma tragicomédia?

Quem *seriam* os candidatos?

c) quando o sujeito singular for inanimado (coisa) e o predicativo um substantivo plural:

A dor *eram* feridas antigas.

O patrimônio *são* uns trastes velhos.

d) quando o sujeito for um termo que tenha sentido coletivo ou partitivo:

A maioria *eram* pessoas da roça.

O restante *são* peças sem valor artístico.

e) quando o predicativo do sujeito for um pronome pessoal reto, sem que o sujeito seja também um pronome pessoal reto:

O proprietário destas terras *será* ela.

Aqui quem canta de galo *sou* eu.

NOTA

Caso o sujeito e o predicativo sejam ambos pronomes pessoais retos, o verbo concordará sempre com o sujeito:

Mas eu não *sou* você. Você não *é* ela.

2. Quando há referência a datas, o verbo poderá estar no singular ou no plural:

Hoje *é* 14 de dezembro.

Hoje *são* 14 de dezembro.

3. Quando há indicação de horas, períodos de tempo e distâncias, o verbo irá para o plural:

Agora *são* cinco horas.

Certamente de 1996 a 1999 *serão* anos de mudanças na economia do país.

De São Paulo a Campinas *são* 96 quilômetros.

4. Quando o sujeito for um nome de pessoa ou um pronome pessoal, o verbo concorda com ele:

Fernando Pessoa *é* vários poetas ao mesmo tempo.

Ela *era* duas pessoas: um problema bastante grave de dupla personalidade.

5. Quando o sujeito contém uma expressão numérica considerada em sua totalidade, o verbo permanece no singular:

Quinhentos reais *é* dinheiro demais.

Cinco anos *será* quase um século para ele.

Concordância de outros verbos

1. Os verbos impessoais (oração sem sujeito) ficarão sempre na 3.ª pessoa do singular:

Faz cinco anos que não vou a Paris.

Houve brigas no intervalo do jogo.

Não corto o cabelo *há* dois meses.

2. Os verbos bater, dar e soar, referindo-se a horas, concordam com o sujeito relógio (ou sino):

O relógio da catedral *bateu* seis horas.

O relógio de parede *soou* doze horas.

O sino do convento *deu* cinco horas.

Caso não ocorra o sujeito relógio (ou sino), o verbo concorda sempre com a expressão numérica:

Deram seis horas no relógio da catedral.

Percebi que *soaram* doze horas no relógio de parede.

3. O verbo parecer, seguido de infinitivo, admite dois tipos de concordância, isto é, pode-se flexionar o verbo parecer ou o infinitivo:

Os turistas *parecem* gostar de São Paulo.

Os turistas parece *gostarem* de São Paulo.

As gaivotas *pareciam* caminhar no mar.

As gaivotas parecia *caminharem* no mar.

Concordância com o pronome SE

a) *se* como partícula apassivadora/concordância do verbo com o sujeito (paciente):

Cantava-se uma bela canção de ninar.

Ouvem-se gemidos e arrastar de correntes lá na velha casa assombrada.

Vendem-se móveis usados.

Aluga-se apartamento na praia.

b) *se* como índice de indeterminação do sujeito/verbo (transitivo indireto ou intransitivo) na 3.ª pessoa do singular:

Logo após o crime, *suspeitou-se* do mordomo.

Precisa-se de secretária bilíngue.

Lá na festa, *conversou-se* até o amanhecer.

Trabalha-se muito aqui em São Paulo.

B - CONCORDÂNCIA NOMINAL

Regra geral

Os determinantes (artigo, pronome, numeral e adjetivo) devem concordar com o substantivo a que se referem em gênero e número. Exemplos:

As	mulheres	chegaram.
↓	↓	
(artigo fem. pl.)	(substantivo fem. plural)	

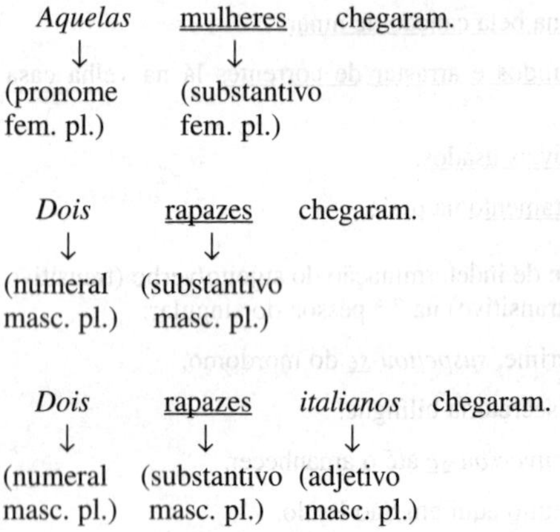

Adjetivo adjunto adnominal

1. Adjetivo anteposto

O adjetivo concorda em gênero e número com o substantivo mais próximo:

Vimos *belos* quadros e esculturas no Museu de Arte Moderna.

Nina comprou *boas* frutas e legumes no mercado.

Temos *alto* respeito e veneração pelas tradições dos nossos antepassados.

NOTA

O adjetivo é preferencialmente colocado depois do substantivo, mas aqueles adjetivos de poucas sílabas ou alguns que indicam gradação podem ocorrer em anteposição:

bons alunos

belas mulheres

longa jornada

fortes chuvas

tranquilos mares

2. Adjetivo posposto

Com o adjetivo posposto há dois tipos de concordância:

a) o adjetivo concorda com o substantivo mais próximo:

Ele comprou uma *camisa* e um *blazer branco.*

Ele comprou um *blazer* e uma *camisa branca.*

Fernanda é uma mulher de *porte* e *beleza extraordinária.*

Fernanda é uma mulher de *beleza* e *porte extraordinário.*

b) o adjetivo vai para o plural, prevalecendo o masculino se os gêneros forem diferentes:

Ele comprou uma *camisa* e um *blazer brancos.*

Ele comprou um *blazer* e uma *camisa brancos.*

Fernanda é uma mulher de porte e *beleza extraordinários*.

Fernanda é uma mulher de *beleza* e porte *extraordinários*.

Adjetivo predicativo de sujeito composto

Com o adjetivo predicativo de sujeito composto aplicam-se, na maioria dos casos, as mesmas regras de concordância estabelecidas para o adjetivo como adjunto adnominal. Assim:

a) se os substantivos (sujeitos) são do mesmo gênero, o adjetivo assumirá o gênero deles e irá para o plural:

O portão e o vitrô estavam *abertos*.

A lavadora e a geladeira são *velhas*.

b) se os substantivos (sujeitos) são de gêneros diferentes, o adjetivo vai para o masculino plural:

O portão e a *porta da garagem* estavam *abertos*.

A *lavadora* e o fogão são *velhos*.

Em (a) e (b), há também a possibilidade de concordância com o sujeito mais próximo, estando o verbo de ligação no singular e anteposto aos sujeitos:

Era *velho* o fogão e a *lavadora*.

Estava *aberta* a porta da garagem e o *portão*.

Casos especiais de concordância nominal

1. Anexo, incluso, junto

São adjetivos que concordam com os substantivos aos quais se referem em gênero e número:

Vai *anexo* o documento necessário.

Seguem *anexas* as fichas de controle.

Enviarei *inclusos* os recibos.

Vai *inclusa* a guia solicitada.

Segue *junta* a certidão negativa.

Vão *juntos* os processos mencionados.

2. Caro/barato

Como adjetivos, concordam com os substantivos em gênero e número:

Que roupas *caras*!

Roupa *barata* não se encontra mais.

Os cajus estão *caros*.

A abóbora está *barata*.

3. Mesmo/próprio

Concordam com o pronome a que se referem:

Ele *mesmo* construiu a casa onde mora.

Ela *mesma* costurou este vestido.

Eles *mesmos* fazem a contabilidade da loja.

Ela *própria* realizou tudo.

Nós *próprios* faremos a limpeza.

4. Um e outro, nem um nem outro

O substantivo vai para o singular:

Um e outro vinho foram importados da França.

Sabemos que *um e outro* imigrante é ilegal.

Nem um nem outro aluno precisa de nossa ajuda.

Acho que *nem um nem outro* filme merece ser visto.

NOTA

Com *um e outro* o verbo *poderá* estar no singular, porém com *nem um nem outro* o verbo *deverá* estar sempre no singular.

5. É bom, é necessário, é proibido

O adjetivo é sempre invariável:

Pimenta *é bom* para o vatapá.

Paciência *é* sempre *necessário*.

É proibido entrada.

Entrada *é proibido.*

Se o sujeito vier acompanhado de um determinante (artigo, pronome ou adjetivo), haverá concordância:

Esta pimenta *é boa* para o vatapá.

Alguma paciência *é* sempre *necessária.*

A entrada *é proibida.*

6. Meio

Como adjetivo, meio concorda sempre com o substantivo a que se refere, claro ou subentendido:

Quero *meio* quilo de café.

Ela comprou duas maçãs e *meia* melancia.

Era meio-dia e *meia.* (= meia hora)

O advérbio meio é sempre invariável:

Ela parece *meio* louca.

Nós estamos *meio* cansados.

Eles ficaram *meio* apavorados.

7. Só, sós, a sós

Quando são adjetivos, concordam em número com o termo a que se referem:

Eu estou *só.*

Nós estamos *sós*.

Elas ficaram *a sós*.

8. Leso

É adjetivo que aparece em construções fixas. Deve concordar com o substantivo ao qual se relaciona:

Aquilo foi considerado um crime de *lesa-pátria*.

Ele cometeu um crime de *leso-patriotismo*.

Creio que isso é um crime de *lesa-razão*.

9. Possível

Nas expressões o mais possível, o menos possível, o melhor possível, o pior possível, o maior possível, o menor possível etc., o adjetivo *possível* concorda com o artigo que o introduz:

Ele indicou soluções *as mais* fáceis *possíveis*.

As sugestões apresentadas são *as piores possíveis*.

Os caminhos sugeridos foram *os melhores possíveis*.

O diretor mantém as turmas com *a menor* quantidade de alunos *possível*.

Diante da terrível seca no Nordeste, Brasília enviará ajuda a*o maior* número de Estados *possível*.

Paula disse que ganhou *o pior* dos relógios *possível*.

10. Obrigado

Obrigado é adjetivo e concorda sempre com o nome a que se refere:

Muito *obrigado*, disse Fernando.

Muito *obrigada*, disse Carolina.

Muito *obrigados*, disseram os rapazes.

11. Alerta

Alerta é advérbio e deve ser sempre invariável:

Os soldados das Nações Unidas continuam *alerta* na Bósnia.

João deve permanecer sempre *alerta*.

12. A olhos vistos

A expressão a olhos vistos (= claramente ou visivelmente) é invariável:

A pobre mulher definhava *a olhos vistos*.

As mudas de macieiras crescem *a olhos vistos*.

Os prisioneiros estão emagrecendo *a olhos vistos*.

13. Todo

Todo (= inteiramente, completamente), embora seja advérbio, pode ser flexionado, admitindo, até mesmo, o diminutivo:

Joana estava *toda* feliz.

Os índios apareceram *todos* nus.

A menina estava *todinha* molhada.

SILEPSE

Silepse é a concordância que se faz de acordo com o sentido e não segundo as regras gramaticais. A silepse pode ser de *gênero, número* e *pessoa.*

1. Silepse de gênero

Vossa majestade foi *severo* demais.

Vossa excelência é sempre muito *compreensivo.*

Nos exemplos anteriores, *severo* e *compreensivo* concordam com o gênero da pessoa (rei e homem de alta hierarquia social) e não com os pronomes de tratamento.

2. Silepse de número

Uma gangue *atacou* o pobre velhinho e o *surraram* sem dó nem piedade.

O exército sérvio *investiu* novamente contra os civis na Bósnia. *Mataram* cinco pessoas.

Observe que *gangue* e *exército*, por serem substantivos coletivos, exigem o verbo na 3.ª pessoa do singular. No entanto, o segundo verbo de cada oração (*surrar* e *matar*), está no plural, concordando com a ideia de quantidade expressa pelos coletivos.

3. Silepse de pessoa

Os cidadãos patriotas *temos* sempre cumprido *nosso* dever cívico.

Os amigos do prefeito *fomos* todos cumprimentá-lo pela passagem do aniversário.

Obviamente os verbos *ter* e *ir* deveriam concordar com os respectivos sujeitos (Os cidadãos patriotas e Os amigos do prefeito), porém o autor se inclui entre os *cidadãos* e os *amigos*, indo o verbo para a 1.ª pessoa do plural.

XVIII - REGÊNCIA

Regência é a relação de dependência entre os termos de uma oração. Nessa relação, há o termo *regente*, que rege outro termo, regido, que lhe completa o sentido. Exemplos:

a) Tivemos que *assistir* ao filme de pé.
↓ ↓
regente regido

b) João está *apaixonado* por Vera.
↓ ↓
regente regido

Observe que em (a) o termo regente é um verbo e em (b) o termo regente é um nome. Em (a) a relação que se estabelece entre o regente e o regido chama-se *regência verbal* e em (b) essa relação chama-se *regência nominal*. Como se vê, os termos regidos são exigidos, respectivamente, por um verbo e por um nome, para que a frase adquira sentido completo.

A - REGÊNCIA VERBAL

A regência verbal, ligação do verbo com o seu complemento, pode se realizar de maneira *direta*, sem o auxílio de preposição, quando o complemento é um objeto direto, ou, então, de maneira *indireta*, com o emprego de preposição, quando o complemento é um objeto indireto. Exemplos:

Juliana *vendeu* a casa.

Pedro *conversou* com os grevistas.

Regência de alguns verbos

1. Aconselhar

Eu jamais *aconselharia* a violência.
↓
(transitivo direto/*recomendar*)

O guia *aconselhou* muito cuidado aos turistas.
↓
(transitivo direto e indireto/*recomendar*)

O médico *aconselhou*-me uma dieta rígida.
↓
(transitivo direto e indireto/*indicar*, *recomendar*, *prescrever*)

2. Agradar

O filme *agradou* ao público e à crítica.
↓
(transitivo indireto/*contentar*, *satisfazer*)

João procurou *agradá*-la para ser promovido.
↓
(transitivo direto/*ser agradável*)

3. Ajudar

Mariana *ajuda* a avó.

ou

Mariana *ajuda* à avó.

↓

(transitivo direto ou indireto/*prestar auxílio*)

Ajudei a velhinha a subir no ônibus.

(transitivo direto e indireto/*auxiliar a fazer algo*)

4. Aspirar

O aspirador é um eletrodoméstico que *aspira* o pó do assoalho, do tapete e das cortinas.

↓

(transitivo direto/*absorver*)

Luísa *aspirou* o perfume do jasmim e deu um suspiro.

(transitivo direto/*cheirar*)

Fabiano *aspira* a cargos mais altos lá onde trabalha.

(transitivo indireto/*almejar*)

5. Assistir

Eu *assisti* a um verdadeiro ato de selvageria.

Nós *assistimos* ao jogo com ansiedade.

↓

(transitivo indireto/*ver*, *presenciar*)

O dr. Avelar *assiste* seus doentes com todo carinho.

ou

O dr. Avelar *assiste* aos seus doentes com todo carinho.

↓

(transitivo direto ou indireto/*ajudar*, *prestar assistência*)

Não *assiste* a você o direito de abusar do poder.

↓

(transitivo direto e indireto/*caber, pertencer*)

6. Atender

Ele *atendeu* o meu secretário.

ou

Ele *atendeu* ao meu secretário.

↓

(transitivo direto ou indireto/*acolher* ou *receber alguém com atenção e consideração*)

Por favor, *atenda* à porta.

Ele não quis *atender* ao telefone.

↓

(transitivo indireto/*abrir*, *responder*)

Este projeto *atende* às nossas necessidades.

Felizmente eles *atenderam* ao meu apelo.

↓

(transitivo indireto/*satisfazer, levar em consideração*)

7. Chamar

Chame a polícia!

O vizinho *chamou* o meu pai.

↓

(transitivo direto/*fazer vir*, *convocar*)

O pai *chama*-a de "Florzinha".

Os amigos *chamam*-no de "Pirado".

↓

(transitivo direto/*apelidar, dar nome*)

No auge do desespero, Simão, mesmo sendo ateu, *chamou* por Deus.

Sempre que há tempestade, mamãe *chama* pela milagrosa Santa Bárbara.

↓

(transitivo indireto/*invocar*)

Devemos *chamá*-lo à realidade.

↓

(transitivo direto e indireto/*fazer vir, trazer*)

Maria *chamou* a si a responsabilidade pelo acidente.

↓

(transitivo direto e indireto/*atribuir-se*)

8. Custar

Custou-me chegar até aqui a pé.

Custa-nos crer no que ela diz.

↓

(transitivo indireto/*ser difícil*)

NOTA

Atualmente, em linguagem coloquial, usa-se o verbo *custar* (= ser difícil) como pessoal:

Custei a chegar até aqui a pé.

9. Deparar

Deparei algo estranho no relatório.

ou

Deparei com algo estranho no relatório.

↓

(transitivo direto ou indireto/*achar*, *encontrar*)

10. Esquecer

Esqueci o guarda-chuva no ônibus.

Esquecemos aquela briga há muito tempo.

↓

(transitivo direto/*deixar*, *não se lembrar*)

Eu me *esqueci* do compromisso com Sílvia.

Após as eleições, o político se *esqueceu* de suas promessas.

↓

(transitivo indireto/*não se lembrar*)

11. Fugir

Os caçadores *fugiram* dos índios ferozes.

↓

(transitivo indireto/*retirar-se em debandada*)

Carlito sempre *foge* da ex-namorada.

↓

(transitivo indireto/*evitar alguém, escapando*)

Todos *fugiram* ao pressentir o perigo.

Ao verem a polícia, os ladrões *fugiram*.

↓

(intransitivo/*retirar-se apressadamente*)

12. Implicar

A reforma da casa *implica* gastos excessivos.

A sugestão *implica* uma mudança de planos.

↓

(transitivo direto/*acarretar*)

A vovó *implica* com as crianças.

O meu chefe *implica* comigo o tempo todo.

↓

(transitivo indireto/*demonstrar antipatia, ter implicâncias*)

13. Informar

Já *informamos* o horário aos passageiros.

Ele *informou* as notas aos alunos.

↓

(transitivo direto e indireto/*divulgar, comunicar*)

Procure *informar-se* da situação toda.

Aquele funcionário *informou-me* do atraso do avião.

↓

(verbo pronominal/*cientificar-se, inteirar-se*)

14. Lembrar

O carro de João *lembra* um tanque de guerra.

Neusa *lembra* a mãe em tudo.

↓

(transitivo direto/*trazer à memória, recordar*)

Eu não *me lembro* de Eduardo.

Não *nos lembramos* de telefonar para Juliana.

↓

(quando pronominal, é transitivo indireto/*recordar-se*)

15. Obedecer/desobedecer

Devemos sempre *obedecer* aos nossos pais.

O cidadão exemplar *obedece* às leis.

Ela nunca *desobedece* às nossas determinações.

↓

(transitivo indireto)

16. Perdoar

Eu *perdoo* a sua agressividade.

Por favor, *perdoe* minha falha.

↓

(transitivo direto, com objeto direto "coisa")

Eu *perdoo* ao meu filho.

Por favor, *perdoe*-lhe.

↓

(transitivo indireto, com objeto indireto "pessoa")

NOTA

Em linguagem coloquial, é frequente o uso de *objeto direto* também para "pessoa":

Ela *perdoou* o filho.
Ela não o *perdoou*.

17. Preferir

Prefiro chá *a* café.

Nós *preferimos* tomar táxi *a* viajar de ônibus lotado.

↓

(transitivo direto e indireto, sempre com a preposição *a*)

18. Responder

Responda a todas as perguntas com objetividade.

Não *respondo* a provocações idiotas.

↓

(transitivo indireto/*dar respostas*, *escrever resposta*)

Uma pessoa sensata jamais *responderia* não.

O doente *respondeu* algo incompreensível.

↓

(transitivo direto, para expressar resposta)

Respondi a Maria que já havia pago a conta.

Alice *respondeu*-me que viajaria para a praia.

↓

(transitivo direto e indireto)

19. Simpatizar/antipatizar

Não *simpatizei* com aquele homem.

Rita *antipatiza* com todas as pessoas bonitas.

↓

(transitivo indireto, regido da preposição *com*)

20. Visar

João *visou* o alvo, atirou, errou.

O consulado vai *visar* o meu passaporte amanhã.

↓

(transitivo direto/*apontar arma, dar ou conceder visto*)

Este projeto educacional *visa* a erradicar o analfabetismo.

Manuel *visou* a lucro fácil e não obteve sucesso.

↓

(transitivo indireto/*pretender*, *ter por objetivo*)

B - REGÊNCIA NOMINAL

Os nomes (*substantivos*, *adjetivos* e *advérbios*), assim como os verbos, exigem determinadas preposições:

Carol tem *medo* de trovão.

Ela é *carinhosa* com as crianças.

César falou *mal* de todos.

Muitas vezes, a mudança da preposição altera a significação da frase:

Romeu tem *confiança* com Clarice.
(= familiaridade)

Romeu tem *confiança* em Clarice.
(= crédito)

Às vezes, a mudança da preposição não provoca alteração semântica:

Ela já está *acostumada* ao frio do Canadá.

Ela já está *acostumada* com o frio do Canadá.

Alguns exemplos de regência nominal

1. Acessível *a/por*

O porto de Santos é *acessível* a qualquer tipo de navio.
(= de acesso fácil)

O dr. Araújo é uma pessoa *acessível* a seus subordinados.
(= simpática e acolhedora)

Aquela praia só é *acessível* por via marítima.
(= atingível)

2. Acometido *de/por*

Ele foi *acometido* de um acesso de loucura repentino.
(= investido)

Os sertanistas foram *acometidos* por um grupo de índios.
(= atacados)

3. Adaptado *a*

Ele já se sente *adaptado* às exigências do patrão.

4. Apto *a/para*

Aquele livro é uma obra *apta* ao bom êxito da nossa formação profissional.
(= adequada)

Ele se recuperou bem do acidente, mas ainda não está *apto* para o trabalho.
(= habilitado)

5. Comum *entre/para*

Trata-se de algo *comum* entre os ciganos.
(= que ocorre a todos)

Trata-se de algo *comum* para os ciganos.
(= natural)

6. Contente *com*, *de* (*em*), *por* (*com*)

João ficou *contente* com o aumento de salário.
(= satisfeito)

Fico muito *contente* de (em) estar aqui com vocês.
(= feliz)

A família ficou *contente* por (com) o que aconteceu.
(= feliz)

7. Desprezo *a/de/por*

Tenho *desprezo* a pessoas falsas.
(= desconsideração por)

Ele é o *desprezo* de todos da família.
(= a vergonha)

Os monges budistas têm atroz *desprezo* por coisas materiais.
(= desapego)

8. Devoto *a/de*

Ulisses tornou-se um grande *devoto* às artes plásticas.
(= dedicado)

Ela é *devota* de Santa Rita de Cássia.
(= devotada, beata)

Carlos é um grande *devoto* do teatro.
(= admirador)

9. Estima *a, por/de*

Temos grande *estima* a (por) Mariana.
(= apreço)

O técnico gozava da *estima* de todos os jogadores.
(= consideração)

10. Fanático *de/por*

Rogério é um grande *fanático* do neoliberalismo.
(= defensor)

Ronaldo é *fanático* por cinema.
(= apaixonado)

11. Horror *a/de*

Eu tenho *horror* à solidão.
(= medo)

Eu tenho *horror* a insetos.
(= repulsa, aversão)

Eu tenho *horror* da guerra atômica.
(= pavor)

12. Junto *a, de*

Eu gosto de ficar *junto* à janela.
(= pegado, próximo)

Eu gosto de ficar *junto* de você.
(= ao lado, perto)

Lista de regência de alguns nomes

abrigado *de; em*
adequado *a*
afável *com, para com*
aflito *com; por*
agradável *a*
alérgico *a*
alheio *a*
aliado *a, com*
amante *de*
amigo *de*
amoroso *com, para com*
ansioso *de; por*
apaixonado *de; por*
apegado *a; com*
atento *a, em*
aversão *a, por*
avesso *a*
ávido *de, por*
bacharel *em*
benéfico *a*
birra *a; com, de, por*
bom *de; em, para*
capaz *de; para*
caro *a*
cego *a, para; de; por*
certo *de*
cheio *de*
cheiro *de*
compatível *com*
comum *a, de, em, entre; para*
confiança *em*

conforme *a, com*
constituído *com, de, por*
contente *com, em, de, por*
contíguo *a*
contrário *a, de*
cruel *com, para com*
dedicação *a*
desacostumado *a, de*
desagradável *a*
desatento *a*
desconsideração *a, para com*
descontente *com, de, por*
desejoso *de*
desfavorável *a*
desgostoso *com, de*
desleal *a*
desobediente *a*
desprendido *de*
destituído *de*
diferente *de*
difícil *de*
digno *de*
distraído *com*
doente *de; com*
dotado *de*
doutor *em*
duro *com; de*
dúvida *acerca de, em, sobre*
empenho *em, por*
entendimento *com*
equivalente *a*
erudito *em*
estranho *a*

fácil *de; em*
fantasiado *de*
farto *de; em*
favorável *a*
fértil *de, em*
fiel *a*
firme *com, em*
fraco *de, em*
franco *de, em, para com*
furioso *com*
generoso *com, para com*
gosto *de; por; em*
grato *a*
grudado *a; com*
guerra *a*
hábil *em*
habituado *a*
hostil *a, para com*
ida *a, para*
idêntico *a, em*
idôneo *para, para com*
implicância *com*
impossibilitado *de*
impossível *de*
impróprio *para*
imune *a*
inábil *com; para*
inacessível *a*
incansável *em, com*
incapaz *de*
inclinado *a; sobre*
incompatível *com*
inconsequente *com*

incrível *a, para*
indeciso *com, em*
independente *de*
indigno *de*
indulgente *com, para com*
inerente *a*
inferior *a*
influência *em, sobre*
ingrato *com, para com*
inimigo *de*
inocente *de*
insensível *a*
inspiração *para*
interesse *de; em, por*
intolerante *com, para com*
intransigente *com, para com*
inútil *para*
invasão *de*
inveja *de*
jeito *de; para*
julgado *para; por*
jungido *ao*
leal *a*
lento *em; para*
liberal *com, para com*
limitado *em; de*
limpo *de*
livre *de*
longe *de*
louco *de, com; por*
manco *de*
mau *com, para com*
medo *de*

menor *de; em*
misericordioso *com, para com*
natural *de; em*
necessário *a*
negligente *com, para com; em*
nobre *de*
nocivo *a*
nojo *de*
obediência *a, para com*
obediente *a*
ojeriza *por*
oneroso *a*
opção *entre, por*
oposto *a*
orgulhoso *de; por*
pálido *de*
paralelo *a*
parco *em, de*
parecido *com*
pasmo *de*
passível *de*
pavor *a; de*
peculiar *a*
pegado *a*
perfumado *com, de*
perito *em*
pernicioso *a*
piedade *de*
pobre *de, em*
preferência *por*
preferível *a*
presente *a*
primeiro *a; em*

pródigo *com; de, em*
pronto *a, para*
próximo *a, de*
qualificado *em; para*
querido *de, por*
rebelde *a; com, para com*
reintegração *a, de, em*
reintegrado *em*
relacionado *com; em*
rente *a, de*
respeito *a, por*
rico *de, em*
sábio *em*
satisfeito *com, de, em*
sedento *de, por*
seguro *de, em*
semelhante *a*
sensível *a*
severo *com, para com; em*
sito *em*
situado *em, entre*
sóbrio *de, em*
solícito *com*
subordinado *a*
sucessão *a; de*
sujo *de*
superior *a*
surdo *a; de*
suspeito *de; para*
temeroso *de*
temível *a*
terno *com, para com*
tráfico *de*

transplante *de; para*
trespassado *de*
triste *de; com*
troco *de; com*
último *de; em; a*
união *para; entre*
único *para; entre*
útil *a, para*
vazio *de, em*
vedação *a; para*
versado *em*
viciado *em*
vinculado *a*
visível *a*
vizinho *a; de*
zangado *com; por*
zelo *com, para com*
zeloso *com, para com*
zombaria *com*
zonzo *de; com*

XIX - COLOCAÇÃO PRONOMINAL

Os pronomes oblíquos átonos — *me*, *te*, *se*, *lhe*, *o*, *a*, *nos*, *vos*, *lhes*, *os*, *as* — podem ser distribuídos na frase em três posições diferentes com relação ao verbo:

a) Não *a* vejo há muito tempo.

b) *Me* dá um suco de laranja.

c) Dar-*te*-ei o presente quando chegarmos a Petrópolis.

d) Justina é uma verdadeira dama: poder-*se*-ia dizer que quase aristocrata.

e) Vejo-*a* com frequência no clube.

f) Dá-*me* um suco de laranja.

Em (a) e (b), o pronome está *antes do verbo*, em (c) e (d), *no meio do verbo* e em (e) e (f), *depois do verbo*. Essas três distribuições dos pronomes oblíquos átonos chamam-se, respectivamente, *próclise, mesóclise* e *ênclise*.

Em geral, coloca-se o pronome oblíquo átono depois do verbo, isto é, em ênclise:

Diga-*lhe* a verdade, por favor!

Aconteceu-*me* algo realmente engraçado.

Não estou aqui para pedir-*lhe* nada.

Conforme a gramática normativa, não se começa jamais uma frase com pronome oblíquo. No entanto, em linguagem coloquial e, até mesmo, entre autores consagrados, muitas vezes, ocorre a próclise em início de oração ou frase:

Me parece que ela ficou doida.

Te telefono no domingo.

Me dá um cigarro.

Próclise

A próclise ocorre sempre:

1. com qualquer palavra de valor negativo (*não*, *nunca*, *jamais*, *nada, ninguém* etc.):

   Não *a* encontro há muito tempo.

   Jamais *lhe* farei favor algum.

   Ninguém *me* telefonou até agora.

2. com advérbios, sem que exista pausa:

   Ontem *me* avisaram que Alexandre viajou.

   Jamais *se* vendeu tanto carro como agora.

   Sempre *nos* lembraremos dela com muito carinho.

NOTA

Quando há uma pequena pausa entre o advérbio e o verbo, é comum a ocorrência do pronome em *ênclise*:

Hoje ensina-*se* espanhol por razões comerciais.
Agora cumpre-*nos* avisá-los que a reunião foi adiada.

3. com pronomes indefinidos:

   Tudo *me* lembrava aqueles anos felizes.

   Ninguém *se* preocupou em fechar a porta.

   Todos *se* entreolharam com muito medo.

4. com orações regidas por conjunções subordinativas:

   Quando *me* levantei, ela já havia fugido.

   Concordou comigo, embora a situação *a* afligisse muito.

   Se nos comunicasse o que havia ocorrido, poderíamos tê-la ajudado.

5. com orações que se iniciam por interrogativos (pronomes ou advérbios):

   Quem *nos* garante que o refém está vivo?

   Por que *me* perseguem desse modo?

   Que motivo *o* levou a essa violência?

6. com orações coordenadas alternativas:

   Ele não só *me* agradeceu pelo conselho, mas também *me* mandou flores.

   A pobre moça em transe ora gritava, ora *se* atirava ao chão.

   Ou consertam a máquina ou *me* devolvem o dinheiro.

7. com orações optativas* ou orações iniciadas por palavras exclamativas:

   Espero que um raio *lhe* parta a cabeça.

   Deus *me* livre de tamanha desgraça!

   Ó, como *nos* desagrada conviver com tal pessoa.

8. com o futuro do presente ou do pretérito e o pretérito mais-que-perfeito, quando ocorre o sujeito expresso:

   Você certamente *se* arrependerá do que está fazendo.

   Eu *lhe* diria a verdade se pudesse fazê-lo.

   O médico *me* dera um calmante forte.

9. com os infinitos pessoais ou flexionados:

   Para as frutas *se* conservarem por mais tempo, é preciso mantê-las na geladeira.

   Cristo morreu para *nos* salvarmos do pecado.

   Para todos *se* salvarem, foi preciso esforço e perícia por parte dos bombeiros.

---

* Orações optativas são aquelas que expressam desejo.

10. com verbos no gerúndio, sempre precedidos da preposição *em*:

    Em *me* vendo chegar, ela se retirou rapidamente sem dizer palavra alguma.

    Em *se* tratando de fineza, ele não é um bom exemplo.

Mesóclise

A mesóclise ocorre com dois tempos verbais: o futuro do presente e o futuro do pretérito, desde que não haja palavra que possa atrair o pronome para a próclise. Exemplos:

Com certeza, dir-*te*-á logo que houve um engano atroz.

Contar-*lhe*-ei tudo a respeito do grave incidente em Moscou.

As autoridades francesas ter-*me*-iam dado asilo político, caso eu o solicitasse.

Por todos os desatinos que cometeu, poder-*se*-ia dizer que ela estava fora de si.

NOTA

Observe que no exemplo abaixo, mesmo com o futuro do presente, há uma palavra (*não*) que atrai o pronome para antes do verbo (*próclise*):

Não *te* direi coisa alguma a respeito dos meus negócios.

Ênclise

Emprega-se, normalmente, a ênclise:

1. com verbos no início de período:

   Traga-*me* a conta, por favor.

   Deram-*lhe* um verdadeiro presente de grego.

   Ouviu-*se* um forte estampido que vinha do quintal.

> **NOTA**
>
> Essa primeira regra está ligada à regra geral, que estabelece que não se inicia uma oração ou frase com pronome oblíquo. Entretanto, em linguagem coloquial, essa regra é ignorada. Exemplos:
>
> *Me* traga a conta, por favor.
>
> *Te* aviso sobre a festa.

2. com verbos no imperativo afirmativo:

   Paulo, ouça-*me* com atenção.

   Receba-*a* com generosidade.

3. com verbos no infinitivo impessoal (não flexionado):

   Todos se apressaram em socorrê-*lo*.

   Não tive tempo de telefonar-*lhe*.

4. com verbos no gerúndio, quando não houver nenhuma palavra "atrativa":

O velhinho chegou ao hospital queixando-*se* de dor no peito.

O marido gritava muito, culpando-*a* sempre pelo acidente.

NOTA

Caso o gerúndio seja precedido da preposição *em* ou de um advérbio de negação, usa-se a *próclise*:

Em *me* achando triste, Ricardo me enviou flores.

Não *os* vendo no jardim, fiquei desesperado.

Colocação dos pronomes oblíquos átonos com locuções verbais

1. Locução verbal = verbo auxiliar + infinitivo

Não havendo palavra "atrativa", o pronome é colocado após o infinitivo ou entre o auxiliar e o infinitivo:

Devo retirar-*me* antes da meia-noite.

Devo me retirar antes da meia-noite.

Queremos confessar-*lhe* um segredo.

Queremos lhe confessar um segredo.

2. Locução verbal = verbo auxiliar + gerúndio

Não havendo palavra "atrativa", o pronome é colocado após o gerúndio ou entre o auxiliar e o gerúndio:

Susana *estava* destruindo-*se* aos poucos.

Susana *estava se* destruindo aos poucos.

As dúvidas que tínhamos *foram* dissipando-*se* uma a uma.
As dúvidas que tínhamos *foram se* dissipando uma a uma.

3. Locução verbal = verbo auxiliar + particípio

O pronome pode ser colocado entre o verbo auxiliar e o particípio ou antes do auxiliar:

Maria não *havia se* lembrado de comprar o presente para João.

Maria não *se havia* lembrado de comprar o presente para João.

Se isso *tivesse me* ocorrido antes, o desfecho teria sido bem diferente.

Se isso *me tivesse* ocorrido antes, o desfecho teria sido bem diferente.

SEMÂNTICA

SEMÂNTICA

Semântica é o estudo da significação dos signos linguísticos e de suas mudanças de sentido ao longo do tempo. É o ramo da linguística que estuda os significados diversos de um vocábulo ou de uma expressão, especialmente aqueles que estão "por detrás" da palavra, frase ou linguagem em geral.

A palavra, ao longo da história, nem sempre mantém o seu significado original, pois, muitas vezes, o sentido de um vocábulo assume uma nova carga semântica, diferente do seu valor etimológico. Para os gregos, *batizar* era apenas *imergir* ou *lavar*, mas para nós é *administrar o batismo*. A própria palavra batizar adquiriu modernamente significados outros, por exemplo: (a) pôr apelido, apelidar, (b) adulterar certos líquidos (leite, uísque etc.), (c) nomear ou denominar.

Devemos salientar que, no processo de comunicação, o ser humano utiliza diversos meios: a fala, a escrita, os gestos, os sons, as cores, os desenhos, as pinturas etc., que são os signos linguísticos.

Signo

Signo é uma unidade linguística que consiste na combinação de um conceito, denominado *significado*, e de uma imagem acústica, denominada *significante*.

A palavra *caneta*, sequência dos grafemas *c a n e t a*, é o *significante,* e a ideia do instrumento em forma de tubo com o qual se escreve a tinta é o *conceito* ou *significado*.

Saussure (1969) estabelece que o signo une não uma coisa e uma palavra, mas um conceito e uma imagem acústica, isto é, significado e significante. O significado é a informação (ideia ou conteúdo) comunicada, enquanto o significante é a parte sensível do signo, aquilo que se vê ou ouve.

O signo é sempre criado pelo falante no seu grupo social e somente após ter sido assimilado pela sua comunidade, ao ser socializado, passa realmente a existir, adquire significação real.

Símbolo

Outra entidade linguística que devemos mencionar é o símbolo. Este, por um certo processo de analogia, representa outra entidade: a cruz é o símbolo da cristandade, a estrela de Davi é o símbolo do judaísmo, a balança é o símbolo da justiça e o vermelho é o símbolo do perigo. Simbolizar significa representar o real e, consequentemente, determinar uma relação de significação entre duas coisas. O símbolo é, pois, toda e qualquer representação de uma realidade por outra.

O símbolo existe e é formado partindo-se de um certo grau de analogia inferido ou detectado, estabelecendo-se uma associação entre duas entidades.

O símbolo é com frequência confundido com o signo ou tomado com valor de significante. Saussure (1969) já previra o possível mal-entendido entre signo e símbolo, ao afirmar que, enquanto no primeiro a relação significante/significado é totalmente arbitrária, no último existe sempre um rudimento de ligação natural entre o significante e o significado.

É importante observar que o significado é um reflexo objetivo de um sistema de relações e associações num dado momento e numa determinada comunidade.

Denotação

Denotação é o sentido lexical de um termo. Trata-se da significação lexical ou primeira de uma palavra com a qual nos deparamos ao consultar o dicionário.

Conotação

Conotação é o sentido figurado ou subjacente, muitas vezes de teor subjetivo, que um termo pode apresentar, num determinado contexto, paralelamente à sua significação usual. A palavra *frio,* por exemplo, admite leituras diferentes de acordo com o contexto. Observe:

a) O café está *frio*.

b) Ele tem coração *frio*.

Na oração (a), temos *frio* no sentido denotativo, quer dizer, *privado de calor*. Em (b), a palavra *frio* assume um sentido conotativo, pois significa *insensível*.

ALTERAÇÕES DE SIGNIFICAÇÃO NA LINGUAGEM

Inúmeras são as causas que provocam alterações na significação da linguagem. Há causas históricas: movimentos políticos ou sociais, avanços científicos ou tecnológicos, predominância de novos modelos artísticos etc., que introduzem novos pensamentos, conceitos e realidades linguísticas. Existem também as causas psicológicas, visto que o homem estabelece sempre novas semelhanças entre os seres e as coisas, promovendo, ao longo do tempo, a criação de novos termos ou de novas significações para aqueles já existentes.

A - FIGURAS DE PALAVRAS

1. **Metáfora**, do grego *metaphorá* (translação), é a figura que tem como fundamento a comparação mental feita entre duas entidades:

    Júlia tem *olhos de violeta.*
    (= compara a cor dos olhos à cor da violeta)

    Ele venceu, mas foi uma *amarga vitória.*

    Minha vida não é um *mar de rosas.*

    Ela é insensível. Tem *coração de pedra.*

2. **Metonímia**, do grego *metonymía* (emprego de um nome por outro), é a figura que tem por fundamento a proximidade de ideias. Trata-se do uso de uma palavra por outra, explorando-se a relação existente entre ambas. Há metonímia quando se toma:

    a) a causa pelo efeito ou vice-versa:

    Ela trazia no rosto a *velhice* estampada.
    (velhice = rugas; velhice é causa, as rugas são efeito)

    Respeitem meus *cabelos brancos*!
    (cabelos brancos = velhice; velhice é causa, os cabelos brancos são efeito)

    b) o autor pela obra produzida:

    Comprei um *Portinari* no leilão da Galeria Ritz.
    (= um quadro pintado por Portinari)

Sempre que estava triste, ela lia *Fernando Pessoa.*
(= a poesia de Fernando Pessoa)

c) o continente pelo conteúdo ou vice-versa:

Tomaram uma *garrafa* de vinho tinto.
(= o conteúdo)

Passe o *sal*, por favor.
(= continente)

d) o lugar pelo produto:

Sempre fumo um *havana* após o jantar.
(= charuto fabricado em Havana)

Ele comprou um *panamá.*
(= chapéu de palha do Panamá)

e) o símbolo pela coisa simbolizada:

A *cruz* venceu o mal.
(cruz = religião)

O *trono* corria perigo iminente.
(trono = rei)

f) o abstrato pelo concreto:

A *humanidade* passa por um momento crítico.
(humanidade = homem, ser humano)

A prática do *bem* leva o homem ao equilíbrio.
(bem = boas ações)

3. **Sinédoque**, do grego *synedoché* (compreensão), é a figura que tem por fundamento alargar ou restringir a significação própria de uma palavra. Há sinédoque quando se toma:

a) a parte pelo todo:

São moradores de rua porque não têm *teto* onde possam se abrigar.
(= casa)

A *vela* singrava os mares do Sul com toda imponência.
(= embarcação)

b) a matéria pelo objeto:

Ao ouvir soar o *bronze*, todos correram para a igreja.
(= sino)

Aquele homem não vale um *níquel*.
(= moeda de níquel)

c) o singular pelo plural ou vice-versa:

O *homem* deveria respeitar mais a natureza.
(= os homens)

Leio sempre as *Sagradas Escrituras* antes de dormir.
(= a Bíblia)

4. **Catacrese**, do grego *katachresis* (abuso), consiste no emprego de um termo figurado por falta de um vocábulo próprio:

O *braço* da cadeira parece estar solto.

A *cabeça* do alfinete está enferrujada.

Está muito frio. Sente-se perto da *boca* do forno.

5. **Antonomásia**, do grego *antonomasía* (substituição), consiste na designação de uma pessoa não pelo seu nome de batismo, mas por uma qualidade ou característica, ou por um fato ou realização que a distingue das outras pessoas:

   Esta estátua é uma homenagem a *Tiradentes*. (= Joaquim José da Silva Xavier)

   Santos realizou uma grande festa para comemorar o centenário do *Pai da Aviação*. (= Santos Dumont)

   Somente o *Redentor* pode perdoá-lo de pecado tão sério. (= Cristo)

B - FIGURAS DE PENSAMENTO

1. **Eufemismo**, do grego *euphemismós* (palavra agradável), é um recurso de linguagem que consiste no emprego de expressões adequadas, a fim de atenuar ou mesmo evitar termos rudes ou desagradáveis:

   Ele *entregou a alma a Deus*. (= morreu)

   Joana *faltou com a verdade*. (= mentiu)

   Eles têm uma criança *portadora de deficiência física*. (= aleijada)

2. **Ironia**, do grego *eiróneia* (dissimulação), é um recurso semântico através do qual se diz o contrário daquilo que realmente se pensa. Há, com frequência, um toque sarcástico na ironia, que na linguagem oral se salienta através da entonação e na escrita, através do contexto. Exemplos:

   Observem que voz perfeita: *frágil, trêmula e esganiçada*.

Ele é um verdadeiro gênio, *ignorante, curto de inteligência... um verdadeiro beócio.*

O ditador fez um brilhante serviço à nação: *dilapidou o patrimônio público e espalhou o terror entre os opositores.*

3. **Hipérbole**, do grego *hyperbolé* (excesso), é uma figura de pensamento que aumenta ou diminui exageradamente a realidade das coisas:

   Hoje está um *inferno* de calor.

   Eu fiquei um *século* sem ir ao cinema.

   Sandra é bem baixa: uma verdadeira *anã.*

4. **Prosopopeia**, do grego *prosopopoiía* (personificação), é uma figura pela qual se dá vida e, consequentemente, ação, movimento e voz a animais ou elementos inanimados, fazendo-os agir e sentir como seres humanos:

   O mar *selvagem engoliu* o pequeno barco.

   A raposa *sorriu* para mim e *falou* algo que não entendi.

   O vulcão *enfurecido cuspiu* labaredas de fogo.

5. **Perífrase**, do grego *periphrasis* (circunlóquio), consiste no emprego de várias palavras para exprimir algo que se diria em poucas palavras ou em uma única palavra:

   A *Cidade das Andorinhas* é o berço do compositor Carlos Gomes.
   (= Campinas)

   A riqueza de alguns países árabes provém do *ouro negro.*
   (= petróleo)

Há uma companhia de cinema que tem o *rei das selvas* como símbolo.
(= leão)

C - OUTRAS CAUSAS

1. Homonímia

Homônimos são palavras que têm a mesma pronúncia, porém sentidos diferentes. Elas podem ou não ter a mesma grafia:

são (sadio)
são (verbo ser)
são (forma apocopada de santo)

Os homônimos são divididos em:

a) *homófonos* (com a mesma pronúncia):

cela (aposento)	sela (arreio de cavalgadura)
coser (costurar)	cozer (cozinhar)
paço (palácio real ou episcopal)	passo (desfiladeiro)
seção (parte de um todo)	sessão (espaço de tempo durante o qual se realiza algo)

b) *homógrafos* (com a mesma grafia):

colher (verbo)	colher (instrumento utilizado para levar alimentos à boca)

mato (verbo)	mato (vegetação agreste)
rata (fêmea do rato)	rata (fiasco, gafe, erro)
vela (círio)	vela (peça de lona destinada a impelir embarcações)

c) *homógrafos e homófonos* (exatamente iguais na grafia e na pronúncia):

cravo (flor do craveiro)	cravo (instrumento de cordas com um ou dois teclados)
lima (fruto da limeira)	lima (ferramenta manual utilizada para polir ou desbastar metais ou objetos duros)
manga (fruto da mangueira)	manga (parte do vestuário em que se enfia o braço)
rum (bebida alcoólica obtida pela fermentação e destilação do melaço de cana-de-açúcar)	rum (atabaque maior do candomblé)
Sol (estrela em torno da qual giram a Terra e os outros planetas do sistema solar)	sol (a quinta nota musical)

2. Sinonímia

Sinônimos são palavras que têm a mesma ou quase a mesma significação:

casa, lar, moradia;

demência, doidice, loucura;

gordo, grasso, obeso;

distante, longe, afastado;

comprar, adquirir.

NOTA

Os sinônimos nem sempre expressam exatamente a mesma ideia e por isso dividem-se em *perfeitos* e *imperfeitos*. *Rosto* e *cara* são sinônimos perfeitos, enquanto *tecido* e *pano* são sinônimos imperfeitos. A incidência de sinônimos perfeitos não é muito comum na linguagem.

3. Antonímia

Antônimos são palavras com sentidos opostos:

bem	x	mal
cedo	x	tarde
dia	x	noite
forte	x	fraco
ordem	x	confusão
rico	x	pobre

4. Polissemia é a propriedade que um termo tem de assumir várias significações conforme o contexto em que aparece. Observe que na polissemia existe sempre um único termo cujo sentido se estendeu ou se transferiu por comparação, admitindo pluralidade de emprego:

cabeça: a) a parte superior (ou anterior) do corpo;

b) líder, chefe, dirigente;

c) juízo, prudência;

d) pessoa muito inteligente ou culta.

doce: a) que tem sabor como o do mel ou do açúcar;

b) meigo, terno, afável, afetuoso;

c) suave, ameno;

d) encantador, atraente.

espinha: a) coluna vertebral;

b) osso de peixe;

c) borbulha da pele, especialmente no rosto;

d) instrumento utilizado nas fundições para a passagem do metal fundido.

modelo: a) objeto destinado a ser reproduzido por imitação;

b) molde;

c) aquilo que serve de exemplo ou norma;

d) pessoa que, posando, serve para estudo prático do corpo humano, em pintura ou escultura.

onda: a) porção de água do mar, lago ou rio que se eleva;

b) grande quantidade ou abundância;

c) fingimento, simulação ou hipocrisia;

d) representação de linhas paralelas que formam curvas côncavas ou convexas.

piranha: a) designação comum a várias espécies de peixes conhecidos como carnívoros, com dentes numerosos e cortantes;

b) mulher que, sem ser necessariamente prostituta, leva uma vida licenciosa;

c) prendedor de cabelos denteado;

d) dança de roda infantil, em que a figura do centro da roda deve executar tarefas determinadas pelos outros participantes.

5. Paronímia

Parônimos são vocábulos que apresentam semelhanças quanto à forma e ao som, embora nada possuam de semelhante quanto à significação:

boça	bossa
(cabo para amarrar embarcação ou prender objetos a bordo)	(aptidão, queda, vocação; galo, inchaço)

cardeal	cardial
(principal, fundamental; tipo de ave; religioso do Sacro Colégio Pontifício; tipo de subarbusto ornamental)	(relativo ou pertencente à cardia, cardíaco)
cenografia	**senografia**
(arte de conceber e executar cenários para espetáculos artísticos)	(mamografia)
censo	**senso**
(censo demográfico, recenseamento)	(capacidade de julgar ou apreciar; juízo)
censor	**sensor**
(aquele que censura, crítico)	(dispositivo por meio do qual se pressentem ou localizam alvos inimigos ou presença inconveniente)
censual	**sensual**
(do, ou pertencente ou relativo ao censo)	(que denota sensualidade; respeitante aos sentidos)
descrição	**discrição**
(ato ou efeito de descrever; exposição circunstanciada, escrita ou falada)	(qualidade ou caráter de discreto; discernimento, sensatez)

destinto (que se destingiu, destingido)	distinto (que não se confunde; diverso, diferente; notável, ilustre)
espectador (aquele que vê qualquer ato; aquele que assiste a qualquer espetáculo)	expectador (aquele que tem expectativa, que está na expectativa)
esperto (ativo, vivo; inteligente)	experto (experimentado, experiente; sabedor, especialista)
ratificar (confirmar)	retificar (corrigir)
vultoso (volumoso)	vultuoso (cheio de vergões)

Finalizando a seção de Semântica, queremos salientar que, quando estudamos a linguagem do ponto de vista semântico, lidamos com o discurso como um todo. As mensagens proferidas pelos falantes não são identificadas e detectadas isoladamente, mas sim concebidas e analisadas na sua totalidade, não se tratando, pois, de uma divisão de signos isolados, porém de signos que participam de uma rede semântica que completa o sentido da mensagem.

A propósito dessa nossa explicação, vamos examinar a proposição "A secretária me pediu para telefonar". Trata-se de uma enunciação que carrega ambiguidade, podendo ser entendida de duas maneiras:

a) A secretária me pediu / para eu telefonar.

b) A secretária me pediu / para a secretária telefonar.

Na oração (a) o sujeito da oração subordinada está em relação direta com o objeto indireto da oração principal. Em (b), o sujeito da oração subordinada relaciona-se com o sujeito da oração principal. Dessa forma, devemos ficar atentos para esse tipo de ambiguidade, tão comum na linguagem. A fim de termos uma comunicação eficiente, devemos evitar sempre a ambiguidade através da seleção apropriada dos itens lexicais e das construções, seja na modalidade escrita, seja na oral.

APÊNDICE

I - CRASE

Crase é a fusão (ou contração) de duas vogais idênticas numa só. Em linguagem escrita, a crase é representada pelo acento grave. Exemplo:

Vamos *à* cidade logo depois do almoço.
a + *a*
↓ ↓
prep. art.

Observe que o verbo *ir* requer a preposição *a* e o substantivo *cidade* pede o artigo *a*.

Não é somente a contração da preposição *a* com o artigo feminino *a* ou com o pronome *a* e o *a* inicial dos pronomes *aquele*(*s*), *aquela*(*s*), *aquilo* que passa pelo processo da crase. Outras vogais idênticas são também contraídas, visto ser a crase um processo fonológico. Exemplos:

l*ee*r - l*e*r

d*oo*r - d*o*r

Ocorrência da crase

1. preposição *a* + artigos *a, as*:

Fui *à* feira ontem.

Paulo dedica-se *às* artes marciais.

OBSERVAÇÕES

a) Quando o nome não admitir artigo, não poderá haver crase:

Vou *a* Campinas amanhã.

Estamos viajando em direção *a* Roma.

No entanto, se houver um modificador do nome, haverá crase:

Vou *à* Campinas das andorinhas.

Estamos viajando em direção *à* Roma das Sete Colinas.

b) Ocorre a crase somente se os nomes femininos puderem ser substituídos por nomes masculinos, que admitam *ao* antes deles:

Vou *à* praia.

Vou *ao* campo.

As crianças foram *à* praça.

As crianças foram *ao* largo.

Portanto, *não haverá crase* em:

Ela escreveu a redação *a* tinta.

(Ela escreveu a redação *a* lápis.)

Compramos a TV *a* vista.

(Compramos a TV *a* prazo.)

2. preposição *a* + pronomes demonstrativos *aquele*(*s*), *aquela*(*s*), *aquilo*:

   Maria referiu-se *à*quele cavalheiro de terno cinza.

   Depois nos dirigimos *à*quelas mulheres da associação.

   Nunca me reportei *à*quilo que você disse.

3. na indicação de horas:

   João se levanta *às* sete horas.

   Devemos atrasar o relógio *à* zero hora.

   Eles chegaram *à* meia-noite.

4. antes de nomes que apresentam a palavra *moda* (ou maneira) implícita:

   Adoro bife *à* milanesa.

   Eles querem vitela *à* parmigiana.

   Ele vestiu-se *à* Fidel Castro.

   Ele cortou o cabelo *à* Nero.

5. em locuções adverbiais constituídas de substantivo feminino plural:

   Pedrinho costuma ir ao cinema *às escondidas*.

   Às vezes preferimos viajar de carro.

   Eles partiram *às pressas* e não deixaram o novo endereço.

6. em locuções prepositivas e conjuntivas constituídas de substantivo feminino:

   Eles vivem à *custa do* Estado.

   Estamos todos à *mercê dos* bandidos.

   Fica sempre mais frio à *proporção que* nos aproximamos do sul.

   Sentimos medo à *medida que* crescia o movimento de soldados na praça.

Principais casos em que não ocorre a crase

1. diante de substantivo masculino:

   Compramos a TV a *prazo*.

   Ele leva tudo a *ferro e fogo*.

   Por favor, façam o exercício a *lápis*.

2. diante de verbo no infinitivo:

   A pobre criança ficou a *chorar* o dia todo.

   Quando os convidados começaram a *chegar*, tudo já estava pronto.

3. diante de nome de cidade:

   Vou a *Curitiba* visitar uma amiga.

   Eles chegaram a *Londres* ontem.

4. diante de pronome que não admite artigo (*pessoal*, *de tratamento*, *demonstrativo*, *indefinido* e *relativo*):

   Ele se dirigiu a *ela* com rudeza.

   Direi a *Vossa Majestade* quais são os nossos planos.

   Onde você pensa que vai a *esta* hora da noite?

   Devolva o livro a *qualquer* pessoa da biblioteca.

   Todos os dias agradeço a Deus, a *quem* tudo devo.

5. diante do artigo indefinido *uma*:

   O policial dirigiu-se a *uma* senhora vestida de vermelho.

   O garoto entregou o envelope a *uma* funcionária da recepção.

6. em expressões que apresentam substantivos repetidos:

   Ela ficou *cara* a *cara* com o assassino.

   Eles examinaram tudo de *ponta* a *ponta*.

7. diante de palavras no plural, precedidas apenas de preposição:

   Nunca me junto a *pessoas* que falam demais.

   Eles costumam ir a *reuniões* do Partido Verde.

8. diante de numerais cardinais:

   Após as enchentes, o número de vítimas chega a *trezentos*.

   Daqui a *duas* semanas estarei em férias.

9. diante de nomes célebres e nomes de santos:

   O artigo reporta-se a *Carlota Joaquina* de maneira bastante desrespeitosa.

   Ela fez uma promessa a *Santa Cecília*.

10. diante da palavra *casa*, quando esta não apresenta adjunto adnominal:

    Estava frio. Fernando havia voltado a *casa* para apanhar um agasalho.

    Antes de chegar a *casa*, o malandro limpou a mancha de batom do rosto.

NOTA

Quando a palavra *casa* apresentar modificador, haverá crase:

Vou à *casa* de Pedro.

11. diante da palavra *Dona*:

    O mensageiro entregou a encomenda a *Dona* Sebastiana.

    Foi só um susto. O macaco nada fez a *Dona* Maria Helena.

12. diante da palavra *terra*, como sinônimo de *terra firme*:

    O capitão informou que estamos quase chegando a *terra*.

    Depois de dois meses de mar aberto, regressamos finalmente a *terra*.

Ocorrência facultativa da crase

1. antes de nome próprio feminino:

   Entreguei o cheque à *Paula*.

   ou

   Entreguei o cheque a *Paula*.

   Paulo dedicou uma canção à *Teresinha*.

   ou

   Paulo dedicou uma canção a *Teresinha*.

NOTA

A *crase* não ocorre quando o falante não usa artigo antes do nome próprio feminino.

2. antes de pronome possessivo feminino:

   Ele fez uma crítica séria à *sua* mãe.

   ou

   Ele fez uma crítica séria a *sua* mãe.

   Convidei-o a vir à *minha* casa.

   ou

   Convidei-o a vir a *minha* casa.

NOTA

A *crase* não ocorre quando o falante não usa artigo antes do pronome possessivo.

3. depois da preposição *até*:

Vou caminhar *até* à praia.

ou

Vou caminhar *até* a praia.

Eles trabalharam *até* às três horas.

ou

Eles trabalharam *até* as três horas.

Eu vou acompanhá-la *até* à porta do elevador.

ou

Eu vou acompanhá-la *até* a porta do elevador.

NOTA

A preposição *até* pode vir ou não seguida da preposição *a*. Quando o autor dispensar a preposição *a*, não haverá crase.

II - FIGURAS DE SINTAXE OU DE CONSTRUÇÃO

O texto nem sempre é organizado conforme as normas de sintaxe. Há, com frequência, desvios sintáticos e concordâncias irregulares que imprimem características peculiares à construção linguística. Assim, a ordem natural das palavras na frase é alterada, promovendo uma sintaxe incomum. Esses recursos usados por falantes e escritores, a fim de acrescentar mais vigor e expressividade à linguagem, chamam-se *figuras de sintaxe* ou *de construção*.

1. Anacoluto

O anacoluto, conhecido também como *frase quebrada*, consiste numa quebra abrupta de construção no meio do enunciado. Diante disso, surge na frase um termo que não apresenta ligação lógica com as palavras seguintes:

As crianças, quando será que tudo se normalizará?

É verdade! *Eu* parece-me que agora estamos aptos a entrar naquela concorrência.

2. Anástrofe

A anástrofe consiste na inversão da ordem natural dos termos da frase, isto é, o adjetivo antecede o substantivo, o verbo precede o sujeito, o objeto antecede o verbo etc. Exemplos:

Aquela bebida tinha um *terrível gosto*. (= gosto terrível)

Andaram os peregrinos por searas inóspitas. (= os peregrinos andaram)

Aos inimigos darei todo o desprezo. (= darei aos inimigos)

3. Assíndeto

Assíndeto é a ausência de conjunções coordenativas entre palavras de uma frase ou entre orações de um período. Exemplos:

Sônia é uma adolescente determinada, inteligente, bonita, agradável.

Ele se aproximou lentamente, sorriu, não disse nada.

4. Elipse

Elipse é a omissão de termos que podem ser facilmente subentendidos através do contexto.

Ocorre a elipse de várias partes do discurso:

a) do verbo:

A guerra é muito triste. Dor, amargura, violência demais.

(A guerra é muito triste. *Traz* dor, amargura, violência demais.)

Fiquei realmente surpreso. Poucas pessoas na passeata de protesto.

(Fiquei realmente surpreso. *Havia* poucas pessoas na passeata de protesto.)

b) da conjunção integrante (*que*):

É preciso se faça algo para ajudá-lo.

(É preciso *que* se faça algo para ajudá-lo.)

Diante de tanta urgência, pedi fossem enviados os documentos por um mensageiro.

(Diante de tanta urgência, pedi *que* fossem enviados os documentos por um mensageiro.)

c) da preposição:

Mariana surgiu deslumbrante: um vestido de seda azul, cabelos soltos.

Mariana surgiu deslumbrante: *com* um vestido de seda azul, cabelos soltos.

Preciso que você me ajude na cozinha.

Preciso *de* que você me ajude na cozinha.

d) do pronome pessoal reto (1.ª e 2.ª pessoas):

Viajarei para a África no próximo verão.

(*Eu* viajarei para a África no próximo verão.)

Viajaremos para a África no próximo verão.

(*Nós* viajaremos para a África no próximo verão.)

Foste reconhecido pelo teu ato de bravura.

(*Tu* foste reconhecido pelo teu ato de bravura.)

Fostes reconhecidos pelos vossos atos de bravura.

(*Vós* fostes reconhecidos pelos vossos atos de bravura.)

5. Hipérbato

Hipérbato é o termo genérico que designa toda e qualquer inversão da ordem natural das palavras na frase ou das orações no período. Exemplos:

O impasse diplomático recrudesceu dos países árabes com Israel.

(O impasse diplomático dos países árabes com Israel recrudesceu.)

O vento assobiava forte lá fora, mas o barulho da tempestade não se ouvia muito, mesmo assim era uma noite assustadora, pois as janelas de dupla vedação encobriam os ruídos indesejáveis.

(O vento assobiava forte lá fora, mas o barulho da tempestade não se ouvia muito, pois as janelas de dupla vedação encobriam os ruídos indesejáveis, mesmo assim era uma noite assustadora.)

NOTA

A *anástrofe* é um tipo de *hipérbato*, porém com inversões específicas na ordem natural dos termos da frase.

6. Pleonasmo

Pleonasmo é a repetição de termos com o objetivo de conferir mais vigor ou ênfase à linguagem:

Jupira nunca *saiu fora* dos limites da aldeia.

À pobre criatura ninguém *lhe* socorreu.

O pleonasmo é comum em frases feitas e ditos populares:

Vi com estes *olhos* que a terra há de comer.

Ouvi com meus próprios *ouvidos*.

Você precisa *encarar* o problema *de frente*.

7. Polissíndeto

Polissíndeto é a repetição reiterada de conjunções coordenativas aditivas, a fim de dar expressividade e sensação de movimento à expressão. Exemplos:

Tudo o que ele busca é sucesso, *e* fama, *e* dinheiro, *e* poder, *e* glória.

Tudo o que ele busca é ser feliz, pois não está atrás de sucesso, *nem* fama, *nem* dinheiro, *nem* poder, *nem* glória.

8. Silepse

Silepse é a concordância que se faz com o sentido da palavra, deixando-se de lado as regras gramaticais. A silepse poder ser de:

a) *gênero*:

Vossa Alteza foi *justo*.

Vossa Excelência parece *cansado*.

Observe que *justo* e *cansado* concordam com o gênero da pessoa (príncipe e homem de alta hierarquia social) e não com os pronomes de tratamento.

b) *número*:

Um grupo de malfeitores atacou o pobre homem e o *surraram* até à morte.

O corpo de baile do Teatro Municipal do Rio se apresentou em São Carlos. *Dançaram* como nunca.

Observe que *grupo de malfeitores* e *corpo de baile*, por serem substantivos coletivos, exigem o verbo na 3.ª pessoa do singular. No entanto, o verbo da segunda oração de cada período, *surrar* e *dançar*, está no plural, concordando com a ideia de quantidade expressa pelos coletivos.

c) *pessoa*:

Os cidadãos brasileiros *somos* ordeiros e trabalhadores.

Todos *saímos* imediatamente quando soou o alarme de incêndio.

Os verbos *ser* e *sair* deveriam concordar com os respectivos sujeitos (*Os cidadãos brasileiros* e *Todos*), mas o autor se inclui entre os cidadãos e entre todos, indo o verbo para a 1.ª pessoa do plural.

9. Zeugma

Zeugma é a omissão de um termo anteriormente usado no contexto linguístico. Trata-se de uma das formas da *elipse*. Exemplos:

Fábio *vive* para o estudo, o trabalho e o esporte; Rogério, para a indolência, o vôlei de praia e o oportunismo.

Nos *negócios* dele eu nunca interfiro; nos meus não quero palpite.

Observe que houve omissão de *vive* e *negócios* (Rogério *vive* para a indolência... / ...nos meus *negócios* não quero palpite).

III - VÍCIOS DE LINGUAGEM

Chama-se vício de linguagem a maneira de falar ou escrever que está em desacordo com os princípios da gramática.

Obviamente, só ocorrerá vício de linguagem quando houver um "erro socializado", isto é, um desvio da norma padrão que é apresentado como um hábito linguístico por parte de um grupo social.

Os vícios de linguagem devem, sempre que possível, ser evitados. No entanto, é preciso lembrar que a preocupação obsessiva com as normas da gramática pode tornar a linguagem pouco natural, pois tolhe, muitas vezes, a espontaneidade e a criatividade linguística do falante ou do escritor.

Os vícios de linguagem mais comuns são:

1. **Ambiguidade** ou **anfibologia**

Ambiguidade é a possibilidade de uma mensagem admitir mais de um sentido, algo que é, em geral, decorrente da organização inadequada das palavras na frase. Exemplos:

Não há dúvida de que ama o pai o filho.

(Afinal, quem ama quem?)

Deixei Renato no aeroporto. Estava triste, confuso, quase desatinado.

(Afinal, quem estava perturbado? Renato ou o narrador?)

2. Arcaísmo

Arcaísmo é o emprego de palavras ou expressões antigas que caíram em desuso. Exemplos:

Parece que vai chover. Mudou-se *asinha* o tempo.
(= depressa)

Ninguém desconfiava que ela fosse *mulher de má nota*.
(= prostituta)

3. Barbarismo

Barbarismo é todo erro relacionado à forma da palavra ou à sua significação. Exemplos:

a) pronúncia:

errada	*correta*
crisantemo	crisântemo
póssamos	possamos
rúbrica	rubrica

NOTA

Esse tipo de erro de pronúncia, com deslocamento do acento tônico, recebe o nome de *silabada*.

b) grafia:

errada	*correta*
mexirica	mexerica
recrusdecer	recrudescer
viajem	viagem

NOTA

Dá-se o nome de *cacografia* aos erros de grafia.

c) significação:

Qual é a *quantia* de açúcar que devo usar para fazer a torta de morango?

No exemplo acima, devemos usar a palavra *quantidade*, pois refere-se à medida de um ingrediente. A palavra *quantia* é usada quando nos referimos a dinheiro. Portanto, devemos dizer:

Qual é a *quantidade* de açúcar que devo usar para fazer a torta de morango?

Ela ganhou uma *vultuosa* soma na loteria esportiva.

A palavra *vultuosa* está incorretamente empregada, pois significa *atacada por vultuosidade* (= *congestão da face*). Nesse contexto, devemos empregar a palavra *vultosa* (= *grande*).

d) estrangeirismo:

errado	*correto*
bife roulé	bife enrolado
nouveau riche	novo-rico
overdose	superdose / dose excessiva
performance	desempenho

NOTA

O *estrangeirismo* se constitui num vício de linguagem quando é usado sem necessidade, isto é, quando no vernáculo já existe um termo equivalente ou aportuguesado.

4. Cacófato

Cacófato é um som desagradável, ou uma palavra obscena, proveniente da união de sílabas de vocábulos contíguos.

A bo*ca dela* é imensa.

Uma pri*ma minha* chegou de Paris.

5. Colisão

Colisão é uma sequência de consoantes iguais ou semelhantes que produz som desagradável.

A rainha recebeu rosas do rei.

Você se secou ao sol?

6. Eco

Eco é a repetição desagradável de sons idênticos no final de palavras que se seguem. É a rima na prosa.

A mente doente de Vicente provocou um novo acidente.

No momento o avermelhamento será tratado com um unguento que aliviará o seu sofrimento.

7. Hiato

Hiato é a denominação que recebe o encontro de vogais que produz um som desagradável.

Você irá a Roma a pé?

Não há aula porque não há água na escola.

8. Pleonasmo vicioso

Pleonasmo vicioso é uma repetição desnecessária de termos. Trata-se de uma falha linguística grave que deve ser evitada.

Ela é a *protagonista principal* da peça.

É melhor você *entrar para dentro* já!

Descer a ladeira *para baixo* é mais fácil.

9. Solecismo

Solecismo é o nome que se dá a qualquer erro de sintaxe. Há três tipos de solecismo:

a) de concordância:

Fazem cinco anos que não tiro férias.

(*Faz* cinco anos que não tiro férias.)

Aluga-se salas em edifício comercial.

(*Alugam*-se salas em edifício comercial.)

Ele deu só *uma* telefonema.

(Ele deu só *um* telefonema.)

b) de regência:

Eu assisti um verdadeiro ato de selvageria.

(Eu assisti *a* um verdadeiro ato de selvageria.)

João namora *com* Sílvia.
(João namora Sílvia.)

Trata-se de algo comum *com* os ciganos.

(Trata-se de algo comum *entre* os ciganos.)

c) de colocação:

Me parece que ela ficou doida.

(Parece-*me* que ela ficou doida.)

Ontem contaram-*lhe* que Paulo fugiu.

(Ontem *lhe* contaram que Paulo fugiu.)

Em tratando-*se* de honestidade, ele não é um bom exemplo.

(Em *se* tratando de honestidade, ele não é um bom exemplo.)

IV - NOÇÕES ELEMENTARES DE VERSIFICAÇÃO

Poesia é uma forma de expressão artístico-literária que geralmente obedece a certas regras e possui frase ritmada.

Versificação é a arte ou técnica de compor versos.

Poema é a composição literária em verso:

FIO

NO FIO da respiração,
rola a minha vida monótona,
rola o peso do meu coração.

Tu não vês o jogo perdendo-se
como as palavras de uma canção.

Passas longe, entre nuvens rápidas,
com tantas estrelas na mão.

– Para que serve o fio trêmulo
em que rola o meu coração?

(Cecília Meireles)

Verso é o nome que se dá a cada uma das linhas que constituem um poema. O poema acima é composto de nove versos.

O verso apresenta três elementos principais: *metro, ritmo* e *rima.*

Metrificação é a parte da versificação que estabelece normas para a contagem das sílabas de um verso.

Metro é o nome que se dá à extensão da linha poética. Pela contagem das sílabas de um verso, podemos estabelecer seu padrão métrico e suas unidades rítmicas.

Como contamos as sílabas de um verso

A contagem das sílabas de um verso se processa de modo completamente diferente da contagem das sílabas gramaticais de uma palavra. Ao contar as sílabas métricas, devemos prestar atenção aos seus aspectos auditivos e levar em consideração certos princípios poéticos:

1. Na contagem das sílabas métricas, contamos até a última sílaba tônica e desprezamos a sílaba ou sílabas átonas finais. Diante disso, ao encontrarmos um vocábulo paroxítono não contamos a última sílaba (encon**tro**, malda**de**). Caso haja uma palavra proparoxítona, desprezamos, para efeito de contagem, as duas últimas sílabas (cá**lido**, pér**fido**);

2. quando houver encontro de vogais (vogal no fim de uma palavra e outra vogal no início do vocábulo seguinte), formando um ditongo, conta-se apenas uma sílaba métrica: alm**a** **a**mada = alm'amada, enorme amor = enorm'amor;

3. os ditongos crescentes formam uma única sílaba métrica: malí-**cia**, tê-**nue**;

4. os hiatos permanecem com suas vogais separadas e estas constituem sílabas métricas (cru-**el**, vo-**o**).

Vamos, a seguir, dividir os versos de Casimiro de Abreu em sílabas métricas:

Oh! | que | sau | da | des | que | te | nho
1 2 3 4 5 6 7

Da‿au | ro | ra | da | mi | nha | vi | da,
1 2 3 4 5 6 7

Da | mi | nha‿in | fân | cia | que | ri | da
1 2 3 4 5 6 7
Que‿os | a | nos | não | tra | zem | mais!
1 2 3 4 5 6 7

Ritmo

O ritmo é o elemento melódico do verso. É a musicalidade que o verso atinge por meio do padrão métrico, das ligações rítmicas e da rima.

Ligações rítmicas comuns na leitura dos versos

As principais ligações rítmicas às quais os poetas recorrem para distribuir os sons de maneira harmoniosa são:

1. **aférese** – supressão de um som no começo de palavra: **inda** (= ainda), **'stamos** (estamos);

2. **apócope** – supressão de um som no fim de palavra: **bel** (= belo), **val'** (= vale);

3. **crase** – fusão de dois ou mais sons idênticos num só: a‿alma, como‿o sol;

4. **diérese** – divisão do ditongo em duas sílabas (transforma-se o ditongo em hiato): tê-**nu-e** (tê-nue), ró-**se-o** (ró-seo);

5. **ectlipse** – perda de uma nasal [m] do final de palavras antes de vogal da palavra subsequente: **co'a**, **coa** (com a), **coos** (com os);

6. **elisão** – supressão da vogal final de uma palavra quando a seguinte principia por vogal: **dal**guma (de alguma), **du**ma (de uma);

7. **síncope** – supressão de um som no meio de palavra: **esp'rança** (esperança), **mor** (maior);

8. **sinérese** ou **ditongação** – transformação de um hiato em ditongo: **pie-da-de** (pi-e-da-de), **ciú-me** (ci-ú-me).

Tipos de verso

Os versos são classificados conforme o número de sílabas que contêm. Os versos de apenas uma sílaba são chamados de **monossílabos**. São geralmente raros e apresentam apenas uma sílaba forte.

Ru | a
1
tor | ta.
1

Lu | a
1
mor | ta.
1

Tu | a
1
por | ta.
1

(Cassiano Ricardo)

Os versos **dissílabos** não são muito frequentes e apresentam o acento tônico na 2.ª sílaba:

Um | **rai** | o
1 2

Ful | **gu** | ra
1 2
No‿es | **pa** | ço
1 2
Es | **par** | so
1 2
De | **luz**.
1 2

(Gonçalves Dias, *apud* E. Bechara)

Os versos **trissílabos** têm o acento tônico na 3.ª sílaba:

Vem | a‿au | **ro** | ra
1 2 3
Pre | ssu | **ro** | sa,
1 2 3
Cor | de | **ro** | sa
1 2 3
Que | se | **co** | ra
1 2 3
De | car | **mim**
1 2 3

(Gonçalves Dias, *apud* E. Bechara)

Os versos **tetrassílabos** apresentam, geralmente, os acentos tônicos na 2.ª e na 4.ª sílabas:

O | **sol** | des | **pon** | ta
1 2 3 4

Lá | no‿ho | ri | **zon** | te,
1 2 3 4
Dou | ran | do‿a | **fon** | te,
1 2 3 4
E‿o | pra | do‿e‿o | **mon** | te,
1 2 3 4
E‿o | céu | e‿o | **mar**.
1 2 3 4

(Gonçalves Dias, *apud* E. Bechara)

Os versos **pentassílabos** ou **redondilha menor** (cinco sílabas) podem apresentar quatro diferentes cadências:

a) acentuação na 2.ª e 5.ª sílabas:
Bo | **ni** | na | do | **va** | le
1 2 3 4 5

b) acentuação na 1.ª, 3.ª e 5.ª sílabas:
Luz | dos | **o** | lhos | **meus**!
1 2 3 4 5

c) acentuação na 3.ª e 5.ª sílabas:
Ao | rom | **per** | da‿au | **ro** | ra
1 2 3 4 5

d) acentuação na 1.ª e 5.ª sílabas:
Pé | ro | la | do | **mar**
1 2 3 4 5

(João de Deus, *apud* C. Cunha & L. Cintra)

Os versos **hexassílabos** (seis sílabas) apresentam o acento forte na 6.ª sílaba, além de acentos que podem recair na 1.ª, 2.ª ou 3.ª sílabas:

I | de- | vos! | Na | ver | **da** | de
1 2 3 4 5 6
Não | **que** | ro | ser | a | **ssim**.
1 2 3 4 5 6
A | **mi** | nha | li | ber | **da** | de
1 2 3 4 5 6
Vi | ve | **den** | tro | de | **mim**.
1 2 3 4 5 6

(Cabral do Nascimento, *apud* D. P. Cegalla)

Os versos **heptassílabos** ou **redondilha maior** (sete sílabas) são os versos mais usados pelos poetas de língua portuguesa.

Geralmente a acentuação aparece nas sílabas ímpares (1.ª, 3.ª, 5.ª e 7.ª), porém pode ocorrer também na 2.ª e 4.ª sílabas:

Oh! | que | sau | da | des | que | te | nho
1 2 3 4 5 6 7
Da‿au | ro | ra | da | mi | nha | vi | da,
1 2 3 4 5 6 7
Da | mi | nha‿in | fân | cia | que | ri | da
1 2 3 4 5 6 7
Que‿os | a | nos | não | tra | zem | mais!
1 2 3 4 5 6 7

(Casimiro de Abreu)

Os versos **octossílabos** (oito sílabas), pouco comuns em poetas de língua portuguesa, apresentam diferentes padrões rítmicos, geralmente com acentuação nas sílabas pares (2.ª, 4.ª, 6.ª e 8.ª):

Bai | **xa** | va | **len** | to.‿A | **noi** | te | **vi** | nha.
1 2 3 4 5 6 7 8

No entanto podem apresentar ausência de acentuação na 6.ª sílaba:

Es | **pec** | tros | **chei** | os | de‿es | pe | **ran** | ça
1 2 3 4 5 6 7 8

Às vezes, não ocorre acentuação na 2.ª sílaba, podendo a 1.ª sílaba ser ou não acentuada:

No | cam | pa | **ná** | rio,‿ao | **sol** | in | **cer** | to
1 2 3 4 5 6 7 8
Bas | ta, | tal | **vez,** | a | **co** | va‿e | **nor** | me
1 2 3 4 5 6 7 8

Obs.: os quatro versos acima são de Alphonsus de Guimaraens, *apud* C. Cunha & L. Cintra.

Os versos **eneassílabos** (nove sílabas) geralmente apresentam acentuação tônica na 3.ª, 6.ª e 9.ª sílabas:

Con | tem | plan | do‿o | teu | vul | to | sa | gra | do,
1 2 3 4 5 6 7 8 9
Com | preen | de | mos | o | no | sso | de | ver;
1 2 3 4 5 6 7 8 9

E‿o | Bra | sil, | por | seus | fi | lhos | a | ma | do,
1 2 3 4 5 6 7 8 9

Po | de | ro | so‿e | fe | liz | há | de | ser.
1 2 3 4 5 6 7 8 9

(Olavo Bilac)

Os versos **decassílabos** (dez sílabas) admitem dois padrões rítmicos:

a) acentuação na 6.ª e 10.ª sílabas (*decassílabo heroico*):

Eis | ou | tro‿in | da | mais | **per** | to,‿in | da | mais | **rou** | co
1 2 3 4 5 6 7 8 9 10

(Gonçalves Dias, *apud* E. Bechara)

b) acentuação na 4.ª, 8.ª e 10.ª sílabas (*decassílabo sáfico*):

Lon | ge | do‿es | **té** | ril | tur | bi | **lhão** | da | **ru** | a
1 2 3 4 5 6 7 8 9 10

(Olavo Bilac, *apud* D. P. Cegalla)

Os versos **hendecassílabos** (onze sílabas) geralmente apresentam acentuação na 2.ª, 5.ª, 8.ª e 11.ª-sílabas:

Seus | **o** | lhos | tão | **ne** | gros, | tão | **be** | los, | tão | **pu** | ros
1 2 3 4 5 6 7 8 9 10 11

(Gonçalves Dias, *apud* D. P. Cegalla)

Há um segundo tipo de hendecassílabo, com acentuação fixa na 5.ª e 11.ª sílabas:

Nas | cem | as | es | **tre** | las, | vi | vas | em | car | **du** | me.
1 2 3 4 5 6 7 8 9 10 11

(Guerra Junqueiro, *apud* D. P. Cegalla)

Ocorre, ainda, o hendecassílabo com acentuação na 3.ª, 7.ª e 11.ª sílabas:

Al | vas | **pé** | ta | las | do | **lí** | rio | de | tu | a‿**al** | ma
1 2 3 4 5 6 7 8 9 10 11
Es | tas | **car** | tas | — es | tas | **flo** | res | des | fo | **lha** | das...
1 2 3 4 5 6 7 8 9 10 11

(Hermes Fontes, *apud* C. Cunha & L. Cintra)

Os versos **dodecassílabos** ou **alexandrinos** (doze sílabas) admitem três padrões rítmicos:

a) *alexandrino clássico*, com acentuação principal na 6.ª e 12.ª sílabas:

Pai | ra, | gra | ssa‿em | re | **dor**, | to | da‿a | me | lan | co | **li** | a
1 2 3 4 5 6 7 8 9 10 11 12
de‿u | ma | pai | sa | gem | **mor** | ta,‿i | gual, | de | ser | ta,‿i | **men** | sa.
1 2 3 4 5 6 7 8 9 10 11 12

(Vicente de Carvalho, *apud* D. P. Cegalla)

b) *alexandrino moderno* ou *romântico* com *ritmo quaternário* (acentuação na 4.ª, 8.ª e 12.ª sílabas):

É‿o | cho | ro | **sur** | do,‿en | tre | cor | **ta** | do | do | ba | **tu** | que,
1 2 3 4 5 6 7 8 9 10 11 12

no | ba | te- | **pé** | que‿en | che | de‿a | **ssom** | bro‿o | pró | prio | chão.
1 2 3 4 5 6 7 8 9 10 11 12

(Cassiano Ricardo)

c) *alexandrino moderno* ou *romântico* com *ritmo ternário* (acentuação na 3.ª, 6.ª, 9.ª e 12.ª sílabas):
Não | me | **dei** | xas | dor | **mir**, | não | me | **dei** | xas | so | **nhar**.
1 2 3 4 5 6 7 8 9 10 11 12

(Cabral do Nascimento, *apud* D. P. Cegalla)

Estrofe ou **estância** é um conjunto de versos que apresentam sentido completo e fazem parte de um poema. O poema a seguir contém três estrofes.

A FINA, A DOCE FERIDA...

A fina, a doce ferida
Que foi a dor do meu gozo
Deixou quebranto amoroso
Na cicatriz dolorida.

Pois que ardor pecaminoso
Ateou a esta alma perdida
A fina, a doce ferida
Que foi a dor do meu gozo

Como uma adaga partida
Punge o golpe voluptuoso...
Que no peito sem repouso
Me arderá por toda a vida
A fina, a doce ferida...

(Manuel Bandeira)

As estrofes recebem denominações especiais, de acordo com o número de versos que contêm: *dístico* (de dois versos), *terceto* (de três versos), *quadra* ou *quarteto* (de quatro versos), *quintilha* (de cinco versos), *sextilha* (de seis versos), *oitava* (de oito versos), *décima* (de dez versos). As estrofes de sete e nove versos não recebem nome especial.

É comum encontrarmos um verso ou versos repetidos depois de cada estrofe de um poema. A essa repetição dá-se o nome de *estribilho*.

Rima

Rima é a repetição ou semelhança de sons no final de dois ou mais versos. Observe os versos de Camões:

Alma minha gentil, que te par**tiste**
Tão cedo desta vida, descont**ente**,
Repousa lá no Céu eternam**ente**
E viva eu cá na terra sempre tr**iste**.

Percebe-se que *partiste / triste* e *descontente / eternamente* apresentam identidade final de sons que denominamos rima.

A rima interna, bem menos comum, evidencia a identidade de sons que se estabelece entre a última palavra de um verso e uma outra no interior do verso seguinte:

Anjo sem pátria, branca fada err**ante**,
Perto ou dist**ante** que de mim tu vás,
Há de seguir-te uma saudade inf**inda**
Hebreia l**inda**, que dormindo estás.

(T. Ribeiro, *apud* C. Cunha & L. Cintra)

Do ponto de vista fonético, as rimas podem ser:

a) **perfeitas** (identidade completa dos sons):

– confi**ança**	– am**ora**
– esper**ança**	– nam**ora**

b) **imperfeitas** (identidade incompleta de sons):

– estr**ela**	(timbre fechado)	– vert**igem**	(4 grafemas)
– v**ela**	(timbre aberto)	– v**irgem**	(5 grafemas)

Quanto ao seu valor, as rimas se classificam em:

a) **pobres** (entre vocábulos da mesma classe de palavras):

– am**or**	(substantivos)	– **ama**	(verbos)
– clam**or**		– cl**ama**	

b) **ricas** (entre vocábulos de classes de palavras diferentes):

– m**inha**	(pronome possessivo)	– **alva**	(adjetivo)
– cam**inha**	(verbo)	– s**alva**	(verbo)

c) **raras** ou **preciosas** (entre palavras com terminação incomum, difíceis de encontrar):

– cis**ne** – cá**lix**
– tis**ne** – digitá**lis**

Quanto à disposição nos versos, as rimas podem ser:

a) **emparelhadas** (ocorrem no fim de dois ou mais versos consecutivos, com o esquema *a a b b*...):

– macil**ento**
– v**ento**
– obsc**ura**
– brav**ura**

b) **alternadas** ou **cruzadas** (os versos rimam alternadamente, com o esquema *a b a b*):

– v**erso**
– me**dida**
– univ**erso**
– v**ida**

c) **opostas** ou **interpoladas** (o 1.º verso rima com o 4.º, e o 2.º com o 3.º, com o esquema *a b b a*):

– r**ara**
– cri**ança**
– tr**ança**
– estrangul**ara**

d) **misturadas** (quando não ocorre um esquema de rima):

– rug**indo**
– vent**ania**

– desgr**aça**
– ago**nia**
– **passa**
– des**erto**
– **perto**

Quanto à posição do acento tônico, as rimas podem ser:

a) **masculinas** ou **agudas** (rimas entre palavras oxítonas):
– alg**oz**
– fer**oz**

b) **femininas** ou **graves** (rimas entre palavras paroxítonas):
– fl**ores**
– am**ores**

c) **esdrúxulas** (rimas entre palavras proparoxítonas):
– **mágica**
– tr**ágica**

Quanto à sonoridade, as rimas podem ser:

a) **soantes** (com os mesmos sons a partir da última vogal tônica do verso):
– fec**undo**
– m**undo**

b) **toantes** (feitas com a correspondência da última vogal tônica do verso):
– l**í**rico
– esp**í**rito

Verso livre

O verso livre ou de ritmo livre é o verso com metrificação diversificada, diferente dos padrões tradicionais. Esse tipo de verso não apresenta número regular de sílabas e, muitas vezes, não ocorre harmonia entre as sílabas átonas e tônicas. O verso livre foi introduzido pelos poetas simbolistas.

Versos brancos ou soltos

Os versos sem rima chamam-se brancos ou soltos. São versos não metrificados, poema em prosa, introduzidos pelo poeta francês Baudelaire em 1869 como um rompimento com a poesia tradicional.

Aliteração

A aliteração é um recurso rítmico que consiste na repetição dos mesmos sons no início de versos subsequentes ou mesmo no meio ou no fim de palavras próximas:

Vozes **v**eladas, **v**eludosas **v**ozes,
Volúpias dos **vi**olões, **v**ozes **v**eladas,
Vagam nos **v**elhos **v**ó**r**tices **v**elozes
Dos **v**entos, **v**i**v**as, **v**ãs, **vul**canizadas

(Cruz e Sousa)

Encadeamento

O encadeamento, ou *enjambement*, é um recurso poético que consiste em deslocar para o verso seguinte uma ou mais palavras que completam o sentido do verso anterior:

E paramos de súbito **na estrada**
Da vida: longos anos, **presa à minha**
A tua mão, a vista deslumbrada
Tive da luz que teu olhar continha.

(Olavo Bilac, *apud* C. Cunha & L. Cintra)

Soneto

Há dois tipos de soneto: o *soneto italiano* e o *soneto inglês.*

O **soneto italiano** é uma composição poética de catorze versos distribuídos em dois quartetos e dois tercetos. Os versos são geralmente decassílabos ou alexandrinos. Exemplo:

Amor é um fogo que arde sem se ver;
É ferida que dói e não se sente;
É um contentamento descontente;
É dor que desatina sem doer.

É um não querer mais que bem querer;
É um andar solitário entre a gente;
É nunca contentar-se de contente;
É um cuidar que ganha em se perder.

É querer estar preso por vontade;
É servir a quem vence o vencedor;
É ter com quem nos mata lealdade.

Mas como causar pode seu favor
Nos corações humanos amizade,
Se tão contrário a si é o mesmo Amor?

(Camões)

O **soneto inglês** também se compõe de catorze versos, dispostos em três quartetos e um dístico, porém sem espacejamento entre as estrofes.

BIBLIOGRAFIA

OBRAS TEÓRICAS

BARRETO, M. (1980). *Novos Estudos da Língua Portuguesa.* Rio de Janeiro: Instituto Nacional do Livro.

BECHARA, E. (1968). *Moderna Gramática Portuguesa.* São Paulo: Editora Nacional.

BÜHLER, K. (1961). *Teoría del Lenguaje.* Madrid: *Revista de Occidente.*

CARONE, F. B. (1968). *Subordinação e Coordenação — Confrontos e contrastes.* São Paulo: Ática.

CEGALA, D. P. (1970). *Novíssima Gramática da Língua Portuguesa.* São Paulo: Nacional.

CUNHA, C. & CINTRA, L. (1985). *Nova Gramática do Português Contemporâneo.* Rio de Janeiro: Nova Fronteira.

FARACO, C. E. & MOURA, F. M. de (1990). *Gramática.* São Paulo: Ática.

HALLIDAY, M. A. K. (1973). *Explorations in the Functions of Language.* London: Arnold.

JAKOBSON, R. (1969). *Linguística e Comunicação.* São Paulo: Cultrix/EDUSP.

LUFT, C. P. (1986). *Moderna Gramática Brasileira*. Porto Alegre: Globo.

MACAMBIRA, J. R. (1974). *A Estrutura Morfossintática do Português*. São Paulo: Pioneira.

MARTINET, A. (1971). *Elementos de Linguística Geral*. Lisboa: Livraria Sá da Costa.

MATTOSO CAMARA Jr., J. (1975). *História da Linguística*. Petrópolis: Vozes.

____________________. (1977). *Manual de Expressão Oral & Escrita*. Petrópolis: Vozes.

PEREIRA, E. C. (1958). *Gramática Expositiva — Curso Superior*. São Paulo: Nacional.

PONTES, E. (1972). *Estrutura do Verbo no Português Coloquial*. Petropólis: Vozes.

ROCHA LIMA, C. H. (1973). *Gramática Normativa da Língua Portuguesa*. Rio de Janeiro: José Olympio.

ROULET, E. (1978). *Teorias Linguísticas, Gramática e Ensino de Línguas*. São Paulo: Pioneira.

SAID ALI, M. (s.d.). *Gramática Secundária da Língua Portuguesa*. São Paulo: Melhoramentos.

________________. (1957). *Dificuldades da Língua Portuguesa*. Rio de Janeiro: Livraria Acadêmica.

SAPIR, E. (1954). *A Linguagem — Introdução ao Estudo da Fala*. Rio de Janeiro: Instituto Nacional do Livro.

SAUSSURE, F. (1969). *Curso de Linguística Geral*. São Paulo: Cultrix/ EDUSP.

SILVEIRA BUENO, F. (1968). *Gramática Normativa da Língua Portuguesa*. São Paulo: Saraiva.

MATERIAL DE REFERÊNCIA

ALENCAR, J. de (1992). *Senhora*. São Paulo: Ática.

ANDRADE, O. de (1978). *Obras Completas*: *A Morta*, *O Rei da Vela*, *O Homem e o Cavalo*. Rio de Janeiro: Civilização Brasileira.

CAMÕES, L. de (1963). *Obras Completas*. Rio de Janeiro: Aguilar.

CASTELO BRANCO, C. (1971). *Amor de Perdição*. São Paulo: Difusão Europeia do Livro.

CASTRO, F. de (1972). *A Selva*. São Paulo: Verbo.

DINIS, J. (s.d.). *As Pupilas do Senhor Reitor*. São Paulo: Ática.

HOLANDA, C. B. de (1991). *Estorvo*. São Paulo: Companhia das Letras.

MACHADO DE ASSIS, J. M. (1977). *Quincas Borba*. Rio de Janeiro: Civilização Brasileira.

MEIRELES, C. (1972). *Obra Poética*. Rio de Janeiro: Aguilar.

POMPEIA, R. (1993). *O Ateneu*. Rio de Janeiro: Livraria Francisco Alves.

QUEIRÓS, E. de (1971). *A Cidade e as Serras*. Rio de Janeiro: Instituto Nacional do Livro — MEC.

TÁVOLA, A. da (1984). *A Liberdade do Ver — Televisão em Leitura Crítica*. Rio de Janeiro: Nova Fronteira.

Veja (1995), n.os 19 e 24. São Paulo: Abril.

DICIONÁRIOS

Grande Dicionário Brasileiro Melhoramentos (1975). São Paulo: Melhoramentos.

AULETE, C. (1978). *Dicionário Contemporâneo da Língua Portuguesa*. Lisboa: Delta.

FERNANDES, F. (1969). *Dicionário de Verbos e Regimes*. Porto Alegre: Globo.

FERREIRA, A. B. de H. (1986). *Novo Dicionário da Língua Portuguesa*. Rio de Janeiro: Nova Fronteira.

MATTOSO CAMARA Jr., J. (1978). *Dicionário de Linguística e Gramática*. Petrópolis: Vozes.

PEI, M. & GAYNOR, F. (1969). *Dictionary of Linguistics*. Totowa, NJ: Littlefield, Adams & Co.

ÍNDICE GERAL